建立新世代

申命記析讀

卷上

賴建國 著

基道出版社

▼

聖經通識叢書

建立新世代

申命記析讀卷上

Rediscovering the Bible

Book of Deuteronomy I

作者

賴建國 Lai, Paul Chien-Kuo

舊約系列主編

蔡定邦 Tsoi, Jonathan Ting-Pong

責任編輯

許寶瑩

裝幀設計

奇文雲海・設計顧問

■

出版／發行

基道出版社

香港沙田火炭坳背灣街 26 號富騰工業中心 1011 室

LOGOS PUBLISHERS

Unit 1011, Fo Tan Ind. Centre, 26 Au Pui Wan St., Shatin, Hong Kong

電話：(852) 2687-0331　傳真：(852) 2687-0281

網址：https://www.logos.com.hk

承印

陽光 (彩美) 印刷公司

●

12/2019 初版

Cat. No. LP1104

ISBN: 978-962-457-591-0

刷次	10	9	8	7	6	5	4	3	2	1
年份	2028	2027	2026	2025	2024	2023	2022	2021	2020	2019

聖經書卷析讀——舊約系列

無庸諱言，現代人閱讀這部成書於公元兩千年前後的聖經，實在困難不少：語言的隔閡，文化背景的差異，以至歷世歷代以來讀者對經文不同的解釋，凡此皆成為信徒讀經的障礙，更不要説非信徒了。恰如其名，基道出版社出版的「聖經通識叢書」的整體目的，正是為聖經讀者提供一種通識教育，讓閱讀這部經典的讀者，可以面對其中的困難，從中得到屬靈生命的餵養。筆者作為本叢書的舊約主編，在此重申整套叢書的理念，並且校正焦點，讓往後的出版更為讀者認識和接受。

「聖經通識」

甚麼叫「通識」？眾所周知，現代通識教育並不著重資料的灌輸，或者要求學員生吞活剝一些所謂標準答案；而是以多角度去剖析問題，從而建立批判思考，讓學員在這個後現代多元社會，可以明辨是非，不致人云亦云。那麼為何閱讀聖經需要通識的向度？聖經不是上帝所默示的嗎？是信徒生活行事為人的最高權威，又豈容批判？要解答這連串問題，並澄清當中的誤解，我們需要縱覽聖經研究的現況，並指出由此引申的問題和對應方法。

聖經研究現況

聖經研究經歷現代不同評鑒方法，現今可説是百花齊放，不同的研究方法各有追隨者。準確來説，聖經（歷史）評鑒只是一些工具，藉以窺見聖經文本背後不同的問題。過去聖經研究最重要的方法分別為來源鑒別法

(source criticism)、形式鑒別法(form criticism)、編修鑒別法(redaction criticism)，這些方法大大增進我們對於聖經書卷的形成，以至它們背後世界的了解。但是，最為人詬病的，是它們都將聖經經文肢解成不同時期的殘篇，並且它們著重的都是經文背後的歷史，過於經文最後文本的神學信息。

聖經研究演變至近代，可說是回歸到文本這個最重要的解釋對象，而文本背後的歷史，不是不重要，但並非具有不可或缺的優先性，要讀者先去面對不可。這裏所說的文本，是指正典形成時的最後文本(final text)。不論這個形式的文本背後有多麼複雜的歷史，但都不是我們關心的對象。正典的文本正是歷代信徒所信奉的聖經，具有絕對的權威，其他形式都只是假設。

叢書的理念

聖經通識叢書每一卷書的作者，都是以最後文本為優先，並且奉聖經為信仰權威的學者。他們一方面熟悉上述批判方法的利弊，另方面不會盲從傳統，而會對一些過分保守的看法提出適當的質疑。筆者相信惟有具備這種態度的作者，才能帶領信徒在閱讀聖經時培養一種批判的思考，去辨別不同的解釋，從而找出上帝對信徒生命的旨意。

整套叢書仍然維持三個層次：第一個層次是「聖經鳥瞰」，處理一些聖經基本的問題，如聖經的正典、版本，不同書卷的編排、分類，以至基本的聖經史地資料等，黃錫木博士這方面的兩本著作(《聖經鳥瞰——基礎篇》和《聖經鳥瞰——進深篇》)為我們提供了清晰的大綱。第二個層次是「聖經書卷要領」，這是對每一組書卷的特寫，將每組別的特色和閱讀時的注意事項向讀者說明。舊約已出版的有《舊約先知書要領》，我們計劃有五經、歷史書和詩歌智慧書等要領。第三個層次是「聖經書卷析讀」，即每卷書的註釋。承接上述對於聖經正典的理解，我們著重經文的整體，解釋的單元並不在於其中的一字一句，故此我們要求作者盡量不以一節為單位，而是以一整段具清晰脈絡、而又段落分明的經文作為釋經對象。在遇到一些重要的主題鑰字以至神學課題，我們會以旁邊的小方框附加資料或以專欄作討論，並用短註處理一些較為棘手的經文；這種編排方式是為免妨礙讀者閱讀註釋時的流暢而影響思路。現已出版的舊約書卷有：《在曠野中與上帝同行——民數記析讀》(2008)、《背約沉淪的循環軌迹——士師記析讀》(2009)、《愛的審判與生命的應許——耶利米書析讀》(2012)、《剛強壯膽回應上帝的應許——約書亞記析讀》(2013)、《以敬以虔活在當下——傳道書析讀》(2019)。最後，除特別標明，本書所採用的聖經經文均引自「和合本修訂版」，並且凡經文引自這書討論的書卷，無論是一段文字或其中的短語，又或詞彙，皆以「標楷體」標示。

叢書的目標

聖經通識叢書的一貫重點，是以淺顯的文字，交代最新的學術研究討論，並以進深建立信徒為目標；期望在這個彎曲悖謬的世代，讓聖經的信息能夠光照信徒的生命，得以長大成人，作上帝無瑕疵的兒女。

蔡定邦

聖經通識叢書舊約主編

序言

申命記是神人摩西的最後講論，更是上帝藉祂僕人對新世代選民的諄諄教誨。新世代是開赴前線的戰士，面對前路艱鉅的挑戰，興奮難掩恐懼，期待又怕受傷害。然而在智慧牧者的鼓勵下，知難奮進，勇於承擔。「敢夢、敢拼、敢擺上」，終致成功。神僕的勸勉發揮莫大的功效，歷久彌新。

申命記注重歷史，再度證明「人世間沒有一帆風順的事業，世界歷史總是在跌宕起伏的曲折過程中前進。」回顧歷史，了解上帝做事的軌迹，證明祂是時間的主宰。共同的史觀，形塑民族的精神，凝聚羣體的向心力。而前瞻的歷史觀，更教導神的子民，積極奮發，憑信心支取上帝的應許。

申命記是神學，提供信仰的精髓，就是要「愛上帝」。一切律法的基礎，在於獨一真神的信仰。

申命記是講解，因為徒法不足以自行。而摩西用申命記講解十誡，把抽象的條文化成具體的例證。更樹立典範，讓後世不斷更新律法的詮釋與應用。如同宋儒所謂「窮經以博古，治事以通今」。

申命記是盟約，按照古近東的大君王條約格式來寫作。它強調以色列民蒙揀選，不是因為他們族大人多，更不是因為他們品格高尚，而是因為雅偉（上帝向摩西啟示祂的聖名為 YHWH〔出三 14〕，傳統譯作「耶和華」，本書根據其希伯來文發音，譯作「雅偉」。）專愛他們，要成就給列祖的誓約。摩西在講道結束前挑戰以色列民，揀選生命不要揀選死亡，揀選祝福不要揀選詛咒，更超越古近東條約，乃是牧者掏心掏肺的勸勉。

申命記是講章，如同所有偉大的講員，都必須有從神而來的信息，針對當下的議題，出自內心的熱情，引起聽眾的共鳴，激發回應的行動。

申命記是人道，處處可見對人的尊重。不分種族、階級、性別、年齡，只因為你是人，是按照神的形象所造的人，就當配得人性尊嚴的對待，提升全民的福祉。

申命記是提升。許多律法的講解，不但超越同代的法典，更超越之前上帝頒佈的律法。申命記中許多因地制宜的新講法，給現今矢志遵行律法者極大的啟發。然而申命記也不完全，許多律法只針對當時代，未能含括現今。對人權的維護，只指出方向，仍待後世來完善。

申命記仍未完成，有待你我追隨先聖先賢的腳蹤，按照正意，講解真理的道。包括舊約眾先知，新約眾使徒，甚至主耶穌基督自己，都不斷反覆闡明申命記律法的精意，指引我們解經的正確途徑。

感謝創欣神學院、中國神學研究院、建道神學院給我教研的環境。感謝過去許多學生，在課堂上、在作業中，與我「煮茶論道」。在這本最新的註釋中，你們會找到自己的身影，發過的聲音。祝願你們聽見新世代的吶喊，說出新世代的心聲，回應新世代的訴求，成為新世代的代言人，繼續挖掘申命記的真理，建立神國新世代。

感謝恩師謝漢模博士（Dr. John H. Sailhamer, 1946～2017；又譯賽爾哈默博士），我的論文指導教授（Doktorvater），奠定我學術研究的基礎，是我學術和靈性的典範。記念我們家曾照顧過的兩個年輕早逝的生命，劉富芝和盧廷翀（Peter Lu），你們可愛的身影，永遠活在我們心中。感謝好友方新舟夫婦及李宜靜（愛珠）姊妹，先後提供給我這麼美好的研寫環境。

感謝愛妻興蘭，一同蒙召四十載，「攜手共奔天路，同心建立教會」，與我一起經歷人生每一件大小事，這本書再次見證我們共同的努力。感謝愛兒天恩（Andrew）與天恒（Henry），陪伴我們傳揚福音，這本書也是為你們寫的，你們可在其中看到為父的心。最後要感恩的是，去年六月歡欣迎娶我們家的媳婦劉潤瑛（Winnie Lau），這個月更開心迎接寶貝孫女Chloe誕生。妳們的加入，增添我們家的喜樂，充滿對新世代的期盼。永遠愛你們。

賴建國謹誌

於台北大直

2019 年 10 月

目錄（卷上）

第三篇 敬拜禮儀規定（十二1～十六17）

專欄目錄（卷上）

目錄（卷下）

第五篇．摩西的臨終（三十一1～三十四12）

專欄目錄（卷下）

寫表

一、註釋書

劉少平

劉少平。《申命記》卷上。天道聖經註釋。香港：天道書樓，2002。

劉少平。《申命記》卷下。天道聖經註釋。香港：天道書樓，2003。

丘恩處

丘恩處。《申命記》。中文聖經註釋。香港：基督教文藝出版社，1994。

湯普森

湯普森（J. A. Thompson）著，李永明譯。《申命記》。丁道爾舊約聖經註釋。台北：校園書房，2000。

布洛克

丹尼爾・布洛克（Daniel I. Block）著，丘上曙譯。《申命記》卷上。國際釋經應用系列。香港：漢語聖經協會，2015。

丹尼爾・布洛克（Daniel I. Block）著，丘上曙譯。《申命記》卷下。國際釋經應用系列。香港：漢語聖經協會，2015。

布瑞蒙

布瑞蒙（Raymond Brown）著，楊曼如譯。《申命記——恩典的藍圖》。聖經信息系列。台北：校園書房，2012。

克里斯田森

Christensen, Duane L. *Deuteronomy 1:1～21:9.* WBC 6A. Revised edition. Dallas, TX: Word Books, 2001.

Christensen, Duane L. *Deuteronomy 21:10～34:12.* WBC 6B. Dallas, TX: Word Books, 2002.

克萊基

Craigie, Peter C. *The Book of Deuteronomy.* NICOT. Grand Rapids, MI: Eerdmans, 1976.

德萊維

Driver, S. R. *Deuteronomy.* 3rd ed. ICC. Edinburgh: T & T Clark, 1986, c. 1895.

魯斌

Lundbom, Jack R. *Deuteronomy: A Commentary.* Grand Rapids, MI: Eerdmans, 2013.

麥康維

McConville, J. G. *Deuteronomy.* AOTC. Downers Grove, IL: InterVarsity Press, 2002.

米勒

Miller, Patrick D. *Deuteronomy.* Interpretation. Louisville, KY: John Knox Press, 1990.

尼爾森

Nelson, Richard D. *Deuteronomy: A Commentary.* OTL. Louisville, KY: Westminster John Knox Press, 2003.

唐迪娜

Thompson, Deanna A. *Deuteronomy.* Belief, A Theological Commentary on the Bible. Louisville, KY: Westminster John Knox Press, 2014.

狄凱

Tigay, Jeffrey H. *Deuteronomy.* The JPS Torah Commentary. Philadelphia, PA: Jewish Publication Society, 1996.

懷斐德

Weinfeld, Moshe. *Deuteronomy* 1～11. AB. New York: Doubleday, 1991.

伍愛德

Woods, Edward J. *Deuteronomy.* TOTC. Downers Grove, IL: InterVarsity Press, 2011.

二、一般作品

AB Anchor Bible

ABD *Anchor Bible Dictionary*

ANEP Pritchard, James B. ed. *Ancient Near East in Pictures Relating to the Old Testament.* 2nd ed. with supplement. Princeton, NJ: Princeton University Press, 1969.

ANET Pritchard, James B. ed. *Ancient Near Eastern Texts Relating to the Old Testament.* 3rd ed. with supplement. Princeton, NJ: Princeton University Press, 1969.

BDB Brown, F., S. R. Driver, and C. A. Briggs, *A Hebrew and English Lexicon of the Old Testament.* Oxford: Clarendon, 1907.

BWANT Beiträge zur Wissenschaft vom Alten und Neuen Testament

BZAW Beihefte zur Zeitschrift für die alttestamentliche Wissenschaft

CBET Contributions to Biblical Exegesis & Theology

COS Hallo, William W., and K. Lawson Younger, Jr. eds. *The Context of*

	Scripture. 3 vols. Leiden: Brill, 1997～2003.
GKC	Kautzsch, E. ed., A. E. Cowley trans. *Gesenius' Hebrew Grammar*. 2nd Eng. ed. Oxford: Clarendon, 1910.
HALOT	Koehler, L., W. Baumgartner, and J. J. Stamm, *The Hebrew and Aramaic Lexicon of the Old Testament*. 5 vols. Leiden: Brill, 1994～2000.
IBHS	Waltke, Bruce K., and Michael P. O'Connor. *An Introduction to Biblical Hebrew Syntax*. Winona Lake, IN: Eisenbrauns, 1990.
ICC	International Critical Commentary
IDBSup	*Interpreter's Dictionary of the Bible,* Supplementary Volume
JSOTSup	JSOT Supplement Series
KTU	Dietrich, Manfred, Oswald Loretz, and Joaquín Sanmartín eds. *Die keilalphabetischen Texte aus Ugarit*. Neukirchen–Vluyn: Neukirchener Verlag, 1976.
NICOT	The New International Commentary on the Old Testament
OTL	Old Testament Library
SBLWAW	Society of Biblical Literature Writings from the Ancient World
TDOT	*Theological Dictionary of the Old Testament*
TOTC	Tyndale Old Testament Commentary
WBC	Word Biblical Commentary
WUNT	Wissenschaftliche Untersuchungen zum Neuen Testament

三、學術期刊

AUSS	*Andrews University Seminary Studies*
BBR	*Bulletin for Biblical Research*
BZ	*Biblische Zeitschrift*

CBQ	*Catholic Biblical Quarterly*
HTR	*Harvard Theological Review*
JAOS	*Journal of the American Oriental Society*
JBL	*Journal of Biblical Literature*
JETS	*Journal of the Evangelical Theological Society*
JSOT	*Journal for the Study of the Old Testament*
JTI	*Journal of Theological Interpretation*
RB	*Revue biblique*
VT	*Vetus Testamentum*
ZAW	*Zeitschrift für die alttestamentliche Wissenschaft*

四、聖經版本

BHS	*Biblia Hebraica Stuttgartensia*（*1967～1977*）
JPS	Jewish Publication Society OT
LXX	希臘文七十士譯本
NIV	New International Version
NRSV	New Revised Standard Version（1989）
Vulg.	拉丁文武加大譯本
「和合」	和合本（1919）
「新譯」	聖經新譯本（2001）
「和修」	和合本修訂版（2010）
「思高」	天主教思高譯本（1968）
「新漢語」	新漢語譯本（五經，2014）
「呂譯」	呂振中譯本（1970）
「環譯」	環球聖經譯本（五經，2015～2019）

第一章
申命記導論

- 書卷名稱
- 重要的書卷
- 歷史背景
- 近代申命記研究概況
- 申命記文學結構
- 經文抄本與譯本

1.1 書卷名稱

舊約聖經第五卷書，希伯來文聖經按其慣例，用該書卷首語「這些是摩西在約旦河東的曠野對全以色列人所講的話語」（按原文直譯），稱作「這些話語」（*ʾēlleʰ haddəbārîm*），簡稱作「話語」（*dəbārîm*；原文是複數名詞）。❶ 猶太人按此書的性質，又稱作「訓誨書」（*sēper tôkāhôt*）。

英文卷名 Deuteronomy 來自希臘文「七十士譯本」（LXX），該譯本把本書卷名稱作 *deuteronomion*，意思是「第二部律法」，或是之前律法的「複本」。這是源自十七章 18 節的翻譯，經文規定以色列的君王登基以後，要把摩西的律法書抄錄「一份謄本」（*mišnēʰ hattôrāʰ hazzōʾt*；參十七 18；書八 32），平生誦讀，謹守遵行。由於猶太拉比常稱申命記是 *mišneh tôrāʰ*（意即「妥拉的謄本」），「七十士譯本」譯者可能受此影響，認為申命記乃是「重複」了之前頒佈的律法，後來拉丁文「武加大譯本」（Vulgate）稱作 *Deuteronomium* 即是沿用此傳統。雖然申命記的確重複了不少出埃及記到民數記的律法，例如五章記載十誡，與出埃及記二十章的字句大致相同，但是這樣的卷名卻忽略了申命記最基本的性質。

中文聖經稱作「申命記」，正確說明本書的性質是「申明前述律法」（一 5；即「講解」），而非僅是重複之前的律法，或是另一部不同的律法書。申命記是摩西在摩押平原、按照雅偉的吩咐，與以色列民更新西奈之約，用一系列的講道，闡明從出埃及記到民數記的律法精意（二十九 1）。其中許多律法是重述或更新「約書」的律法（出二十 20～二十三 19），❷ 但非用以取代原本頒佈的律法。❸ 一些歐洲譯本（例如：馬丁．路德的德文譯本）則稱作「摩西五書」。

1.2 重要的書卷

申命記不論對基督宗教還是猶太教，都是最重要的聖經書卷之一。這不僅因為申命記是五經最後一卷，說明五經寫作的目的，更因為其對後來的聖經書卷，以及信仰生活，具有無以倫比的影響。至少可從以下幾方面來看。

第一，摩西最後的訓勉

申命記是神人摩西的臨終遺言，他在此書中重申雅偉與以色列民在西奈山立約，頒佈十誡與各種律法（五章）。更對曠野中新生的一代諄諄告誡，「呼天喚地」的指明「生死禍福」之路（三十 15、19）。此書雖是摩西對上帝所頒佈律法的「闡釋」，但也是真神的「啟示」，在宣講時就有正典權威的意識，不得任意增加或刪減（四 2，十二 32）。且規定要由利未人抄錄一份，置於約櫃旁（三十一 9～13）。

申命記也是摩西在曠野四十年的神學反思，嘔心瀝血地傾吐給以色列民。他在書中闡明獨一真神的信仰（四 35、39），為要建立以色列民對雅偉真誠的敬拜。他提醒以色列民，律法最重要的精神就是「愛上帝」，而其具體表現就是「遵行」雅偉的律法（六 4～5）。以色列民若如此行，就能夠在應許之地得地業、得長久、得享福。相反的，他們若背棄雅偉的律法，轉去敬拜別的神明，就會遭刑罰、遭詛咒、遭滅亡。這對聖經其他書卷有莫大的影響。

第二，舊約歷史的藍圖

五經以外的舊約其他書卷，可被視為按照申命記來詮釋的歷史。❹ 例如：約書亞承受使命，完成征服迦南地的任務，最大祕訣就是按照雅偉的吩咐，把摩西所寫的律法抄錄一份，終生誦讀遵行（書一 1～9，二十三 6）。他雖然沒有君王的頭銜，卻是申命記十七章 14 至 20 節所要求以色列君王的典範。相反的，掃羅王厭棄雅偉的命令，雅偉也厭棄他作王（撒上十五 23、26）。大衛被稱作合上帝心意的王，因為他「凡事要遵行我〔即上帝〕的旨意」（參「和合」；徒十三 22；參撒上十三 14；詩八十九 31）。

所羅門獻殿的禱告，以申命記為藍本，為要建立敬拜雅偉的聖所，禱告的中心。他重申在應許之地得長久蒙福的祕訣，就是遵行雅偉的律法（王上八章；代下六章）。以利亞先知在迦密山對抗巴力與亞舍拉的先知，並像摩西一樣，向百姓發出挑戰，除滅巴力崇拜，單單敬拜獨一真神（王上十八章）。

列王紀幾乎都以申命記十七章君王的條例，作為衡量北國以色列和南國猶大諸王的標準。例如：猶大希西家王和約西亞王帶領宗教復興，均以申命記的律法為其定下改革的基調（王下二十二章；代下二十九～三十一章，三十四章）。相反的，列王紀評論北國與南國滅亡，百姓被擄到外邦，都是因為他們未能遵行雅偉藉著祂僕人眾先知所傳給他們的律法（王下十七章）。被擄到巴比倫的但以理與三友，即或在異域仍謹守食物的戒律（申十四 3～21），寧死不肯向王所造的偶像下拜（十誡的第一與第二誡）。

被擄歸回的百姓，在以斯拉文士帶領之下，遵行律法，重建對雅偉的敬拜。尼希米與百姓立約，發誓嚴格遵守「上帝藉祂僕人摩西所傳的律法」（尼十 29），特別是獻十一，不准亞捫人、摩押人入會，警戒人民犯安息日，及禁與迦南地的異族人聯姻（尼十～十三章）。瑪拉基是舊約最後一位先知，他在信息的末尾，呼籲百姓歸向「我僕人摩西的律法」（瑪四 4～6）。這可以指西奈頒佈的律法，更可以指摩西對律法的講解。

第三，舊約先知與著作的藍本

批判學者一般認為申命記許多神學觀念，主要是來自公元前八世紀「革命性的先知」（特別指何西阿、阿摩司先知），而且熟悉以賽亞與彌迦。❺ 然而另有學者卻指出正好相反，是這些先知熟悉並引用申命記律法，帶動百姓的信仰復興。其遣詞用句、神學觀念，甚至語氣講法，均源自申命記。例如學者莫蘭（William L. Moran）正確指出，申命記多處經文吩咐以色列民愛上帝，何西阿書雖講到上帝的愛，卻從未提到（以色列民）愛祂。看來申命記講到「愛」上帝，不是源自何西阿書，而是另有所本。他建議是源自古近東大君王條約，並稱之為「守約之愛」。❻ 而以賽亞先知譴責社會不公不義、欺壓貧寒、不行律法，預言百姓被擄及歸回，發展「新出埃及」的主題，高舉獨一真神的信仰，強調救贖的神學等，都是受到申命記的影響。

公元前七世紀的哈巴谷先知，曾向雅偉哀嘆「律法無效，公理從未彰顯」（哈一 4），而舊約先知中引用申命記最多的，是耶利米先知。魯斌（Jack R. Lundbom）指出耶利米最早期的信息，引用摩西的「見證的詩歌」（申三十二章），不論遣詞用字，還是主要觀念，均來自申命記（參耶二章）。❼ 耶利米蒙召，幾乎是摩西的翻版。他獨自對抗當代拜偶像的歪風，正如摩西獨力扭轉金牛犢危機。他特別多引用申命記二十八章的祝福與詛咒，來警告悖逆毀約的百姓。而最重要的是，他像摩西一樣，呼籲百姓要選擇生命與祝福，不要選擇死亡與禍患（三十 19；耶二十一 8）。

希伯來文聖經第三部分「著作」（*Ketubim*）以詩篇為首，其中的律法詩（詩一，十九，一一九篇）即以賜人生命的律法為核心。而詩篇第一篇就定調何謂「有福之人」，乃是「喜愛雅偉的律法，晝夜思想」，呼應申命記論律法的真精神就是「愛上帝」（六 4～5）。

節期宣讀的「五小卷」（*Megillot*），逾越節宣讀《雅歌》，強調「愛」「如死之堅強……眾水不能熄滅，江河也不能淹沒」（歌八 6～7），呼應摩西闡明律法的精義就是「愛上帝」（申六 5）。初熟節宣讀路得記，證明遵行律法不是死路、絕路，反倒帶來生路與活路（二十四 19～22「收割時留下禾捆給窮人」；二十五 5～10「亡夫兄弟婚」，亦可譯作「夫兄弟婚／娶寡嫂制／代兄立嗣婚姻」等）。而住棚節宣讀傳道書，總意是「敬畏上帝，謹守祂的誡命」（傳十一 15）。

第四，猶太人信仰生活的準繩

早期的拉比（猶太教師）按照申命記的律法規定，訂定猶太教的基本規範，沿用至今。❽ 猶太人傳統的六百一十三條信仰生活準則，其中有二百條是根據申命記，而面對不斷更新變化的環境與需求，後代拉比更引用申命記十七章 11 節，作為增列新規定的聖經依據。

「逾越節禮儀書」又名《哈加達》，源自希伯來文「告訴」，因為摩西曾告訴以色列民，要每年記念逾越節，以教導後代子孫記念上帝的救恩（出十三 8）。《哈加達》內容引用聖經，及中世紀猶太學者的解釋，讓人重溫救恩歷史，宣告屬靈身分，盼望完全拯救。

虔誠猶太人每日早晚念誦的「示瑪」（*šəmaʿ*；意思是「你要聽」，又譯作「恭聽篇」），主要出自申命記（六 4～9，十一 13～21；參民十五 37～41）。猶太人**「逾越節禮儀書」**（Haggadah of Pesa），大人與小孩間的問答，主要引自申命記的經文（申六 20、21，二十六 5～8）。

猶太人教導孩童，從會說話就開始研讀聖經（五 1，六 7），每週遵守安息日（五 12），額頭與手臂上佩戴經文匣，門柱上放置經文盒（六 8～9，十一 18、20），有關肉食的潔淨（十四 3～21），獻初熟土產、頭生與獻十一

（十四 22～29），豁免債務與釋奴（十五章），每年三次遵守節期（逾越節、七七節、住棚節；十六 1～17），設立逃城（十九 1～10），與敵爭戰（二十章），禁止男女易服（二十二 5），外衣四角要縫繸子（二十二 12），亡夫兄弟婚（二十五 5～10）等等，全都是來自申命記的吩咐。後來更形成傳統，猶太男孩到十二歲舉行成年禮，成為「律法之子」（*bar miṣwāʰ*）。

即或在公元七十年，聖殿被毀，獻祭不再，甚至許多人被迫遠離故土，猶太人仍然根據申命記的律法而生活，表明信仰，成為一個聖書的民族。1947年在死海附近發現的舊約聖經古抄本中，最多的三卷書就是詩篇（三十六份）、申命記（三十四份）及以賽亞書（二十一份），亦充分顯示昆蘭社羣對申命記的重視。❾

第五，新約引用最多的書卷

新約作者引用申命記達八十多次，❿是舊約聖經中被新約引用得最多的四卷書之一（另外三卷是創世記、詩篇及以賽亞書）。新約中只有六卷書沒有直接引用申命記（約翰福音，歌羅西書，帖撒羅尼迦前書，提摩太後書，彼得前書與彼得後書）。

福音書記載，耶穌在曠野禁食四十晝夜，三次引用申命記（六 13、16，八 3），來斥退撒但的試探（太四 1～11；可一 12～13；路四 1～13），這是祂受洗之後第一次引用的舊約書卷。耶穌與人辯論休妻，引用申命記來闡明律法設立的精意（太十九 3～12）。當法利賽人以上帝的誡命來試探耶穌，祂隨即引用申命記六章 5 節，祂說「你要盡心、盡性、盡意愛主—你的上帝」，並 ：「這是最大的，且是第一條誡命。」（太二十二 37～38；參可十二 29～30；路十 27）。申命記可說是耶穌最喜愛的舊約書卷之一。

新約其他作者亦多次引用申命記來證明所傳講的信息。例如：路加記載使徒彼得在聖殿中講道，引用申命記十八章 15 至 19 節來證明，耶穌就是上帝所興起來「像摩西的先知」（徒三 22～23）。他稱呼信徒是被揀選的一族，是屬上帝的子民（彼前二 9），是採用申命記中摩西對以色列民的說法（申四 20，十 15，十四 2，二十六 18～19）。

保羅則引用申命記二十一章23節「被掛的人是上帝所詛咒的」(22節提到這被掛的人是掛在木頭上)，來證明耶穌基督被釘十字架，是為我們的罪受了詛咒，好救我們脫離律法的詛咒(加三10～13)。他在論證因信稱義的道理時，引用申命記三十章12至14節來證明所傳信主的道(羅十6～8)，引用申命記十章16至21節及三十章6節來說明單單肉身受割禮不是真以色列人，要心受割禮才是真以色列人(羅二28～29)。保羅好像第二個摩西，清楚解釋舊約律法的精意，以免有人以為可以藉行律法而得著救恩。⑪ 在生活教導方面，保羅引用申命記五章16節來勸勉人，保羅說：「當孝敬父母，使你得福，在世長壽」，以建立合上帝心意的家庭(弗六2～3)。他引用申命記二十五章4節「牛在場上踹穀的時候，不可籠住他的嘴」，來闡明傳福音的人靠福音養生的原則(林前九9)。而審判人犯要憑兩三個人的口作見證(林後十三1)，則引自申命記十九章15節。

1.3 歷史背景

以色列人出埃及地之後第四十年十一月初一日，神人摩西自知死期將至，他在約旦河東的摩押平原，勉勵曠野中新生的一代，準備進入應許之地(一3)。他帶領他們更新與上帝所立的約，委身遵行祂的律法(二十九～三十章)。他講到雅偉因為以色列百姓的緣故，不准摩西進入應許之地(一37)。待摩西演說完畢之後，雅偉就吩付他上摩押地亞巴琳山脈中的尼波山(三十二48～52)，他就死在那裏(三十四章)。

因此本書也可說是摩西的訣別演說，類似聖經記載以撒(創二十七章)、雅各(創四十九章)、約書亞(書二十四章)、大衛(王上二1～9；代上二十八～二十九章)、耶穌(約十三～十七章)、彼得(彼得前後書)和保羅(提摩太後書)離世前的勉勵。但是，摩西的篇幅最長，其性質比較像牧者的勸勉，先知的宣講，而不像律法的頒佈。

摩西的勸勉教以色列民預備好面對兩個新的情勢：第一，舊的領導結束；第二，新的爭戰開始。摩西即將離世，不再領導以色列民，而新的領袖約書亞將帶領以色列民過約旦河，征服迦南美地，得著上帝賜給他們的應許之地。

因此本書花了大量篇幅來討論摩西死後，以色列要藉著審判官與法庭、祭司與利未人、君王與先知，來建立及維持社會的秩序，信仰的傳承（十六 18～十八 22）；本書亦較摩西五經其他書卷更多講到，以色列民當如何從事征服迦南的戰爭，包括聖戰的條例（七，二十章）。

1.4 近代申命記研究概況

有關申命記的起源、作者與寫作年代，學術界有兩個相反的立場。一個是持守傳統的講法，以摩西為申命記的作者；另一個是認為申命記是後人假託摩西之名的偽作。⓬

傳統上猶太人和基督徒均以摩西為申命記的作者，是上帝啟示給他的話語。因為全書卷首就講到「摩西在約旦河東的摩押地講解這律法」（一 5），另外書中屢次講到摩西教訓以色列民律例典章（四 1、44～45，五 1，二十九 1～2），而書的末段更講到摩西親自寫下這些律法：「摩西將這律法寫出來，交給抬耶和華〔即雅偉〕約櫃的利未人祭司和以色列的眾長老」（三十一 9），及「當摩西把這律法的話寫完在書上，到完成的時候」（三十一 24）。

次經「便西拉智訓」（約公元前二世紀），猶太解經家斐羅（約公元前 20 年～公元 50 年），歷史家約瑟夫（約公元 37～95 年）等，都持此看法。新約福音書中，耶穌宣稱摩西是律法書的作者（太十九 8；可七 10，十 5；約七 19）。新約其他書卷也都如此認定（徒三 22；羅十 5、19；林前九 9）。

當然解經者也會同意，經文中有些部分是後來加上去的，例如：一些地理註解（二 10～12、20～23，三 9、11、13～14），以及卷首的標題：「以下是摩西在約旦河東的曠野……向以色列眾人所說的話」（一 1），應是後人所加。卷尾記載摩西離世（三十四章），以及評語：「以後，以色列中再沒有興起一位先知像摩西的」（10 節），當然不會是摩西寫的。⓭ 此外也要注意申命記三十四章 1 節把但支派看作在以色列的最北邊，1 至 3 節又用以色列的支派名稱取代迦南的地理區域名稱，應當也是後人所加。然而這些都不減損摩西是申命記主要資料來源的事實。

1.4.1 約西亞改革與申命記

然而到了十九世紀，有些學者受到理性主義影響，開始懷疑申命記是摩西所寫。衛德（W. M. L. de Wette；1780～1849年）在1806年首先提出建議，以為猶大約西亞王時代，修葺聖殿時發現的律法書就是申命記，約西亞王將之奉為憲法，帶領大規模的宗教改革（王下二十二8～二十三27）。後來學者稱此為「申底本」（D；或申命記底本）。衛德更主張申命記並非摩西所作，而是公元前621年大祭司希勒家指導之下，假託摩西之名所編寫的「偽作」。目的是要教導百姓除去異教偶像崇拜，集中到耶路撒冷來敬拜雅偉（「敬拜場所集中」〔centralization of cult〕的觀念）以幫助約西亞王的改革，及鞏固王權（王下二十二章）。⓮ 此說在十九世紀末經由德萊維（S. R. Driver）介紹到英語世界，進而發揚光大，迄今仍為學術界主要的講法。⓯

學者認為約西亞王帶領宗教改革與申命記關係密切，可歸納為以下九方面：

1. 申命記吩咐百姓要在雅偉選擇立名的地方敬拜祂（十二章），舊約中類似的用語均指耶路撒冷(撒下七章；王上八29；王下二十一4，二十三27)。
2. 約西亞王時代逾越節在耶路撒冷舉行（王下二十三21～23），是按申命記十六章規定進行，而非出埃及記十二章講到在各人家中舉行。
3. 約西亞王下令除去占卜的、交鬼的和行巫術的，反而求問女先知戶勒大，與申命記的規定相符合（十八章；王下二十二14，二十三24）。
4. 聖殿中發現的書卷被稱作雅偉「藉摩西所傳的律法書」（代下三十四14；參王下二十二11），而申命記多次提到該書卷乃是「律法書」（二十八61，二十九20，三十10，三十一26）。
5. 聖殿中發現的律法書又被稱為「**約書**」，而申命記就是按立約文本的格式所寫的（王下二十三2）。
6. 申命記要求君王要抄錄律法，誦讀遵行，正是約西亞王所行的（十七14～20；王下二十二11，二十三2～3）。
7. 列王紀評論約西亞王，說在他以前，「沒有王像他盡心、盡性、盡力地歸向耶和華〔即雅偉〕」（王下二十三25），這乃是採用申命記的用語（申六5）。

這不是出埃及記二十一至二十三章的「約書」，因為該「約書」沒有提到守逾越節的細節。

8. 呈報給約西亞王的書中，有一段是詛咒，與申命記相符（二十八章；王下二十二 13、19）。
9. 列王紀反映申命記的「聖名神學」（十二 5；王下二十三 27）。⑯

批判學者一般認為約西亞王帶領的宗教改革，乃是以色列歷史中的創舉。在此之前，並不認為有多個獻祭地點有甚麼不對。以色列歷史上第一個推動集中聖所敬拜的是公元前八世紀後期的希西家王，第一個批判多個祭壇的是公元前八世紀中葉北國的何西阿先知（何八 11，十 1～2，十二 12）。在此之前，不論君王或先知都沒有攻擊或刻意打壓此類敬拜方式。甚至公元前九世紀的以利亞先知，還在迦密山築壇獻祭（王上十八章）。至於全國共同守逾越節，列王紀經文也説：以色列自從士師時期以來，未曾有過如此盛大的守節。「既然在公元前八世紀以前沒有照申命記所規定的那樣守節，也證明申命記在此之前根本不存在」。⑰ 因此批判學者認為所謂「發現」此書，實為「創作」的年代，即在公元前七世紀末，與摩西無關，是敬虔之人的託古偽作。

然而約西亞是因為發現律法書而帶領宗教改革，但是也不盡然都與申命記所載相同。例如：申命記十八章 6 至 8 節允許其他省分的祭司來到聖所事奉，且規定當與原本就在那裏事奉的祭司得著同樣的供養，但在約西亞改革時並未如此遵行（王下二十三 9）。此外約西亞進行的改革，有些並非申命記所規定，例如：約西亞打壓拜偶像的祭司（王下二十三 5、20），但申命記十三章 2 至 6 節卻是針對引導百姓進入錯謬的先知。而且約西亞改革的核心，也是申命記所關注的：集中在聖所獻祭，除滅邱壇、偶像，早在公元前八世紀希西家王時期就已雷厲風行了。即或不能因此證明申命記在那時就已存在，但至少説明其中的觀念早已發展成熟。⑱

反而不少學者指出，申命記中許多律法，比較反映以色列早期的農牧社會（參十四 22～29，十五 18～23，二十六 2、10），而不像產生於公元前八或七世紀高度商業化的社會。例如：沒有律法規管商人、工匠、職業軍人或其他專業人士，也沒有論及商業社會所重視的貿易，不動產交易，買賣契約，借貸投資等。所有借貸都是因為窮困所致，不得不然。雖然有一段律法講到設立君王

（十七 14～20），但卻沒有講到皇室官員，甚或中央政府的苛捐重稅等問題。這些都顯示申命記律法比較屬於士師時期或是王朝的初期，以色列民初進入應許之地的景況。⓳

1.4.2 申命記的批判研究

十九世紀末到二十世紀初，批判學者大多接受五經的「來源鑒別假說」（source criticism，J、E、D、P），⓴並開始探討申命記本身的各文獻來源層面。不過鑒於申命記與五經其他書卷的差異，批判學者對於申命記的理解與五經其他書卷很不一樣。在創世記至民數記中的底本來源（J、E、P）不見於申命記，相反的，申命記的底本來源 D 也少見於前面這四卷書。申命記的批判大致走另一條不同的路。

1.4.2.1 申命記的人稱

首先是有關申命記演講對象的人稱。申命記主要是演講，但在講辭中常常變換說話對象的人稱：「你」（單數）或「你們」（複數）的混用（德文是 Numeruswechsel；意思為數目轉換）。有些學者以為這是全書有不同的來源，經編修組合而成。早在 1894 年就有兩位德國學者史托耶納結爾（C. Steuernagel）與史代爾克（W. Staerk），分別探討申命記中不斷變換說話對象的人稱。史托耶納結爾以為用複數的「你們」較古老，是摩西在西奈山對出埃及的那一代人說的，而用單數的「你」較晚，是摩西在摩押平原對曠野中新生的一代說的。㉑

馬丁．諾特（Martin Noth）從另一個層面來探討這問題，他主張申命記是從約書亞記到列王紀的「大申命歷史」的序言。他認為最早的申命記是五至三十章用「你」的部分，後來才再增補「你們」的段落，最後由「申命記史家」（Deuteronomistic historian, Dtr）加上申命記一至三章的前言，及申命記三十一至三十四章的結尾部分。㉒在此基礎上，尼可森（E. W. Nicholson）主張從「你」轉變為「你們」，代表從原始申命記轉到後來的增補。㉓但是伍愛德（Edward J. Woods）指出，若除去「你們」的段落，會讓許多段落無法連貫，特別像申命記

十二章 1 至 12 節「你們」的段落，是補足並預備 13 至 28 節「你」的段落。㉔

相反的，羅芬克（N. Lohfink）提出另一種看法，他主張人稱單複數的混用，並非代表不同的文件來源，而是演講中加重要點的修辭方法，而且從單數的「你」轉變為複數的「你們」，意義更為重大。㉕ 梅斯（A. D. H. Mayes）也支持羅芬克的觀點，特別在申命記四章，難以分辨不同的來源。㉖ 麥康維（J. G. McConville）亦從修辭的角度來討論這議題，他認為單數的「你」可以指個人也可以指羣體。故此，即便在對團體說話的時候，仍不忽略每一個個人。㉗

最近伍愛德更指出，申命記五章與六章中同時使用誡命（commandment；單數）及律例（decrees）與典章（laws；複數），也說明單複數的使用乃是修辭的技巧及神學的考量，而不是有不同的文獻來源。這或許可以提供「你」與「你們」段落的思考。㉘

1.4.2.2 申命記的律法

其次，申命記的主體是律法（五～ 二十六章），且與五經其他書卷中的律法關係密切。這可從以下幾方面來說明：

第一，注重十誡

出埃及記二十章 1 至 17 節及申命記五章 6 至 21 節兩次列出十誡全文。前者是雅偉在何烈山（即西奈山）與以色列民立約時頒佈，後者是摩西在摩押平原講解。前者是雅偉直接對以色列民說，簡潔明快，後者則加上摩西的前言（五 1～5）及長篇勸勉（六～ 十一章），語重心長。其中，第四誡「守安息日」的理由，二者不同。出埃及記版本是要記念上帝的創造（出二十 11），而申命記版本則是要記念雅偉拯救以色列民，脫離埃及的奴役（申五 15）。摩西更花費許多篇幅，引證以色列民四十年中失敗的歷史，特別是金牛犢事件，來闡釋十誡的第一與第二誡。

第二，前述律法

申命記是摩西「講解」律法（一 5），特別多引用五經中三類前述律法：第一，「約書」（出二十一～ 二十三章）；第二，利未記十九章（十誡例證）；第三，性道德律例（利十八，二十章）。有三點宜再加說明。

首先，申命記與約書。早在 1950 年代，馮拉德（G. von Rad）就列出申命記律法與出埃及記「約書」的平行段落，說明二者關係密切。㉙ 然而約書中也有不少律法，並未出現在申命記中，馮拉德估計約佔一半左右。而且在申命記中平行律法出現的次序也與約書不同，看來申命記並無意取代約書。

其次，許多前述律法只有原則性的規定，申命記則加以具體規範。另外一些相關的律法，原散落在各書卷中，申命記則按主題合併來處理，並假定讀者已熟悉這些律例。至於適用範圍則更具人道考量，更尊重當事人的尊嚴。例如：從男奴擴大到女奴，從本國人擴大到寄居的外國人，從消極的禁令轉化為積極的命令。而且用詞從專門的術語，冷僻字眼，轉化為一般人都易懂的語言。

再者，解釋利未記律法，集中在大家庭中的性道德禁令及十誡的應用，在申命記中更以公開詛咒的方式，來加強其規範力。現列表如下：

前述律法	申命記	闡釋主題／改變重點
出二十 4 出三十四 17	二十七 15	從禁止製造偶像（出），到違犯者當受詛咒（申）。
出二十一 1～11	十五 12～18	「釋奴」：從只適用於希伯來男奴（出），到女奴亦適用，並加上應當厚禮相贈（申）。
出二十一 12～14 民三十五 9～29	十九 1～13	「逃城」：誤殺人者可逃亡處所原則（出），設立六座逃城，區別謀殺與誤殺（民），設立逃城（3+3+3），及誤殺人之例證（申）。
出二十一 15 利二十 9	二十一 18～21	咒罵或打父母者當處死（原則：出、利）；父母控告逆子及刑罰（程序；申）。
出二十一 16	二十四 7	「拐帶人口」：販賣為奴者，當處死。
出二十二 16～17	二十二 28～29	與未訂婚處女行淫，必須下聘娶她為妻（除非她的父親不肯把女兒嫁給他；出）。強姦未訂婚處女，要交出五十舍客勒聘金，娶她為妻，終身不可與她離婚（更加保障女方權益；申）。

出二十二 21～24	二十四 19～22	「拾穗條例」：不可欺壓貧寒的原則（出），講到實際恩待的行動（申）。
出二十二 25	二十三 19～20	「放債禁取利」：只講到銀錢（出），更擴及糧食及一切可生利的物（濟貧），但借給外國人可取利（商業行為）（申）。
出二十二 26～27	二十四 10～13	「抵押品」條例：不但日落前當歸還外袍（生活必需；出），更不可進到人家中去拿抵押品（隱私自尊；申）。
出二十二 29～30	十五 19～23	「獻頭生牲畜」：從獻給雅偉（出），解釋為在雅偉所選擇的地方，在雅偉面前吃（申）。
出二十二 31 利十一章 利十九 26	十四 3～21	「肉食規定」：被野獸撕裂的牲畜的肉，不可吃（出）。說明何為潔淨的動物，使用冷僻字眼，消極性禁令（利）。合併發展為只可吃潔淨動物（自死者除外），並用較通俗字眼，積極性命令（申）。
出二十三 1 民三十五 30	十九 16～21	不可與惡人連手妄作見證（原則；出），不可只憑一個人的見證叫人死（針對性，消極指示；民）。至少要有兩三個見證人，才可定罪（積極指示；申）。
出二十三 2～3 出二十三 6～8	十六 18～20	論司法公正原則（出），設立法官實踐司法公正（申）。法官的條件：把罕見字「明眼人」（*piqḥîm*；出二十三 8），改為較通俗的「智慧人」（*ḥăkāmîm*；申十六 19）。
出二十三 4	二十二 1～3	「牲畜走迷」：要交還原主（原則；出）。若原主太遠或不認識，可先牽回，待失主來認領（細節、但書；申）。
出二十三 5	二十二 4	「牲畜重馱」：要與驢主一同抬起重馱（出），牛驢跌倒（可能因負重或路況不佳），要幫忙把跌倒的牛驢拉起來（申）。
出二十三 7～8	二十七 25	兩節分別講到不可殺害無辜及受賄賂（出）。合併這兩節，講受賄賂害死無辜者，當受詛咒（申）。

出二十三 9	二十四 17～18	不可欺壓寄居者（出），更擴及孤兒、寡婦（申）。
出二十三 10～11 利二十五章（P）	十五 1～11	「安息年」：合併田地休耕（出），與禧年贖地與贖身的條例（利），轉化為對人的「豁免年」（申）。
出二十三 12	五 13～15	「守安息日」：牛驢、僕婢及寄居者都守安息（出），紀念上帝拯救以民出埃及（救贖），要與寄居者一同守安息（申）。
出二十三 13	六 13	不可提別神的名號（第三誡，消極面；出）。當指著雅偉的名起誓（第三誡，積極面；申）。
出二十三 14～17 利二十三章 民二十八～二十九章	十六 1～17	「遵守節期」：規定男丁一年三次守節期，朝見雅偉（出）。説明節期的日期，百姓當如何守節（利）。節期的日期及祭司在節期當獻的祭牲（民）。説明守節的精神，當歡喜快樂，與民中窮苦人共享（申）。
出二十三 19 上 民二十八 26	二十六 2～10	「獻初熟之土產」：要送到雅偉的殿（出），解釋為到雅偉選擇立祂名的居所獻上（申），並假設讀者已知獻初熟土產的時間（民）。
出二十三 19 下 三十四 26	十四 21 下	「不可用山羊羔母的奶煮山羊羔」：從節期敬拜（出），發展到對應生命禮俗（//申十四 1～2）
利十三～十四章 民十二章	二十四 8～9	「大痲瘋病」：假設讀者已熟悉利未記十三至十四章給的詳細規定（專業技術手冊）。在此只提醒讀者謹慎遵行祭司利未人的教導（給平民的指引），並提到米利暗得大痲瘋的典故（申）。
利十八 8	二十七 20	從禁與繼母淫合（利），到違犯者當受詛咒（申）。
利十八 9 利二十 17	二十七 22	從禁與同父異母或同母異父的姐妹行淫（利），到違犯者當受詛咒（申）。

利十八16 利二十21	二十五5～10	「禁止娶兄弟之妻」(原則；利)，轉化發展為「亡夫兄弟婚」(例外；申)。
利十八17 利二十14	二十七23	從禁與岳母行淫(利)，到違犯者當受詛咒(申)。
利十八23	二十七21	從禁與獸淫合(利)，到違犯者當受詛咒(申)。
利十九13	二十四14～15	「按時出糧」：適用範圍從以色列人(利)，擴展到寄居的外國人(申)。
利十九14	二十七18	從不可將絆腳石放在瞎子面前(利)，到使瞎子走差者，當受詛咒(申)。
利十九19	二十二5、9～11	禁止異種混雜(利)，應用在禁止男女易服，農地間作，牛驢同耕，混紡衣料(申)。
利十九35～36	二十五13～16	「公平交易」條例：講到原則(利)，更詳細說明不可有兩樣法碼，兩樣升斗(行動；申)。
利二十一5	十四1～2	「禁止用刀割劃身體」：適用於祭司(利)，則擴大適用於所有人(申)。
民十五37～41	二十二12	詳細規定外衣加繸子細節與目的(民)，只說外衣四角加繸子(申)。
民三十五29～34	二十一7～8	規範殺人罪者刑罰，以免地被污穢(民)。長老代民宣告無辜，以除去百姓中流人血的罪(申)。

第三，講解特色

湯普森(J. A. Thompson)指出，申命記律法有其本身的特色。[30] 通常都是簡單列出律法條文，然後加上勸誡、警告和應許。簡言之，「申命記不是法典，而是雅偉律法的宣講」。不是單單律法的規定，而是生活化的指引。摩西在此更像牧者的諄諄勸勉，目的是要百姓明白律法的精神，預備進入迦南美地，以適應全新的生活，好得長久，得平安，得享福。

1.4.2.3 申命記與舊約歷史

有關申命記第三個重大評鑑研究，是探討申命記與舊約歷史書卷的關係。傳統上一般把舊約最前面五卷稱作「五經」(Pentateuch)，馮拉德則主張五經許多主題一直延續到約書亞記，特別是申命記所強調的地的主題在約書亞記中完成，故把五經加上約書亞記稱作「六經」(Hexateuch)。但是諾特卻強調申命記與前面四卷書的差異，反而與接下來的舊約歷史書卷關係更密切，他把創出利民這四卷書稱作「四經」(Tetrateuch)。

1943 年諾特首度發表其理論，認為從舊約申命記到列王紀是單一作者所寫的一部歷史，即「申命記歷史」(Deuteronomistic History, DH)。他認為這位「申命記史家」(Dtr)所用的申命記底本(D)大致與我們今日所有的申命記四章 44 節至三十章 20 節相同。㉛ 諾特認為申命記一至三(及四)章不僅是申命記全書的序言，更是申命記歷史的序言。他主張申命記的核心是「你」及「你們」的段落，後來再加上閱讀及遵行律法(三十一 9～13)而逐步增補擴充。

諾特的研究對後世的研究造成極大的影響，其後的學者均以他的研究為起點來探討。例如：馬克．畢德(Mark E. Biddle)就歸納二十世紀批判學者的意見，認為約西亞時代所發現的律法書卷(大約是申命記的某種形式)，屬於以色列主要歷史書卷的寫作時期，因為這些書卷的主題、神學及語言均類似。「原始的申命記」(Proto-Deuteronomy)，不但激發了約書亞記、士師記、撒母耳記及列王紀等書卷的寫作，還影響了耶利米書及後來其他先知書卷的寫作，因為後者深受申命記的神學及語言的影響。㉜

1.5 申命記文學結構

聖經學者在最近這半個世紀以來逐漸更多用「同時法」(synchronic method)來研究聖經，較重視經文現有的形式，而不再強調其文件來源或組合歷史的「歷時法」(diachronic method)研究。文學進路假設全書的統一性，並用以探討作者的修辭策略及技巧。㉝ 傳統評鑒學者以為是後人編修的片段，在文學分析的角度來看，卻顯示是作者在精心處理繁複的神學議題。例如：麥康維從申命記全書的神學來解釋書中特別的禮儀條款，即由申命記全書來看，而非複雜的組成。㉞以下幾種重大研究成果可作為代表。

1950 年代開始，有許多學者注意到申命記的文學結構，與古近東國家間的條約頗為類似。他們先是注意到出埃及記所載「西奈之約」以及約書亞記二十四章「約的更新」，然後觀察到申命記四章與二十八章也是立約的結構，後來更擴展到整個申命記。㉟

1.5.1 赫人條約

克萊恩（M. G. Kline）的研究顯示申命記的結構非常類似公元前第二千年代的赫人條約（或稱作大君王與藩屬國的條約），而與公元前第一千年代亞述帝國的國際條約不同。㊱因此他強力主張申命記的寫作年代應極接近摩西的時期，而不像是第七世紀的作品。

赫人條約常包括以下六個主要部分：

1. 立約前言：宣告立約宗主國，及參與的藩屬國
2. 歷史序言：立約的歷史事件，常講到小國不忠
3. 立約條款：立約雙方的關係，主要強調當忠誠
4. 立約附則：約文放在神廟中，定期更新與宣讀
5. 詛咒祝福：先詛咒，再祝福；順者昌，逆者亡
6. 立約見證：呼籲雙方眾神明

1.5.2 亞述以撒哈頓條約

相反的，有些學者，例如：懷斐德（M. Weinfeld）、尼爾森（Richard D. Nelson）、魯斌，雖承認申命記是用古近東國際條約的形式，不過是按照公元前第一千代的條約，特別是亞述〈以撒哈頓的宗主國與藩屬國條約〉（Vassal Treaties of Esarhaddon；簡稱 VTE）。㊲他們的論點是，亞述條約末尾的詛咒是按照亞述諸神明的秩序，其中有一個條約的詛咒主題與申命記二十八章中主題次序相同，加上申命記十三章詛咒文字多與 VTE 類似，他們以為這是證明申命記屬於公元前第一千年代的強力證據。

1.5.3 赫人之約與新亞述條約

問題是古近東國際條約，公元前第二千年代與第一千年代有無明顯差別？天主教神父麥卡錫（Dennis J. McCarthy）認為二者的形式難以區分，[38] 可是紀勤（K. A. Kitchen）卻指出二者的確有重大區別，共有六點：[39]

1. 公元前二千年代的條約，幾乎都把眾神明的見證置於約的條款與詛咒之間，而公元前一千年代的條約則否。
2. 公元前二千年代的條約都有歷史序言，而亞述時期的條約卻都沒有歷史序言。
3. 公元前二千年代的條約中，祝福的部分都對應詛咒的部分，加以平衡，而公元前一千年代的條約則沒有祝福來平衡詛咒。
4. 公元前二千年代的條約，內容次序較固定一致，而公元前一千年代的條約則否。
5. 此外，還可加上赫人條約的文本要作一式兩份，分別放在立約雙方的神廟中（參出三十四 1、28；申十 15，十七 18～19，三十一 24～26），但是**亞述時期國際條約無此要求**。

當然由於雅偉與以色列立約，聖所只有一個，而約櫃更象徵雅偉的寶座，故兩塊法版都放在約櫃中，代表置於雅偉的守護之下。

因此筆者建議，從大結構來看，申命記還是比較接近公元前第二千年代的赫人條約。[40] 至於申命記十三章則在下文中討論。

1.5.4 申命記十三章

1.5.4.1 申命記十三章與新亞述忠誠誓約

過去四十多年來，有些學者，例如：懷斐德、尼爾森及魯斌，用公元前七世紀亞述帝國的 VTE，來說明申命記十三章對忠誠的要求。[41] 他們認為二者所用的語句極為類似，證明本章與 VTE 之間的緊密關聯。申命記把 VTE 對大君王的忠誠，轉用作對雅偉的忠誠。從政治上的考量，轉化為宗教上的用語，以壓制任何對雅偉的背叛。甚至以此「證明」申命記屬公元前七世紀的作品。[42]

1.5.4.2 申命記十三章與赫人條約

但近年猶太學者伯曼（Joshua Berman）卻正確指出，新亞述忠誠誓約的風格及用語，根源於千百年來各種忠誠誓約的傳統，申命記十三章不是照批判學者以為是採用公元前七世紀的VTE，反而其遣詞用句及格式更接近公元前十五世紀的赫人條約。㊸ 例如：阿努旺達一世（Arnuwanda I）與伊斯美利加人的條約，就列出忠誠誓約的要求：㊹

§9 舉報叛亂：若有人在你面前說惡言冒犯，不管他是邊境的省長、貴族、中等階級；赫人或基祖瓦納人，或他是人的父母、兄弟、姊妹或人的子女，不得有人隱藏這說惡事的人，而當抓住他，並舉報。

§10 懲罰叛徒：若在一城中違法，你們伊斯美利加人要介入，打敗他們。你們要把平民俘虜交給我王，但牛羊可留給自己。若一家犯罪，這家庭（包括自由人）當滅亡。你要把奴僕交給我王，但牛羊可留給自己。若是一個人犯罪，他一個人要滅亡。

§12 對王忠誠：你們所有伊斯美利加地方的人都要誓言效忠我王，未來要保護國王、王后、眾王子及赫人土地。以後你們的兒子要宣誓效忠王的兒子。你們的孫子要宣誓效忠王的孫子。你們頭上的天是自由的，你們腳下的地是自由的。但你們自己是受限制的。未來要保護王和王后，直到一兩代。

1.5.5 申命記是「約」

申命記清楚說到這是一份「約」文（二十九9、12、14、21、25）。因為這一點，有不少學者跟隨克萊恩的進路，認為申命記是照公元前十五世紀赫人立約的格式來編排。筆者贊同這一點。㊺ 不過湯普森也正確指出此種類比仍有其限制，特別是全書的末尾六章，不在一般立約的格式之內，而是申命記所獨有。

猶太學者狄凱（Jeffrey H. Tigay）也指出，古近東大君王條約不能完全精確說明聖經的「約」的精意。因為此種古近東大君王條約主要關切藩屬國對宗主國的忠誠，好像雅偉供應以色列民的需要，而以色列民應當敬拜並效忠雅偉。可是卻未顯示申命記律法中，雅偉關切社會公義及百姓的福祉。他以為較好的

	赫人之約（國際條約）	西奈之約（約的頒佈）	申命記（約的更新）
前言（Preamble）	立約的宗主之言	上帝吩咐這一切的話（出二十 1）	摩西講解律法（申一 1、5）
歷史序言（Historical Prologue）	説明立約的背景	我是雅偉你的上帝，曾將你從埃及地為奴之家領出來（出二十 2）	回顧歷史，曠野悖逆，河東得勝（申一～四章）
基本條款（General Stipulations）	説明雙方未來係，強調藩屬國當忠誠	十誡（出二十章）	十誡（申五章）「示瑪」愛上帝（申六 4、5）
細部條款（Specific Stipulations）	説明守約之細節 例如：納貢，攻守同盟等	「約書」及律法（出二十一章～利二十五章）包括民事禮儀等律法	包括敬拜禮儀，設立官員，及迦南地生活（申十二～二十六章）
祝福與咒詛（Blessings & Curses）	背約遭禍（先）守約得福（後）	守約得福（先）背約遭禍（後）（利二十六章）	守約得福（先）背約遭禍（後）（申二十八章）
約的附則（存放，宣讀）（Deposition of Text, Public Reading）	約文一式兩份，分存立約雙方神廟內，定期宣讀	雅偉將十誡寫在兩塊石版上，存放在約櫃裏（出三十一 18，三十四 28）	十誡寫在石版上（申十 4）豁免年宣讀律法（申三十一 11～12）副本置約櫃旁（申三十一 24 以下）
約的見證者（Witnesses）	見證立約諸神名錄	（無）	（無）

説法是，申命記像「君王之約」（Royal Covenant），雅偉是以色列的君王，頒佈律法給祂自己的子民，關係到他們生活的每一個層面。46

1.5.5.1 法典與條約的結合

溫漢（Gordon J. Wenham）進一步建議申命記的文學結構是法典和條約的

申命記二十八章「祝福」共十四節，而詛咒則有五十四節，約為祝福的四倍。

綜合。他注意到古近東法典和條約，都會以**祝福和詛咒**作結，強調順天者昌，逆天者亡。法典的祝福在詛咒之前，而條約則相反，詛咒在祝福之前，且篇幅較長。申命記的祝福在詛咒之前，似法典。但詛咒篇幅較長，則似條約。[47]

1.5.5.2 西奈之約的更新

在五經中，申命記乃是西奈之約的更新，而非另外立一個新的約，其形式與內容均與西奈之約相同。如前表所示（頁 21）。

1.5.6 申命記關鍵篇章

其實不只整卷申命記是按公元前第二千年代赫人條約格式，連其中一些關鍵篇章也是按同樣格式來寫的，特別是申命記四、十一及二十九與三十章。而這幾章正是申命記記載摩西三篇主要講章的結尾。

1.5.6.1 申命記是講演

摩西像一個牧者，牧養他的會眾四十年之後，發表最後的告別演說：第一講（一～四章），回顧歷史，直到來到應許之地的邊上。第二講（五～二十八章），瞻望將來，以色列在應許之地上遵行律法的生活。第三講（二十九～三十二章），則是全國與雅偉更新立約。最後是摩西的祝福及離世的記載（三十三～三十四章）。其中第二篇演講（五～二十八章）又可分為二大部分：第一部分比較像講章（五～十一章），而第二部分比較正式，比較多引述之前的律法，並以祝福和詛咒來結束（十二～二十八章）。申命記十一章即為五至十一章的末一章。列表如下：

講章	宣講地點	宣講內容
第一講	約旦河東摩押地（一5）	回顧歷史（一～四章）
第二講	約旦河東近伯毗珥的山谷（四44～49）	瞻望將來（五～二十八章）
第三講	摩押（二十九1）	更新立約（二十九～三十二章）

1.5.6.2 申命記四章

雖然從古近東立約的格式來看，申命記四章的內容不夠全面，也不完整，但是對照接下來申命記五章回顧在何烈山「立約」，及全書文學大架構以赫人之約的格式來編排，本章的確有立約的各樣要素，並大致按照「約」的格式來編排，如下六點所示：

1. 立約宗主（1節）：雅偉你們列祖的上帝
2. 歷史序言（3節）：以色列民的失敗（巴力．毗珥事件；參民二十五章）
3. 律例條款（特別討論第一誡及第二誡）
   - i　頒佈十誡（13節），律例典章（14節）
   - ii　第一誡：惟有雅偉是上帝，除祂以外再沒有神（35、39節）
   - iii　第二誡：不可雕刻任何偶像，也不可敬拜事奉它們（15～19節）
4. 祝福詛咒（25～31節）：背約的詛咒與懲罰
5. 約的傳承（13節）：誡命（立約文本）寫在兩塊石版上
6. 呼籲見證（26節）：呼天喚地

1.5.6.3 申命記十一章

本章與申命記四章一樣，雖然從古近東立約的格式來看，內容不夠全面，也不完整，但是對照從申命記五章開始回顧在何烈山「立約」，及全書文學大架構以約的格式來編排，本章的確有立約的各樣要素，並大致按照赫人之「約」的格式來編排，如下所示：

1. 立約宗主（1節）：雅偉你的上帝
2. 歷史序言（2～7節）：雅偉的大能作為（出埃及與在曠野）

3. 律例條款（8～25 節）：重複最重要的誡命「示瑪」（*šəmaʿ*；六 4～9）
4. 祝福詛咒（26～28 節）：守約蒙福，背約受禍（對應二十八章）
5. 約的更新（29～30 節）：基利心山與以巴路山上的宣告（對應二十七章）

1.5.6.4 申命記二十九至三十章

申命記二十九至三十章是摩西過世前在摩押的第三篇也是最後一篇演講，篇幅最短，只有兩章共四十九節，主題是「更新立約」。過去已有不少學者指出這兩章是按古近東條約的格式寫的，[48] 這也反映申命記全卷是聖約的格式。這兩章除二十九章 1 節「標題與情境」說到「耶和華〔即雅偉〕在摩押地吩咐摩西與以色列人立約」之外，可再細分如下：

1. 回顧歷史：離開埃及、河東得勝（二十九 2～9）
2. 確認身分：全民立約、作神子民（二十九 10～15）
3. 背約詛咒：事奉別神、被逐異域（二十九 16～29）
4. 復興應許：回轉歸神、繁榮昌盛（三十 1～10）
5. 遵行保證：律法可近、口誦心從（三十 11～14）
6. 蒙福挑戰：揀選生命、日久天長（三十 15～20）

其中的第 1 點「回顧歷史」相當於古近東條約的「歷史序言」，再次論到埃及神蹟與曠野供應，而第 2 點「確認身分」相當於「基本條款」，第 3 點「背約詛咒」則類似古近東條約的「祝福與詛咒」，警告以色列民若背逆離棄雅偉，必遭罰被擄異邦。如此包含古近東條約的主要要素。

但是更值得注意的是申命記三十章進一步保證，只要以色列民悔改歸向雅偉，祂必賜下恩惠，使他們重得復興。此種呼籲悔改，改變未來，除去詛咒，帶來祝福，為古近東條約所無，乃申命記所獨有，是摩西以牧者身分對以色列民的勸勉。

1.5.7 申命記架構與十誡

1970 年代猶太學者考夫曼（Stephen A. Kaufman）首先提出主張申命記十二

至二十六章是立約的律法，「是有高度結構的文章，主要論題單元乃依十誡的順序排列…… 此順序出現在申命記第五章。」[49] 以下即是其結構：

申五章	誡命	申命記	描述
6～10 節	一至二條	十二 1～31	敬拜
11 節	三條	十三 1～十四 27	上帝的名
12～15 節	四條	十四 28～十六 17	安息日
16 節	五條	十六 18～十八 22	權威
17 節	六條	十九 1～二十二 8	殺人
18 節	七條	二十二 9～二十三 19	姦淫
19 節	八條	二十三 20～二十四 7	偷盜
20 節	九條	二十四 8～二十五 4	假見證
21 節	十條	二十五 5～16	貪婪

考夫曼的學生華爾頓（John H. Walton）亦主張申命記是解釋律法十誡的基本精神，不是等到新約耶穌基督時代才深入探討這個重要議題，而是在摩西的時代，就要每一個人過一個合乎敬畏上帝、愛人的道德生活。他把申命記六至二十五章分為四個主要議題，每個議題又分為「有關上帝」及「有關人」兩方面，並以為正是解釋十誡所討論的主題。[50] 列表如下：

主要議題	有關上帝	有關人
權威	第一誡（六～十一章）	第五誡（十六～十八章）
尊嚴	第二誡（十二章）	第六、七、八誡（十九～二十四章）
委身	第三誡（十三～十四章）	第九誡（二十四章）
權利	第四誡（十五章）	第十誡（二十五章）

現簡述以上四項議題：

1. 「權威」方面，論及上帝的權威（第一誡：六 4，十 17），對應人的權威（第五誡：十六～十八章；法官、君王、祭司利未人、先知）。
2. 「尊嚴」方面，論及上帝的尊嚴（第二誡：十二章，鑰節是 4 節），對應人的尊嚴，包括第六誡（「不可殺人」）有關的誤殺與逃城，死罪的見證人，誣告罪，人身報復法，戰爭的規則，懸疑命案。第七誡（「不可通姦」）有關的，包括：推斷的通姦，單純的通姦，強暴與亂倫，因這些罪都危害家庭尊嚴。第八誡（不可偷盜）有關的，對待逃奴，禁止賣淫，禁止向同胞放債取利，還願，充飢與偷竊，禁再娶下堂妻，禁奪取人的生活必需品，禁奪取人謀生能力，禁止綁架。
3. 「委身」方面，包括對上帝的委身（第三誡；十三至十四章），對應對人的委身（第九誡），要認真待人，因為人委身給你，不可誣告人。
4. 「權利」方面，論及上帝的權利(第四誡；守安息日)，引申包括十一奉獻，豁免債務，供給窮人不取利，因債為奴六年為限，獻頭生給上帝，守三大節期。及人的權利（第十誡；勿貪婪），包括論施捨，受責備之人仍有基本人權，亡夫兄弟婚姻法，以保護亡兄的家庭，以及獻初熟的穀子。

考夫曼和華爾頓探討申命記與十誡的關係，藉此得以深刻反省倫理議題。[51] 不過仍無法確知，作者/編者是否真的有意如此編排其內容，像華爾頓就對第七誡是否可以納入此系統中掙扎不已。[52] 且申命記全書並未提供明顯信息，說是按此方式編排，不過至少有助於了解申命記與五經其他律法之間的異同。申命記最重要的是勸勉，而非立法，故不似其他法典那麼專門。申命記更重視律法的「精意」，而非「字句」。

1.5.8 首尾呼應交叉平行結構

克里斯田森（Duane L. Christensen）在其申命記註釋中指出，申命記全書是一個首尾呼應的「交叉平行結構」（chiastic structure），又稱作「拱形結構」，首段和末段是歷史回顧與前瞻，內框是主要演講與更新立約的禮儀，而核心則是約的條款，此說甚有說服力。[53]

A 外框：回顧（一～三章）

B 內框：主要演講（四～十一章）

X 核心：約的條款（十二～二十六章）

B' 內框：約的禮儀（二十七～三十章）

A' 外框：前瞻（三十一～三十四章）

1.6 經文抄本與譯本

申命記的古抄本相當完好，極少誤漏或異文。即或有問題的經文（主要是申命記三十二與三十三章的詩歌），也很少造成譯經或解經的困擾。

1.6.1 希伯來文抄本

本註釋主要根據現存最古老、最完整的希伯來文「馬所拉抄本」（MT），一般稱作列寧格勒抄本（M^L），可追溯到公元 1008 或 1009 年，由便．亞設家族抄寫，採用提比哩亞標音系統。申命記的近代學術研究版本，像 *Rudolf Kittel's Biblia Hebraica*（BHK；1937 年），*Biblia Hebraica Stuttgartensia*（BHS；1977 年）[54] 及 *Biblia Hebraica Quinta*（BHQ）均根據此抄本。列寧格勒抄本的複製本於 1998 年由弗理德曼（David Noel Freedman）等人編輯出版。[55] BHQ 的申命記也由麥卡斐（Carmel McCarthy）編輯出版（2007 年）。[56]

1.6.2 希臘文譯本

申命記的希臘文「七十士譯本」，大約公元前二至三世紀由埃及北部的亞歷山大猶太人翻譯。主要版本如下：

1. Rahlfs, A. ed. *Septuaginta, Id est Vetus Testamentum Graece iuxta LXX interpretes*. Stutgart: Deutsche Bibelgesellschaft, c. 1935, 1979.
2. Wevers, John W. ed. *Septuaginta. Vetus Testamentum Graecum. Auctoritate Academiae Scientiarum Gottingensis editum*, Part III, 2: *Deuteronomium*. Göttingen: Vandenhook & Ruprecht, 1977.

3. 詳細討論見：Wevers, John W. *Notes on the Greek Text of Deuteronomy*. SBLSCS39. Atlanta, GA: Scholars Press, 1995.
4. Brook, A. E. and N. McLean ed. *The Old Testament in Greek, Vol. I, Part III: Numbers and Deuteronomy*. Cambridge: CUP, 1911。並且劍橋大學已經把整套未完成的書放上網：https://archive.org/stream/OldTestamentGreeklxxTextCodexVaticanus/03.OTGreek.Vat.v1.Octat.p3.Num.Deut.Brooke.McLean.1911#mode/2up。

整體而言，申命記「七十士譯本」的翻譯相當好，較有差異的是在「你」或「你們」的轉換，使之更加流暢。另有些經文則是「我」與「你」的轉換。例如：二十六章3節，獻初熟的禱告，「馬所拉抄本」作「你的上帝」，而「七十士譯本」是「我的上帝」，使禱告者更有投入感。但也有些地方可能是意譯，例如：申命記二十八章5節，「筐子和……揉麵盆」，「七十士譯本」譯作 *hai apothēkai sou kai ta enkataleimata sou*「你的庫房和你的儲糧」。57 申命記二十八章20節的「詛咒、困擾、責罰」，「七十士譯本」譯作 *tēn endeian kai tēn eklimian kai tēn analōsin*「貧窮、饑荒與毀滅」。58

1.6.3 撒瑪利亞五經

撒瑪利亞五經主要流傳在撒瑪利亞社羣。其主要版本如下：

1. von Gall, August Freiherrn ed. *Der Hebräische Pentateuch der Samaritaner*, Part 5: *Deuteronomium*. Berlin: Alfred Topelmann, 1966.
2. Tal, Abraham. *The Samaritan Pentateuch*. Edited According to Ms 6 (C) of the Shekhem Synagogue. TSHLRS 8. Tel-Aviv: Tel-Aviv University, 1994.

一般學者多認為撒瑪利亞五經在版本校勘學上面幫助不大。不過有一處異文倒值得注意，就是二十七章4節以「基利心山」(「和修」)取代「馬所拉抄本」的「以巴路山」(參「和合」)，可能反映撒瑪利亞人在基利心山上修建聖殿。不過也許正好相反，是「馬所拉抄本」因神學理由改動原本的經文(參卷下：9.1

「摩西與眾長老吩咐百姓〔二十七 1～8〕」第二點：「過河立石的指示〔4 節〕」，頁 132～133）。

1.6.4 亞蘭文譯本

亞蘭文譯本又稱作「他爾根」（Targum），申命記的亞蘭文譯本主要有以下各版本：Targum Onkelos、Targum Neofiti 1、Targum pseudo-Jonathan。而主要版本及研究書目包括：

1. Sperber, Alexander. *The Bible in Aramaic: The Pentateuch according to Targum Onkelos*. Leiden: E. J. Brill, 1992.
2. *Targum Neofiti 1: Deuteronomy*. Translated, with Introduction and Apparatus by Martin McNamara. Wilmington, DL: Michael Glazier, and Edinburgh: T & T Clark, 1987.
3. *Targum pseudo-Jonathan: Deuteronomy*. Translated, with Notes by Michael Maher. Collegeville, MN: Liturgical Press, 1987.
4. *The Targum Onqelos to Deuteronomy*. Translated, with Apparatus and Notes by Bernard Grossfeld. Wilmington, DL: Michael Glazier, 1988.

1.6.5 死海古卷

死海古卷有許多申命記相關的抄本，包括部分經文的抄本，內含「示瑪」（*šəmaᶜ*）的門框經文盒（*məzûzôṯ*）與讀經時戴在頭上與手臂上的皮製經文匣（*təpillîn*），還有其他內有部分申命記經文的一般文件。根據馬丁尼茲（García Martínez）的研究，共有三十二份申命記殘卷，均屬於公元前七十年以前。而克勞福（Sidnie White Crawford）則再加上一份穆拉巴溪谷（Wadi Murabba‘at）發現的希臘文抄本及馬薩達發現的希伯來文抄本。就數量而言，死海古卷申命記抄本僅次於詩篇。不過沒有像著名的以賽亞書（1QIsa[a]）那樣完整的全卷抄本。申命記殘卷主要來自昆蘭第四洞，小部分來自昆蘭第一洞及第二洞。[59]

而其中最有名的異文，是 4Qdeut[j] 的申命記三十二章 8 節，讀作 בני אלהים（「上帝的眾子」），而「馬所拉抄本」與主要古代譯本讀作 בְּנֵי יִשְׂרָאֵל

（「以色列的眾子」）。「七十士譯本」讀作（「上帝的天使」），支持死海古卷的讀法。

1.7 全書大綱

（一）重述由曠野進入應許之地之前的歷史敘事（一 1～四 43）

1. 回顧歷史（一 1～46）
2. 戰爭與和平（二 1～三 11）
3. 得地分配與失地傷痛（三 12～29）
4. 遵守聖約的勸勉（四 1～43）

（二）重申聖約（四 44～十一 32）

1. 宣告經文，聖約關係的根基（四 44～六 3）
2. 首要誡命（六 4～八 20）
3. 聖約關係的實際（九 1～十一 32）

（三）敬拜禮儀規定（十二 1～十六 17）

1. 建立聖所，勿拜別神（十二 1～十三 18）
2. 日常生活與敬拜雅偉（十四 1～十五 23）
3. 當守的三個節期（十六 1～17）

（四）治國宏規：職分與制度（十六 18～十八 22）

1. 設立法官（十六 18～十七 13）
2. 設立君王（十七 14～20）
3. 設立祭司（十八 1～8）
4. 設立先知（十八 9～22）

（五）尊重生命：人類（十九 1～21）

1. 保護無辜者（十九 1～21）

（六）重釋律法（二十 1～二十六 19）

1. 戰爭的律法（二十 1～20）
2. 生命與死亡的律法（二十一 1～23）
3. 第六至第十誡的闡釋（二十二 1～二十六 19）

（七）更新與復興聖民（二十七 1～三十 20）

1. 更新立約的禮儀（二十七 1～26）
2. 祝福與詛咒（二十八 1～68）
3. 更新立約（二十九 1～三十 20）

（八）摩西的臨終（三十一 1～三十四 12）

1. 領袖傳承（三十一 1～30）
2. 見證的詩歌（三十二 1～52）
3. 祝福與總結（三十三 1～三十四 12）

1.8 申命記參考書目

1.8.1 專論

李思敬。《五經行：妥拉中的生命智慧》。台北：校園書房，2018。

溫漢著。尹妙珍譯。《舊約文學與神學：五經》。香港：天道書樓，2008。（= Wenham, Gordon. *Exploring the Old Testament: A Guide to the Pentateuch*. Exploring the Old Testament vol.1. Downers Grove, IL: InterVarsity Press, 2003.）

Christensen, Duane L. ed. *A Song of Power and the Power of Song*. Winona Lake, IN: Eisenbrauns, 1993.

Kline, M. G. *The Treaty of the Great King*. Grand Rapids, MI: Eerdmans, 1963.

Lohfink, Norbert. *Das Hauptgebot: Eine Untersuchung literarischer Einleitungsfragen zu Deuteronomium 5～11*. Analecta biblica 20. Rome: Pontifical Biblical Institute, 1963.

Longman, Tremper III and Reid, Daniel G. *God is A Warrior*. Studies in Old Testament Biblical Theology. Grand Rapids, MI: Zondervan, 1995.

McCarthy, D. J. *Treaty and Covenant: A Study in Form in the Ancient Oriental Documents and in the Old Testament*. Rome: Pontifical Biblical Institute, 1963.

McConville, J. Gordon. *Law and Theology in Deuteronomy*. JSOTS 33. Sheffield: JSOT Press, 1984.

McConville, J. Gordon and Millar J.G. *Time and Place in Deuteronomy*. JSOTS 179. Sheffield: JSOT Press, 1994.

Miller, Patrick D. *The Ten Commandments*. Interpretation. Louisville, KY: Westminster John Knox Press, 2009.

Nicholson, Ernest W. *Deuteronomy and Tradition*. Philadelphia, PA: Fortress Press, 1967.

Noth, Martin. *Gesammelte Studien zum Alten Testament*. München: Kaiser, 1957.

__________. *Deuteronomistic History*. Translated by J. Doull et al. JSOTS 15. Sheffield: JSOT Press, 1981.

Olson, Dennis T. *Deuteronomy and the Death of Moses: A Theological Reading*. Overtures to Biblical Theology. Minneapolis, MN: Fortress Press, 1994.

Polzin, Robert. *Moses and the Deuteronomist: A Literary Study of the Deuteronomic History*. Part I, *Deuteronomy, Joshua, Judges*. New York: Seabury, 1980.

von Rad, Gerhard. *Studies in Deuteronomy*. Translated by David M.G. Stalker. Chicago, IL: H. Regnery, 1953.

Weinfeld, Moshe. *Deuteronomy and the Deuteronomic School*. Oxford: Clarendon, 1972.

1.8.2 註釋書

丘恩處。《申命記》。中文聖經註釋 6。香港：基督教文藝出版社，1994。

丹尼爾．布洛克（Daniel I. Block）著，丘上曙譯。《申命記》卷上。國際釋經應用系列。香港：漢語聖經協會，2015。

__________《申命記》卷下。國際釋經應用系列。香港：漢語聖經協會，2015。

郭鴻標。《申命記：受教與蒙福》。生命信息。香港：天道書樓：2005。

寇茲（C. A. Coates）著。鐘聲實譯。《申命記概要——萬有都是歸於祂》。台南市。活道，2018。

湯普森著。李永明譯。《申命記》。丁道爾舊約聖經註釋。台北：校園書房，2000。（= Thompson, J. A. *Deuteronomy: An Introduction and Commentary*.

TOTC London: InterVarsity Press, 1974.）
劉少平。《申命記》卷上。天道聖經註釋。香港：天道書樓，2002。
__________《申命記》卷下。天道聖經註釋。香港：天道書樓，2003。
Christensen, Duane L. *Deuteronomy 1:1～21:9*. WBC 6A. Dallas, TX: Word Books, 2001.
__________. *Deuteronomy 21:10～34:12*. WBC 6B. Dallas, TX: Word Books, 2002.
Craigie, Peter C. *The Book of Deuteronomy*. NICOT. Grand Rapids, MI: Eerdmans, 1976.
Mann, Thomas W. *Deuteronomy*. Westminster Bible Companion. Louisville, KY: Westminster John Knox Press, 1995.
McConville, J. G. *Deuteronomy*. AOTC. Downers Grove, IL: InterVarsity Press, 2002.
Miller, Patrick D. *Deuteronomy*. Interpretation. Louisville, KY: Westminster John Knox Press, 1990.
Work, Telford. *Deuteronomy*. Brazos Theological Commentary on the Bible. Grand Rapids, MI: Brazos Press, 2009.

1.8.3 專論文章

Brekelmans, C. "Wisdom Influence in Deuteronomy." Pages 123～134 in *A Song of Power and the Power of Song: Essays on the Book of Deuteronomy*. Edited by D. L. Christensen. Winona Lake, IN: Eisenbrauns, 1993.
Hoppe, Leslie. "Elders and Deuteronomy: A Proposal." *Eglise et Thelogie* 14 (1983): 259～272.
Kaufman, Stephen A. "The Structure of the Deuteronomic Law." *MAARAV* (1978～1979): 105～158.
Lohfink, Norbert. "Deuteronomy." Pages 229～232 in *Supplementary Volume to Interpreter's Dictionary of the Bible*. Nashville, TN: Abingdon, 1976.

Malfroy, J. " Sagesse et loi dans Deutéronome. " *VT* 19 (1969): 471 ~ 479.

Walton, John H. " Deuteronomy: An Exposition of the Spirit of the Law. " *Grace Theological Journal* 8.2 (1987): 213 ~ 225.

短註

❶ 同樣的，創世記被稱作「起初」（*bərēʾšît*），出埃及記被稱作「名字」（*šəmôt*），利未記被稱作「他呼叫」（*wayyiqrāʾ*），民數記被稱作「在曠野」（*bəmidbar*），均是採用該書卷開頭的關鍵字。

❷ 尼爾森（OTL），頁 5。

❸ 伍愛德（Edward J. Woods）反駁懷斐德（M. Weinfeld）的說法，參伍愛德（TOTC），頁 26 ～ 27；懷斐德（AB），頁 19。

❹ 像著名的舊約學者馬丁．諾特就主張，把約書亞記、士師記、撒母耳記到列王紀的歷史書卷稱為申命記派歷史。參 Martin Noth, *The Deuteronomistic History,* trans. J. Doull *et al.* (JSOTS 15; Sheffield: JSOT Press, 1981)；而華爾基也稱申命記是申命記派歷史的基石，「基本歷史」的關鍵。參華爾基（Bruce K. Waltke）著，俞明義譯：《華爾基舊約神學》上冊（香港：天道書樓，2013），頁 194。

❺ 魯斌，頁 28～29。

❻ William L. Moran, " The Ancient Near Eastern Background of the Love of God in Deuteronomy, " *CBQ* 25 (1963): 77～87.

❼ 有關耶利米書與申命記的關聯，詳細討論可參考魯斌（Jack R. Lundbom）著，伍美詩譯：《希伯來先知導論》（香港：基督教文藝出版社，2014），頁 37 ～ 43，尤其特別列表申命記二十八章在耶利米書中引用的經文。魯斌雖然也討論到申命記與以賽亞書的關聯，但僅限於

第一以賽亞(即以賽亞書一至三十九章),完全未提第二以賽亞(即以賽亞書四十至五十五章)或第三以賽亞(五十六至六十六章)。

❽ 有關申命記如何形塑猶太教,讀者可參考猶太學者狄凱(Jeffrey H. Tigay)的申命記註釋:狄凱(JPS),頁xxvii～xxviii。

❾ J. C. VanderKam, *The Dead Sea Scrolls Today* (London: SPCK, 1994), 32; Sidnie White Crawford, "Textual Criticism of the Book of Deuteronomy and the Oxford Hebrew Bible Project," in *Seeking Out the Wisdom of the Ancients Essays Offered to Honor Michael V. Fox*, ed. Ronald L. Troxel, Kevin G. Friebel, and Dennis R. Magary (Winona Lake IN: Eisenbrauns, 2005), 316.

❿ 最近有學者認為新約作者引用申命記達一百一十三次,參魯斌,頁xix、950～955。

⓫ 布洛克:《申命記》卷上,頁35。

⓬ 最近學者對申命記的研究,特別是從編修鑒別的進路來探討申命記與五經,以及申命記與申命記式歷史的關聯,可參考Konrad Schmid and Raymond F. Person, Jr. eds., *Deuteronomy in the Pentateuch, Hexateuch, and the Deuteronomistic History*, (Forschungen zum Alten Testament 2, Reihe 56; Tübingen: Mohr Siebeck, 2012)。

⓭ 像猶大・本・伊萊拉比(Rabbi Judah b. Ilai;公元二世紀,米示拿〔Mishnah〕最重要的拉比之一)就認為,申命記三十四章5至12節是約書亞後來加上去的;見*Baba Bathra* 15a;*Mena ot* 30a,引自狄凱(JPS),頁xix。而中世紀著名的亞伯拉罕・以本・以斯拉拉比(Rabbi Abraham ibn Ezra;公元1089～1164年)也認為申命記一章1節、三章31節、三十四章1、6節,不是摩西寫的。

⓮ Wilhelm Martin Leberecht de Wette, *Dissertatio critico-exegetica qua Deuteronomium a prioribus Pentateuchi libris diversum, alius cuiusdam recentioris auctoris opus esse monstratur* (Jena, 1805)。中文讀者可參考史笳（Jean-Louis Ska）著，宋蘭友譯：《閱讀五書導論》（香港：公教真理學會，2011），頁140～142。

⓯ 德萊維（S. R. Driver）的申命記註釋導論中，用極大篇幅詳細討論作者與寫作年代的議題：見德萊維（ICC），頁 xxxiv ～lv。整整過了一個世紀之後，仍有學者完全否認申命記與摩西有任何關聯，參 J. - P. Sonnet, *The Book within the Book: Writing in Deuteronomy* (BIS 14; Leiden: Brill, 1997), 262～267。

⓰ 亦可參考James Robson, "The Literary Composition of Deuteronomy," in *Interpreting Deuteronomy: Issues and Approaches*, ed. David G. Firth, and Philip S. Johnston (Nottingham: Apollos, 2012), 40f；朗文（Tremper Longman III）、狄拉德（Raymond B. Dillard）著，劉良淑、黃業強、鄔錫芬譯：《21 世紀舊約導論》，增訂版（台北：校園書房，2012），頁109～110。

⓱ 參狄凱（JPS），頁 xx 的歸納整理，他自己則反對此說法。

⓲ 參 B. Halpern, "Jerusalem and Lineages in the Seventh Century BCE: Kinship and the Rise of Individual Moral Liability," in *Law and Ideology in Monarchic Israel*, ed. B. Halpern and D. Hobson (JSOTSup 124; Sheffield: Sheffield Academic Press, 1991), 11 ～ 107, esp. 21 ～ 27, 41 ～ 49；及狄凱（JPS），頁 xx ～ xxi。狄凱主張申命記是作於公元前八世紀希西家時期，但也承認其中許多律法應該源自更早的時期。

⓳ 參 S. E. Lowenstamm, "Law," in *World History of Jewish People* 3:238～240；Martin Noth, *The Laws in the Pentateuch and Other Studies*, trans. D. R. Ap-Thomas (Philadelphia, PA: Fortress Press, 1967), 1 ～ 107；狄凱（JPS），頁 xxi。

⓴ 詳細討論可參賴建國：《五經導論》（香港：天道書樓，2011），頁

43～75。

㉑ 參 W. Staerk, *Das Deuteronomium. Sein Inhalt und seine literarische Form. Eine kritische Studie* (Leipzig: Hinrichs, 1894)；Carl Steuernagel, *Der Rahmen des Deuteronomiums: Literarcritische Untersuchungen über seine Zusammensetzung und Entstehung* (Halle a.S.: J. Krause, 1894)；22 ～ 28；idem., *Übersetzung und Erklärung der Deuteronomium und Josua: und allgemeine Einleitung in den Hexateuch* (Göttingen : Vandenhoeck & Ruprecht, 1900), I ～ X。一百年之後，伯格（Christopher T. Begg）對這兩位學者的理論作了清楚的評介，指出史代爾克（W. Staerk）後來不再對此議題有興趣，且在晚年時自承那是他「年少輕狂之作」（youthful indiscretion）。而史托耶納結爾（C. Steuernagel）雖然後來在其申命記註釋中繼續發展他的論述，但卻少有學者認同他的觀點。參 Christopher T. Begg, "1994: A Significant Anniversary in the History of Deuteronomy Research," in *Studies in Deuteronomy: In Honour of C. J. Labuschagne on the Occasion of His 65th Birthday*, ed. F. García Martínez, et al. (SVT 53; Leiden: E. J. Brill, 1994), 1～11。

㉒ Noth, *The Deuteronomistic History*, 17.

㉓ E. W. Nicholson, *Deuteronomy and Tradition* (Philadelphia, PA: Fortress Press, 1967), 22～36.

㉔ 伍愛德（TOTC），頁 34。

㉕ N. Lohfink, *Das Hauptgebot: Eine Untersuchung literarischer Einleitungsfragen zu Deuteronomium 5~11* (Analecta Biblica 20; Rome: Pontifical Biblical Institute, 1963), 239.

㉖ A. D. H. Mayes, *Deuteronomy* (NBC; London: Oliphants, 1979), 35～37.

㉗ 麥維康（AOTC），頁, 19 ～ 36。同樣意見亦參 Thomas Römer, "Deuteronomy in Search of Origins" in *Reconsidering Israel* and Judah: Recent Studies on the Deuteronomistic History*, ed. Gary N. Knoppers and J. G. McConville (Sources for Biblical and Theological Study 8; Winona Lake, IN: Eisenbrauns, 2000), 112～138, esp. 118～121。他也指出此種人稱單複數混用並非申命記所獨有，五經中亦出現在出埃及記二十一至二十三章及利未記十九章等。而早在1960年代，就有學者指出，公元前八世紀敍利亞亞勒坡發現的Sefire君王條約中，也有「你」和「你們」，甚至「他」和「他們」的代名詞人稱混用。因此不宜單用此種人稱混用，就據以判斷申命記經文的編修歷程。參Delbert R. Hillers, *Treaty Curses and the Old Testament Prophets* (Biblica et Orientalia 16; Rome: Pontifical Bible Institute, 1964), 32f.。此外，亦可見到耶利米哀歌三章，單數「我」與複數「我們」(哀三22、40～43、45～47)交互使用，顯示作者個人代表羣體。

㉘ 伍愛德(TOTC)，頁36。

㉙ von Rad, *Studies in Deuteronomy*, trans. David M. G. Stalker (Chicago, IL: H. Regnery, 1953), 13.

㉚ 湯普森，頁26。

㉛ Noth, *The Deuteronomistic History*, 16.

㉜ Mark E. Biddle, *Deuteronomy* (Smyth & Helwys Bible Commentary; Macon; GA: Smyth & Helwys, 2003), 9.

㉝ Robert Polzin, *Moses and the Deuteronomist: A Literary Study of the Deuteronomistic History* (New York: Seabury, 1980).

㉞ J. G. McConville, *Law and Theology in Deuteronomy* (JSOTSup 33; Sheffield: JSOT, 1984).

㉟ 特別是孟登豪(George E. Mendenhall)，參George E. Mendenhall, "Ancient Oriental and Biblical Law," *Biblical Archaeologist* 17/2 (1954): 26～44；idem., "Covenant Forms in Israelite Tradition," *Biblical Archaeologist* 17/3

(1954): 49～76。這兩篇專文後來重印為 *Law and Covenant in Israel and the Ancient Near East* (Pittsburgh, PA: Biblical Colloquium, 1955)。另見 George E. Mendenhall and Gary A. Herion, " Covenant, " *Anchor Bible Dictionary*, vol. 1: 1179～1202。

36 克萊恩（M. G. Kline）的觀點，可參 M. G. Kline, *The Treaty of the Great King* (Grand Rapids, MI: Eerdmans, 1963)。同樣支持此説的還有克萊基（Peter C. Craigie），他的觀點參克萊基（NICOT）。中文「赫人」又譯作「西台人」，在安納托利亞（今日土耳其），約公元前十八世紀至公元前十二世紀（1178 BC）。全盛時期為公元前 1290 年，與埃及勢力範圍在今日黎巴嫩北部及敍利亞邊境接壤。赫人由於掌握冶鐵技術，兵強馬壯，征服周圍許多小國，訂立大君王與藩屬國的條約。以色列要到公元前十世紀大衛王統治時期，才從非利士人學到冶鐵的技術。

37 Moshe Weinfeld, *Deuteronomy and the Deuteronomic School* (Oxford: Clarendon Press, 1972), 121f.; Richard Nelson, *Deuteronomy* (OTL; London and Louisville, KY: Westminster John Knox Press, 2002); Jack R. Lundbom, *Deuteronomy: A Commentary* (Grand Rapids, MI: Eerdmans, 2013).

38 D. J. McCarthy, *Treaty and Covenant* (Analecta Biblica 21; Rome: Pontifical Biblical Institute, 1963).

39 K. A. Kitchen, *Ancient Orient and Old Testament* (Chicago, IL: InterVarsity Press, 1966), 95f.; Joshua Berman, " Histories Twice Told: Deuteronomy 1~3 and the Hittite Treaty Prologue Tradition, " *JBL* 132 (2013): 229 ～ 250, esp. 232.

40 不過即或有以上的證據，仍有一些學者認為無法單單由申命記的文學結構類似古近東條約的格式，就足以認定其年代。參麥康維（AOTC），頁 24。

41 以撒哈頓是亞述王西拿基立最小的兒子，在位期間為公元前 681 至 669 年。其〈以撒哈頓的宗主國與藩屬國條約〉(Vassal Treaty of Esarhaddon，簡寫 VTE)的音譯、譯文及討論見 S. Parpola and K. Watanabe, *Neo-Assyrian Treaties and Loyal Oaths* (State Archives of Assyria 2; Helsinki: Helsinki University Press, 1988), 28 ～ 58；近年支持此說者還有 Bernard M. Levinson, "Textual Criticism, Assyriology, and the History of Interpretation: Deuteronomy 13:7a as a Test Case in Method," *JBL* 120 (2001): 236 ～ 241；Bernard M. Levinson and Jeffrey Stackert, "Between the Covenant Code and Esarhaddon's Succession Treaty. Deuteronomy 13 and the Composition of Deuteronomy," *Journal of Ancient Judaism* 3 (2012): 123～140。

42 懷斐德列出申命記十三章與赫人、亞蘭人及新亞述政治條約相似之處。在這些條約中都會特別警告變節之國。由於申命記十三章頗為類似 VTE，他認為申命記類似公元前七世紀的政治條約，足以「證明」申命記與約西亞時代的關聯(頁 100，近年跟從者有尼爾森，魯斌等人)。有關懷斐德的論點，可參 Weinfeld, *Deuteronomy and the Deuteronomic School*, 91 ～ 100。但克萊基以為懷斐德用「證明」這個字或許太強烈了，應更全面比較申命記與赫人條約。他的觀點可參克萊基，頁 277。

43 參 Joshua Berman, "CTH 133 and the Hittite Provenance of Deuteronomy 13," *JBL* 130 (2011): 25～44。這是從烏加列出土的赫人條約。伯曼(Joshua Berman)也指出，一般赫人條約是大君王與藩屬國國王的條約，但這一份條約是大君王與伊斯美利加殖民地的人民所立的條約。同樣反對申命記十三章是採用 VTE，亦見 Markus Zehnder, "Building on Stone? Deuteronomy and Esarhaddon's Loyalty Oaths (Part 1): Some Preliminary Observations," *BBR* 19/3 (2009): 341 ～ 374, esp. 348 ～ 351; ... (Part 2): Some Additional Observations," *BBR* 19/4 (2009): 511～530, esp. 511～516。

44 此條約文本譯文見 Gary Beckman, *Hittite Diplomatic Texts*, 2nd ed. (SBL Writings from the Ancient World 7; Atlanta, GA: Scholars Press, 1999),

11～124，特別是頁 13 至 17。中文為筆者所譯。

45 克萊基（NICOT），頁 24～29。

46 狄凱（JPS），頁 xv。

47 溫漢（Gordon J. Wenham）著，尹妙珍譯：《舊約文學與神學：五經》（香港：天道書樓，2008），頁 202。

48 例如：Dennis J. McCarthy, *Treaty and Covenant*, 199～205；及 Alexander Rofé, "The Covenant in the Land of Moab (Deuteronomy 28:69~30:20)," in *Das Deuteronomium: Entstehung, Gestalt und Botschaft - Deuteronomy: Origin, Form and Message*, ed. N. Lohfink (BETL 68; Leuven: Leuven Univ. Press, 1985), 310～320；重印在 D. L. Christensen, ed., *A Song of Power and the Power of Song* (Winona Lake, IN: Eisenbrauns, 1993), 269～280。

49 有關考夫曼（Stephen A. Kaufman）的提供的結構，可參 Stephen A. Kaufman, "The Structure of the Deuteronomic Law," *Maarav* 1/2 (1978～1979): 105～158。跟從此方法的學者還包括魯斌，參魯斌：《希伯來先知導論》，頁 417～418 及 Georg Braulik, "The Sequence of the Laws in Deuteronomy 12～26 and in the Decalogue," in *A Song of Power and the Power of Song: Essays on the Book of Deuteronomy*, ed. D. L. Christensen (Winona Lake, IN: Eisenbrauns, 1993), 313～335。反對用此方法來解釋申命記律法的學者有布洛克及猶太學者狄凱，參布洛克：《申命記》卷上，頁 301；狄凱（JPS），頁 53 註 19。

50 John H. Walton, "Deuteronomy: An Exposition of the Spirit of the Law," *Grace Theological Journal* 8.2 (1987): 213～225.

51 考夫曼與華爾頓二人最大不同在於：考夫曼把申命記十二章對應十誡的第一及第二誡，而華爾頓則主張申命記六至十一章是解釋第一誡，申命記十二章是單單針對第二誡。此外，考夫曼認為申命記十二至二十六章的律法不是十誡的註釋或講道，而是立約的規定，說明上帝對其子民的權威，以促進社會及宗教的改革。

52 多年後，華爾頓在另一篇回顧文章中，仍堅持他的主張，但略為修訂：他認為針對第七誡的解釋前後有兩個較異常（anomalies）的段落：即申命記二十一章 10 至二十二 12 節及二十三 1 至 18 節。參 John H. Walton, "The Decalogue Structure of the Deuteronomic Law," in *Interpreting Deuteronomy: Issues and Approaches*, ed. David G. Firth, and Philip S. Johnston (Nottingham: Apollos, 2012), 93～117。

53 克里斯田森（WBC 6A），頁 lviii。

54 J. Hempel, "Librum Deuteronomii," in *Biblia Hebraica Stuttgartensia*, ed. Karl Elliger and Wilhelm Rudolph (Stuttgart: Deutsche Bibelgesellschaft, c1976/1977, 1983).

55 David Noel Freedman, et al eds., *The Leningrad Codex: A Facsimile Edition* (Grand Rapids, MI: Eerdmans; Leiden: Brill, 1998).

56 Carmel McCarthy, *Deuteronomy*, (BHQ; Stuttgart : Deutsche Bibelgesellschaft, 2007); idem, "What's New in *BHQ*? Reflections on *BHQ* Deuteronomy," *Proceedings of the Irish Biblical Association* 30 (2007): 54～69.

57 John W. Wevers, *Notes on the Greek Text of Deuteronomy* (SBLSCS 39; Atlanta, GA: Scholars Press, 1995), 428.

58 魯斌，頁 3。

59 本段簡明摘要，參自魯斌、馬丁尼茲（García Martínez）、克勞福（Sidnie White Crawford）。參魯斌，頁 4 ～ 5；Garcia Martínez, "Les manuscrits du desert de Juda et el Deuteronome," in *Studies in Deuteromy: In Honor of C. J. Labuschagne*, 315～316。

第一篇

重述由曠野進入應許之地之前的歷史敘事

（一 1～四 43）

命記一至十一章回顧歷史，包括：

1. 曠野漂流主因：以民不信與悖逆（一19～46；參民十四章），這是首要重大失敗。
2. 約旦河東勝利：二個半支派求地，及不准摩西過河（二～三章；參民三十二章）。
3. 巴力·毗珥事件（四3；參民二十五章）。
4. 何烈山立約（四～五章；參出十九～二十四章）。
5. 瑪撒（六16，九22；參出十七7）。
6. 嗎哪（八章；參出十六章）。
7. 金牛犢事件與法版（九～十章；參出三十二章），所佔篇幅最多。
8. 他備拉事件（九22；參民十一1～3）。
9. 基博羅·哈他瓦（九22；參民十一34）。
10. 加低斯·巴尼亞（九22；參民十三3）。
11. 列祖七十人下埃及（十22；參創四十六27；出一5）。
12. 大海淹沒埃及追兵（十一4；參出十四章）。
13. 吞滅大坍與亞比蘭（十一6；參民十六1）。

其中首先提到的事：害怕與拒絕（一章）；激勵信心的事：勝亞摩利人（二章）；觸動傷感的事：不得進迦南（三23～29）；重點講述的事：何烈山立約（五章）；篇幅最長的事：金牛犢事件（九～十章）；澄清疑惑的事：為亞倫代求（九20）；解釋轉化的事：石版與約版（十章）。

摩西追溯歷史，講到雅偉在何烈山吩咐以色列民起行，前往應許之地。這是雅偉客觀的預備，明訂賞賜地業的範圍及給列祖的堅定保證，更要人主觀的支取，遵循律法與完全信靠雅偉（一6～8）。

申命記最前面三章回顧以色列人的歷史，他們離開何烈山以後，前往應許之地，「從何烈山經過西珥山到加低斯．巴尼亞要十一天的路程」（一2），加低斯．巴尼亞是西奈半島與應許之地接壤之處。可是出埃及四十年之後，他們還在應許之地的大門口。這究竟出了甚麼問題，摩西在此作了解説，主要就是人的背逆與不信，連摩西自己也受牽連，不得進入應許之地。

這三章可以分成三大段，第一段主要是失敗、挫折、阻礙重重的故事（一1～46），第二段記載又分兩部分：和平通過近親民族及擊敗敵對的亞摩利人（二1～三11），第三段記載摩西把土地分配給約旦河東二支派半（三12～29）。最後，作者以一個遵守聖約的勸勉為這歷史敍述作結束（四1～43）。

本段讀者可清楚看到上帝的旨意及祂掌握歷史，以及人拒絕或順從上帝的旨意。摩西一再用「雅偉説……」、「雅偉命令……」説明這不僅是記載以色列漂流的故事，這乃是由上帝引導的旅程，一路上都有上帝的話語和權能的供應。甚至看來似乎漫無目的的曠野漂流，也是在上帝的指引之下。

申命記一至三章是很典型的口述歷史。摩西以第一人稱回述歷史，夾議夾敍，其中不只包括客觀事件的描述（例如：精確的時間、地點、行進路線、戰爭）、雅偉的吩咐與禁令（不得與以東人、摩押人、亞捫人衝突，要去與亞摩利二王爭戰），也包括選擇性的對話（例如：記載以色列民建議去偵察迦南地與探子的回報，卻未提雅偉的吩咐〔民十三1～2〕；未提與以東的交涉〔民二十14～21〕，但詳述與亞摩利王西宏的外交交涉〔申二26～30〕），合併不同的事件（例如：選派官員分擔治理重任；申一9～18；參出十八24～26；民十一14），甚至他自己的情緒反應，特別是他責怪以色列民（一37）及向雅偉的懇求（三23～29）。

第二章

回顧歷史（一1～46）

- 全書序言
- 設立官長與領袖
- 百姓懼怕的故事

2.1 全書序言（一 1～8）

申命記一開始有三個重複的引言（1～5 節），說明摩西的三重身分：第一，「演講者，寫作者」（1 節）；第二，「傳遞者，代言人」（3 節）；第三，「教導者，解釋者」（5 節）。它也說明申命記的性質：本書主要是演講（1 節），是摩西按照雅偉的心意來傳講（3 節），本書更是律法的闡釋（5 節），而非提供另一部律法。

本段以第三人稱稱呼摩西。句法上，1 節先講動詞「說」，後講地點，5 節則是先講地點，後講到動詞「講解」，與 1 節剛好相反，且把 1 節「摩西所說的話」，更具體化為「這律法」。

分段大綱（一 1～8）

一、摩西所說的話（一 1～5）

二、摩西說話的內容（一 6～8）

2.1.1 摩西所說的話（一 1～5）

文學上，1 至 5 節是「交叉平行結構」，又稱作「拱形結構」，以此標幟一個完整的文學段落。首尾是「摩西所說的話」與「這律法書」（AA'；1 節上、5 節下），接著兩次提到地點（BB'；「在約旦河東」），近中心是講到時間（CC'；「十一天」與「擊敗河東二王之後」），而中心轉捩點（即拱頂），則強調是雅偉藉摩西告訴以色列民的話，是為本書的主旨。圖示如下：❶

A　以下是摩西說的話（*ʾēlleʰ haddəbārîm*；1 節上）〔話語：演講〕

　B　在約旦河東（*bəʿēber hayyardēn*；1 節上）亞拉巴的曠野〔地點〕

　　C　從何烈山到加低斯．巴尼亞十一天的路程（2 節）〔時間〕

　　　X　摩西把雅偉的話告訴以色列民（3 節）〔話語：神言〕

　　C'　擊敗亞摩利王西宏和巴珊王噩之後（4 節）〔時間〕

　B'　在約旦河東（*bəʿēber hayyardēn*；5 節上）的摩押地〔地點〕

A'　摩西講解這律法（*hattôrāʰ hazzōʾt*；5 節下）〔話語：講解〕

1節，本書卷首語「以下是摩西……所說的話」（*ʾēlleʰ haddəbārîm*；1節上），也成為希伯來文聖經本書的卷名。「以色列眾人」（這是「和合」、「和修」、「呂譯」的翻譯），MT是「全以色列」（*kol yiśrāʾēl*；參「新漢語」、「思高」、「環譯」），強調所有以色列民作為一個整體，聆聽摩西傳講的信息（參五1，二十七9，二十九2，三十一7、11，三十二45），地點是「在約旦河東」（*bəʿēber hayyardēn*；可直譯為「在約旦河另一邊」），該片語在有些經文指「約旦河西」（參三20、25，十一30）。但是本節及其他經文則指「約旦河東」（一5，三8，四41、46、47、49），本節並加上說明是在疏弗對面亞拉巴的曠野，而一章5節則加上「摩押地」。

本節眾多地名雖難以完全確認地點，不過應該都在西奈半島及死海南邊的亞拉巴，次序是由北向南，與從西奈向北前往應許之地的行進路線相反。包括三個部分：第一，約旦河東；第二，曠野，且定義為「疏弗對面的亞拉巴」。「亞拉巴」（*ʿărābāʰ*；BDB 787a；*HALOT* 880）原意是乾旱不毛之荒地，申命記中均指約旦河谷，從加利利海直到死海，由上下文決定確實地點（一1，二8，三17）。例如：「亞拉巴海」（*yām hāʿărābāʰ*）即「死海」（三17，四49），「亞拉巴」複數指約旦河東「摩押的平原」（*ʿarbōt môʾāb*；三十四1、8）。地理上，約旦河谷又被稱作「地塹」或「大裂谷」，向南一直延伸到非洲的肯亞。第三，「巴蘭、陀弗、拉班、哈洗錄、底撒哈」。❷「巴蘭」（*pāʾrān*）可能是「巴蘭的曠野」（*midbār pāʾrān*）的簡稱，位於亞拉巴以西，西奈半島東北部的沙漠地區。這曠野原是以實瑪利的家園（創二十一21），以色列人從何烈山前往迦南途中，曾在這裏安營（民十12，十二16）。摩西從這曠野北面邊緣的加低斯．巴尼亞，差遣了探子窺探應許地（民十三3、26）。「拉班」（*lābān*）可能是「立拿」（*libnāʰ*；意思是「白地」），與「哈洗錄」不遠，二者均在前往加低斯的路上（民三十三17～20），立拿在北，哈洗錄在南。而「底撒哈」則在更南邊，靠近西奈山。❸

2節提到時間。十一天竟轉變成一個世代——四十年（3節；參民十四34）。路程上，是「從何烈山經西珥山到加低斯．巴尼亞」，由南向北，約260至270公里。「何烈山」（*ḥōrēb*；直譯為「沙漠、荒地」）在申命記中都用來指

「西奈山」(參出三1；王上八9〔代下五10〕，十九8；詩一〇六19；瑪四4)，只有申命記三十三章2節例外。「西奈山」傳統上均指西奈半島南部的「摩西山」(Jebel Musa)，海拔二千二百八十九米，其北坡山腳下有聖凱特琳修道院(St. Catherine Monastery)。2節「和合本」的「西珥山」(*derek har śēʿîr*)原文是「西珥山的路」，即通往西珥山的道路。「加低斯·巴尼亞」有時簡稱「加低斯」(一46，三十二51)，則是應許之地南部的大門口。本節預示19節開始的敘事，講到加低斯·巴尼亞(一46，二1、5)，下文也提到西珥山(一44，二1、14)。

3節「第四十年十一月初一日」，五經以出埃及那個月作為新的紀元開始(出十二2，十六1，十九1，四十1、17；民十11，二十1，三十三3、38)，並連結申命記三十二章48至52節、三十四章，以及約書亞記四章19節、五章10節。悖逆耽延行程，亦使得應許之地的實現延後，類似米利暗毀謗摩西所造成的後果(民十二15)。本節說明摩西作為雅偉代言人的角色，及申命記的性質，不僅是摩西的演講，更是雅偉透過他對以色列民講的話。

4節講到擊敗亞摩利王西宏及巴珊王噩，預告後面的敘事(二26～三11)，顯示順服帶來得勝，在約旦河東如此，在約旦河西亦是。

5節提出的地點是「在約旦河東」(*bəʿēber hayyardēn*)，但加上同位語「在摩押地」(*bəʾereṣ môʾāb*)加以說明，應與1節同一地點，文學上則使全書首尾相呼應(參二十九1，三十二48，三十四1、5、6、8)。

「講解」(bēʾēr)的希伯來文是一個Piel形式動詞，為要表達一個強化的動作。

本節再度強調「話語」，但具體化為「這律法」(*hattôrāʰ hazzōʾt*；「和合」、「和修」、「新譯」、「呂譯」；申十七18、19，三十一9、11、12、24、26)，或作「法律」(「思高」)，但在此更好譯作「訓誨」(「新漢語」)或「指示」(「環譯」)。動詞「講解」(*bēʾēr*，***Piel***；BDB 91；*HALOT* 106；「和修」、「新譯」、「新漢語」、「呂譯」、「環譯」)，或作「宣講」(「思高」)，只出現在申命記一章5節、二十七章8節，以及哈巴谷書二章2節。說明摩西的講解，先是口傳(參5節)，後來化為文字(參二十七8)。猶太傳統也尊稱他是「摩西我們的教師」(*mōšeʰ rabbenû*)。❹

2.1.2 摩西説話的內容(一6～8)

6至8節正式開始摩西的講論。6節首先引述雅偉的話:「你們住在這山上已經夠久了。」(參民九23)。主語「雅偉—我們的上帝」放在句首,是有強調的意思。這稱號在本書中首見於此,申命記最常採用此稱呼,遠多於其他書卷,強調雅偉與以色列民聖約的關係。❺「夠久了」(*rab lākem*),標誌以色列民要拔營前往應許之地。在出埃及的第一年,他們來到何烈山,與雅偉立約,領受十誡與約書,建造會幕。但是何烈山終究不是他們出埃及的目的地,現在他們要起行前往應許之地(民十20)。

第一,應許之地的範圍(7節)

這是申命記首次講到應許之地的範圍(參十一24,三十四2～3),包括亞摩利人的山區和「附近所有地區」(*kol šəkēnāyw*;直譯「他的雙肩」),指近期的爭戰目標(一19～20)。接著是具體説明,就是「亞拉巴、山區、謝非拉、尼革夫、沿海一帶」。「亞拉巴」指約旦河谷,從提比哩亞海(即北面)直到死海(即南面)的部分(三17,四49)。「謝非拉」(*šəpēlāʰ*,「和修」),又譯作「高原」(「和合」;譯文不合原文意思)、「低地」(「新譯」、「新漢語」)、「臺地」或「山麓地帶」(「環譯」較佳),是介於沿海平原與中央山區之間的猶大地區,巴勒斯坦的主要農作區,也是後來以色列與非利士人的重要爭奪地(參撒上十七1～2)。「尼革夫」(*negeb*;「和修」),又作「南地」(參「和合」、「新譯」、「新漢語」、「環譯」),指猶大以南至別是巴之間的曠野。「迦南人的地和黎巴嫩,直到大河,就是幼發拉底河」,如此則包括今日的以色列、黎巴嫩,甚至敍利亞全境,直到敍利亞與伊拉克的自然邊界——幼發拉底河。這是以色列的理想國境(創十五18～21;撒下八3～8,十5～18;王上四21、24;詩七十二8),也是後來設立逃城律法的基礎(申十九1～10)。

第二,去得雅偉賞賜之地(8節)

「看,我將這地擺在你們面前」,動詞「擺」與下一句雅偉起誓要「賜給」列祖為業之地的「賜給」是同一個字(*nātan*)。「你們要進去得這地」中的動詞「得」

(*yāraš*)，意思是「攻佔」，常與動詞(雅偉)「賞賜」(*nātan*)連在一起出現(一21、39，二24、31，三12、20，四1、21～22，九23，十一8～9、31)。本節講到全面征服迦南地的藍圖，乃是雅偉起誓應許給列祖亞伯拉罕、以撒、雅各及他們後裔的地，這也是五經一再重複的主題(創十二7，十三14～15，十五18，十七7～8，二十六3～4，二十八13～14，三十五12，五十24；出三十二13；申七13，九5，二十六3，三十四4)。這地要從雅偉應許之地(盼望未來)，轉化為以民得業之地(享受當下)。

2.2 設立官長與領袖(一9～18)

前段引述雅偉的話，本段開始摩西的講論。首先講到設立官員，委派分工，初看似乎打斷前一段雅偉吩咐以民起行的命令，要到19節才正式開始遵行。但其實是為未來的軍事行動作好預備，而且在出埃及記十八章，也是把這事列在西奈山時發生。❻本段可分為二小段：第一，選立首領(9～15節)；第二，勉勵法官(16～18節)。

分段大綱(一9～18)

一、選立首領(一9～15)

二、勉勵法官(一16～18)

2.2.1 選立首領(一9～15)

9節「那時」(*bāʿēt hahiwʾ*)在本段用了三次(參16、18節)，說明在離開何烈之前設立司法體系。申命記一至三章多次使用這片語，均指回顧過去(二34，三4、8、12、18、21、23)。「我對你們說」，摩西把眼前曠野中新生的一代，包括在歷史當中(參五2，六1～2)，這也是講道者常用的方法。

10節提及摩西首先提到他自覺無力獨自承擔治理以色列民的責任。這是因為上帝給亞伯拉罕的應許成就了，以色列人多如天上的星、海邊的沙(十22，二十六5；參創十二1～3，十五5，二十二17)，但也因人數眾多，有新的、建設性的問題有待解決，就是分層負責，有效管理。包括例行的行政責任，一般法律訴訟案件（二十五1；參出十八15～16）以及不時面對以色列民全體的爭鬧（民十一章）等等。以上這些都是後來設立法官（申十六18～20）和君王（十七14～15）所要擔負的重責大任。

在12節，摩西開始他講道中慣用的三重描述的技巧，以三重責任：「你們的擔子、你們的重任、以及你們的爭訟」對應所需要的三重的恩賜：「有智慧、明辨是非、為人所知」（13節）。特別是「爭訟」（*rîb*）說明需設立「法官」。

在13節，摩西要百姓按著各支派推舉官員（由下而上），15節則是摩西就各支派的領袖，派任為官長，管理百姓（由上而下）。

這些選立的「領袖」（*rāʾšîm*〔複數〕；15節；直譯「首領/頭目」）包括軍事「指揮官」（*śārîm*〔複數〕，像千夫長、百夫長、五十夫長、十夫長的名稱所示），以及「官長」（*šōṭərîm*〔複數〕；「呂譯」譯作「官吏」）。後者阿卡德文（Akkadian）同源語 *śāṭāru* 是「書寫」（*HALOT* 1475～1476），可能意指「書記官」，也出現在申命記十六章18節及二十章5至9節。這些領袖或許集軍事、行政、司法三種職務於一身。不過更可能像出埃及記十八章所示，平時以司法為主，戰時則成為軍事指揮官，因此下一小段就是「勉勵法官」。因為公正的司法乃是社會風氣之所繫，在此則是初次立下此基石。

摩西兩次提到法官的資格（13、15節），必須：

1. 有智慧，包括經驗、知識、以及判斷新情勢的能力；
2. 有見識，可明辨真偽、善惡、是非；
3. 有好名聲，眾所公認，已有好的表現經驗，或是經過驗證的。以上這些條件在任何世代，任何國家都是一樣的。

2.2.2 勉勵法官（一16～18）

摩西對法官有四項基本的指示：

1. 判斷公正，不論對以色列人還是對寄居者。因為一般而言，寄居者（外國人）多居於較不利的地位，而以色列民自己也曾寄居埃及。
2. 不可偏袒。不論是窮人弱者或是富者強者，均不可輕看或重看。

3. 不可因懼怕而犧牲公正。不可畏懼權勢財富，也不可附和民粹而有所妥協。對一般人而言，法庭乃是正義的最後一道防線。
4. 若案情太困難，可交由摩西親自審理。他代表最高法院。故有上訴法庭，複審制度，及最高法院。「法官」(*šōp̄əṭîm*〔複數〕;「和合」、「和修」、「新譯」、「呂譯」、「新漢語」、「環譯」皆譯作「審判官」，「思高」作「判官」)，動詞字根 *šāp̄aṭ* 意思是「審判」(參卷下：1.1「設立法官的原則〔十六 18～20〕」有關 18 節的註釋，頁 6～7)。

17 節，特別提到「因為審判是上帝的事」，呼應出埃及記「約書」講到把案件帶到審判官那裏，「審判官」原文直譯「上帝」(出二十 6、22，二十二 8)。前台灣司法院長翁岳生勉勵法學院學生：「上帝早已把判決寫好了，法官的責任就是把上帝已經作好的判決找出來。」有關分擔領導責任的事，摩西在此似把出埃及記十八章與民數記十一章兩段故事併合起來講，兩件事情都發生在出埃及的初期。摩西未提到他的岳父葉特羅(出十八 17～23)，而是強調他自己向雅偉懇求，也未提雅偉要他把降在他身上的靈，分賜給以色列七十位長老(民十一 17)。

2.3 百姓懼怕的故事(一 19～46)

摩西以對話方式回顧以色列民派遣十二個探子去窺探迦南地的事，顯示他們的懼怕(民十四 20～45)。目的是藉早期這些悖逆不信的故事，引出接下來百姓順服信靠蒙福的近事(申二～三章)。整個故事始於加低斯．巴尼亞，也終於加低斯．巴尼亞(19、46 節；參民十三 26)。這又分成幾個不同階段的回應。

分段大綱(一 19～46)

一、第一個回應：偵察與回報(一 19～25)
二、第二個回應：違背與抱怨(一 26～31)
三、第三個回應：不信與懲罰(一 32～40)
四、第四個回應：冒進與敗績(一 41～46)

2.3.1 第一個回應：偵察與回報（一 19～25）

此段報導簡潔、理性，尚未顯出潛藏的懼怕。又可分為以下三小段：第一，摩西的勉勵（20～21 節）；第二，百姓的建議；第三，探子的回報。

第一，摩西的勉勵（20～21 節）

以色列人來到應許之地大門口，摩西勉勵他們按照雅偉所吩咐的「上去得那地為業」（21 節），他並勉勵百姓「不要懼怕，也不要驚惶」（21 節），這是命令，更是雅偉的保證。不但列祖在困境危難中得雅偉保證，且成為後來眾先知的重要信息。

第二，百姓的建議（22～23 節）

百姓建議派偵探去偵察當走何道路（參書二章，七 2～3；士一 23）。表面上看這是合理的建議，但是緊接在摩西的吩咐之後，卻顯示抗拒雅偉的計劃。23 節「這話我看為美」，卻未曾求問雅偉（類似約旦河東二個半支派〔民三十二章〕及約書亞與基遍人立約〔書九章〕）。十二名探子，每支派一人，注重代表性。後來約書亞只差兩名探子窺探耶利哥城，則注重功能性。

第三，探子的回報（24～25 節）

民數記說探子走遍迦南地（民十三 21），在此只提到「以實各谷」（*naḥal ʾeškōl*；字義「葡萄串的溪谷」，參「環譯」），可能靠近希伯崙（參民十三 22～24）。十二名探子回報，雅偉所賜的是果然是美地（25 節）。他們帶回來精確的、鼓舞的信息。

2.3.2 第二個回應：違背與抱怨（一 26～31）

但是，前述積極的報告不但沒有帶來百姓正面的回應，他們「不肯上去，竟違背」雅偉的指示，在帳棚內「發怨言」（參民十四 1～10）。他們害怕當地居民身材高大，城邑高得頂天。他們心中害怕，口發怨言，甚至懷疑雅偉領他們出埃及的動機。摩西在此用到修辭上反轉的技巧：他們把雅偉為他們爭戰（一30）反轉為「把他們交在亞摩利人的手中」（一27；二章26節至三章11節記述他們擊敗河東二王），把雅偉的「愛」反轉為「恨」（四37，七7～8），把「出埃及」反轉為要「回埃及」（民十四4）。因著懼怕，他們懷疑雅偉的動機，拒絕雅偉的應許，否定雅偉的大能，違背雅偉的命令，偏離雅偉的計劃。

摩西要百姓從救恩歷史來看，再次鼓勵他們「不要驚恐，不要害怕他們」（29節）。摩西用聖戰的語言來鼓勵百姓：「在你們前面行的耶和華〔即雅偉〕——你們的上帝必為你們爭戰，正如祂在埃及，在你們眼前為你們所做的一樣」（30節），並以三個方式來描述雅偉：

1. 雅偉是戰士（30節），為以色列民爭戰（八15；參出十五3，十七8～16），故當信靠雅偉的大能拯救；
2. 雅偉是老鷹（31節），就像老鷹教導雛鷹飛翔，給予保護、供應與訓練，雅偉在曠野中也如此善待祂的子民（出十九4；參申三十二10～12）；
3. 雅偉是父親（31節），與以色列民同行，一路引導他們來到應許之地（詩一〇三13；賽一2，四十六3～4，六十三9；何十一3；徒十三18）。

2.3.3 第三個回應：不信與懲罰（一32～40）

前段是摩西針對以色列民的勉勵，本段轉為雅偉針對以民的不信作出懲罰的決定，這也是曠野漂流中最大的問題。又分為二小段：第一，以民的不信（32～33節）；第二，雅偉的回應（34～40節）。

以民的不信（32～33節）。32節「你們不信」（*ʾênkem maʾămînīm*）是分詞與否定詞 *ʾên* 連用，表達一種「持續不信的狀態」。❼ 33節「夜間在火中，日間在雲中」是指雅偉用「白天的雲柱，夜間的火柱」指引以色列民的道路，使他們日夜都可行走在雅偉的光明中（出十三21；民九15～23）。

雅偉的回應（34～40節）。區別信靠與不信，得地與倒斃在曠野。不信的百姓，十個小信的探子，還有摩西、亞倫與米利暗，他們由於不信及發怨言，被剝奪得地的權利，死在曠野。相反的，信心的探子（迦勒與約書亞）及婦女孩童（含西羅非哈的女兒），卻因信得進入應許之地。民數記十四章11至20

節詳細記載此事，要不是摩西代求，雅偉真要滅絕以色列百姓，並使摩西的後裔成為大國。果真如此，就沒有以色列國，而是摩西國了。但摩西在此未提到這些細節，直接講到雅偉最後的決定，就是那一世代不信的以色列民，都不得進入應許之地。

文學上，本段是「交叉平行結構」，或作「拱形結構」，說明其整體性。首尾是以色列民不得看見應許之地 // 轉回往曠野去（AA'），內框是兩個信心的探子迦勒與約書亞，他們及下一代要得著應許之地（BB'），而中心轉捩點（即拱頂）則是摩西不得進入那地，這也是摩西最傷心的事（X）。圖示如下：❽

A　這邪惡世代的人不得看見那美地（35 節）　〔以色列民〕

　B　迦勒必得看見，　〔信心的探子〕

　　我要將他所踏過的地賜給他和他的兒子（*ləbānāyw*）（36 節）

　　X　摩西不得進入那地（37 節）

　B'　約書亞必得進入那地，　〔信心的探子〕

　　你們的兒子（*bənêkem*）必進入那地（38～39 節）

A'　你們要轉回，往曠野去（40 節）　〔以色列民〕

雅偉兩段回應均包括對比不信的世代與信心的百姓。第一，將以色列民（34～36 節）對比邪惡的世代及信心的迦勒。在 34 節，雅偉「起誓」，反轉 8 節「起誓要賜給他們〔指列祖〕和他們後裔為業之地」。本段假定讀者已熟悉民數記記載迦勒信心的報導（民十三 30）及雅偉對他的應許（民十四 24）。35 節「這邪惡世代的人」（*haddôr hārāᶜ hazzeʰ*），指出埃及時二十歲以上可以打仗的男丁（二 14、16），摩西在此引用民數記三十二章 13 節稱他們是「在雅偉眼前作惡的那一代」（*haddôr hāᶜōśeʰ hāraᶜ*），以此對比他們不得進入雅偉起誓應許給列祖的「美地」（*hāʾāreṣ haṭṭôbāʰ*）。36 節，雅偉要把迦勒所踏過的地賜給他和他的「子孫」（原文 *ben*；直譯「兒子」），這是把迦勒比作信心之父亞伯拉罕（創十三 17），迦勒也被雅偉稱許「專心跟隨我」（民十四 24；書十四 8、9、14）。

第二，將摩西（37～40 節）對比摩西與約書亞。37 節的希伯來文詞序及獨立人稱代名詞的強調用法，更突顯摩西因故不得進入應許之地：「甚至我，雅偉因你們的緣故發怒說：『甚至你，你不得進入那裏。』」。❾「因你們的緣故」這片語雖未明指是哪件事，但至少顯出摩西對百姓的不滿，極可能是因為米利巴水事件（詩一○六 32～33）。此處雖未說，但假定當時聽眾及讀者都已熟悉雅偉責備摩西「不信」祂，未在百姓面前尊祂為聖（參民二十 12）。相反的，另一個信心的探子約書亞，卻「必得進入那地」（39 節），且「使以色列承受那地為業」（38 節）。百姓以為要成為擄物的「你們的孩子」（39 節；民十四 3、21），目前正站立在摩西面前聆聽訓誨，反倒要進入應許之地。40 節「至於你們」（*wəʾattem*）是獨立人稱代名詞的強調用法。「要轉回，從紅海的路往曠野去」，指從加低斯．巴尼亞往紅海的**阿喀巴**灣去。「紅海」（*yam sûp̄*）直譯「蘆葦海」，但自從 LXX 作 *Erythra Thalassa*，「紅海」就成為後世譯經的傳統。❿

阿喀巴在今日以色列、埃及與約旦三國邊界，以色列稱作「以拉他」，約旦稱作阿喀巴，埃及稱作他巴。

2.3.4 第四個回應：冒進與敗績（一 41～46）

然而被罰的以色列民，不聽從上帝的命令，不理會上帝不同在，貿然攻敵，結果嘗到敗績，在加低斯停留許多日子。41 節「我們得罪了耶和華」雅偉，這公式後來常見於歷史書（士十 10、15；撒上七 6，十二 10；王上八 47）。接下來「我們願……上去」，獨立人稱代名詞「我們」（*ʾănaḥnû*）對比 40 節雅偉對以色列民說「至於你們」（*wəʾattem*），二者均是強調用法，更突顯以色列民的不順服。42 節，雅偉的吩咐很清楚：「不要上去，也不要爭戰」，對比 43 節「你們卻不聽從……擅自上到山區去」。然而最關鍵的是，「因我不在你們中間」（42 節；這節經文與七章 21 節及約書亞記三章 10 節正相反），沒有雅偉的同在，以色列人絕難在聖戰中得勝。45 節，「你們就回來」（*wattāšuḇû*），LXX 譯作「你們坐」（*kathisantes* 讀作 *yāšab*，而非 *šûb*）在雅偉面前哭泣。

信仰反省

從西奈山到應許之地十一天的路程，以色列民卻花了四十年。然而上帝的旨意終必成就，人的軟弱不能攔阻祂的計劃。許多人把以色列人在曠野的漂流，比作自己靈程的遲滯。但無論如何，上帝説：夠了，起來行走，往應許之地去。

跟隨摩西出埃及的第一代以色列民拒絕進迦南，令人感慨。然而上帝的計劃不被挫折，在他們過世後，他們的兒女都要進迦南。上帝的恩典一旦賜下就不收回，但是只有那些配得的人才能享受。像第一個王掃羅被廢棄，第二個王大衛才是真正合上帝心意的王。以利家被棄，上帝揀選並膏立合祂心意的祭司撒督。

以色列民出埃及時是烏合之眾，選立官長分擔摩西管理重任，也讓他們成為能征慣戰的勁旅。今日教會也當有組織制度，好使事工推展順利，新的領導人才輩出。

上帝從一開始應許給以色列民的地就甚廣大，歷史上從未實現過。仍有待將來理想君王的出現（參結四十四～四十八章）。

溫習及思考問題

1. 摩西為何要講解律法？不是已經頒佈給以色列民了嗎？
2. 以色列民離開西奈山到應許之地大門口，只有十一天的路程，為何他們卻走了四十年？
3. 上帝給以色列的應許之地，範圍究竟有多大？包含今日哪些地方？
4. 以色列民為何拒絕進迦南地？他們遭到甚麼結果？
5. 以色列民為何會發怨言？這對眾人造成怎樣的影響？
6. 今日教會揀選有能之士分擔管理領導之責，應當注重哪些條件？
7. 摩西為何要講述歷史？講述歷史對我們信徒有何重要？
8. 上帝為何説「我不在你們中間」？如何得著上帝的同在？上帝的同在有何條件？

短註

❶ 類似但較簡略的文學結構分析，可參狄凱(JPS)，頁3；伍愛德(TOTC)，頁77～78；尼爾森(OTL)，頁16。

❷ 狄凱(JPS)，頁3。

❸ 魯斌，頁158～159。

❹ 狄凱(JPS)，頁42及下。

❺ 湯普森，頁97。

❻ 尼爾森(OTL)，頁19；伍愛德(TOTC)，頁81。

❼ 德萊維(ICC)；魯斌：《希伯來先知導論》，頁180。

❽ 魯斌，頁166。

❾ 狄凱(JPS)，頁19。

❿ 有關「蘆葦海」與「紅海」的翻譯，詳細討論見賴建國：《出埃及記》卷上（天道聖經註釋；香港：天道書樓，2005），頁397。

第三章

戰爭與和平（二 1～三 11）

- 面對以東人
- 面對摩押人
- 面對亞捫人
- 面對亞摩利王西宏
- 面對巴珊王噩
- 總結評論

前一章回顧以色列民從何烈山起行，來到應許之地南部的大門口加低斯·巴尼亞，但他們卻拒絕進去。經過三十八年的延宕之後，以色列民終於再次踏上前往迦南地的旅程。這次他們繞行經過以東、摩押、亞捫，並打敗亞摩利王西宏與巴珊王噩，來到死海和約旦河東邊，再次準備進入應許之地。❶

二章1節至三章11節講述以色列民在曠野漂流的最後階段，幾件戰爭與和平的故事。基本上每一段都是相同的結構，各故事中均包含：

1. 來到邊界：以東、摩押、亞捫、希實本、巴珊（二1、8、18、24，三1）；
2. 上帝吩咐：禁止挑戰以掃子孫、摩押人與亞捫人（二5、9、19），但要去得亞摩利王西宏與巴珊王噩的地（二24、三2）；
3. 歷史註解：特別是以米人與利乏音人，以及一些地理名稱、人物典故（二10～12、20～22，三11）。

現將這結構列表如下：❷

	里程碑	雅偉吩咐	完成報導
以掃子孫	二1	二3～7	二8 （經過西珥往摩押；引用民二十14～21）
摩押人	二8	二9～13	二13 （過撒烈溪；二章9節引用創世記十九章36至38節）
亞捫人	二18	二18～20	二36～37 （亞羅珥到基列）
希實本王西宏	二24	二24～31	二32～35
巴珊王噩	三1	三2	三3～11

這些事件亦記載於民數記二十至二十一章及三十三章37至49節，但記載的重點不同，有四點。第一，事件都用同樣的公式來報導，例如：申命記二章，用族名「以掃的子孫」（二4、12），而不用地理或國家名詞「以東」，顯示

申命記注重二族之間血緣關係，稱他們是以色列民的「兄弟」(二4、8)。第二，申命記記載以東懼怕以色列民(二4)，但未像民數記提到以東人敵擋威脅(民二十18～21)。第三，民數記記載以色列民繞道而行(民二十21)，申命記記載以色列民願意向以東人買糧買水，但未説明以東人對他們的態度(二4、6)。第四，申命記較神學性，多次用到聖戰的語言，民數記則無。像「雅偉的手」(二15)，把仇敵「交在……手中」(二24、30、33、36，三2、3)，使仇敵驚慌懼怕(二25)，直到把他們「毀滅，滅盡」(二14、15、16、22，三6)，「沒有留下一個倖存者」(二34，三3)。以上的差異不難解決，也許只是著重點的不同。

參照民數記所提供的時間架構，可大致重建以色列民出埃及第四十年的大事，列表如後頁：

申命記二章1節至三章11節按照以色列民所要面對的對象，可分為以下六段：第一，面對以東人(二1～8)；第二，面對摩押人(二9～15)；第三，面對亞捫人(二16～23)；第四，面對亞摩利王西宏(二24～37)；第五，面對巴珊王噩(三1～7)；第六，總結評論(三8～11)。

3.1 面對以東人(二1～8)

本段承上啟下，結束前一章在曠野多年的漂流，開啟全新的旅程。以色列民從加低斯．巴尼亞往東，來到紅海北部阿喀巴灣頂端的以拉他與以旬加別。在此他們主要面對以東人，本段稱作「以掃的子孫」(二4)。

分段大綱(二1～8)

一、繞行西珥山(二1～3)

二、勿挑戰以東(二4～8)

3.1.1 繞行西珥山(二1～3)

1節逐字引用一章40節，並加上「正如耶和華〔即雅偉〕所吩咐我的」，

時間	地點	事件	經文
正月	尋的曠野，加低斯	米利暗的過世	民二十 1
	米利巴	百姓為水爭鬧 摩西擊磐出水	民二十 2～13
	加低斯	請求通過以東 不准以民通過	民二十 14～21 申二 1～8
五月	何珥山	亞倫登山過世	民二十 22～29
	以他琳／何珥瑪	得勝亞拉得王	民二十一 1～3
	以東往紅海的路	火蛇銅蛇事件	民二十一 4～9
	以耶．亞巴琳 撒烈谷 → 亞嫩谷	請求通過摩押 越過撒烈溪谷	民二十 10～20 申二 9～16
	亞珥	不得挑戰亞捫	申二 17～23
	基底莫的曠野 雅雜	請求無害通過 與西宏王爭戰	民二十一 21～26 申二 24～37
	巴珊／以得來 摩押	得勝巴珊王噩 巴蘭詛咒以民	民二十一 33～35 申三 1～7 民二十二～二十四章
	什亭	巴力．毗珥事件	民二十五章
	摩押平原	再次數點百姓	民二十六章
		西羅非哈女兒求地	民二十七 1～11
		約書亞立作新領袖	民二十七 12～23
十一月初一	約旦河東的曠野	摩西講解律法	申一 1～5
十二月（？）	摩押地尼波山	摩西離世安葬	申三十四 1～8

宣告以色列民的順服，不再悖逆。時間方面，對照一章46節，以色列民「在加低斯停留了許多日子」，本節進一步說「我們在西珥山繞行了許多日子」。下文清楚說到，倏忽間，三十八年就在以色列停留在加低斯與過撒烈溪之間過去了（參一19、46，二14）。「西珥山」是「以東」的代稱，在死海南邊，今日屬

以色列南部的南地與約旦邊境,「這裏是指以東西部邊緣地帶」。❸ 3 節,「你們繞行這山已經夠久了,要轉向北方」,標幟全新的開始,呼應一章 7、24、40 節。

3.1.2 勿挑戰以東(二 4～8)

雅偉吩咐以色列民越過以東,前往摩押,並不得挑戰以東人。有兩個主要理由:第一,他們是你們的弟兄,有血緣關係(4 節)。第二,雅偉把西珥賜給他們,而不是賜給以色列民(5 節)。民數記二十章 14 至 20 節詳細記載此事,摩西從加低斯差遣使者,向以東王請求讓以色列民無害通過,但遭嚴詞拒絕。摩西原本希望走古代的君王大道,從加低斯 · 巴尼亞,經過南地的中央山區前往亞拉巴,但未能如願。但是,民數記沒有記載雅偉的吩咐與禁令,申命記加以澄清,並提供神學的解釋。

4 節「你要吩咐百姓說」,說明真正的聽眾是以色列百姓。摩西沒有提到以東王及他的強硬態度,反倒用「弟兄」及「以掃的子孫」,強調以色列與以掃後裔之間的血緣關係(4、8 節;參創三十六 1～8;對比民數記二十章 14 至 21 節,該處提到「以東王」)。「他們必懼怕你們」,可從以東王「率領一大羣軍隊,以強硬的手出來攻擊以色列人」可以看出來(民二十 20)。不過,應該沒有真正的遭遇戰事發生,像後來的亞摩利王西宏與巴珊王噩那樣(參二 27～29)。

「經過」(*ʿōbərîm*;複數分詞;「和合」、「和修」、「新譯」、「新漢語」、「環譯」),來自動詞 *ʿābar*,在申命記中主要用來指「越過河流、越過溪谷」,像「撒烈溪」(14 節),尤其是約旦河(三 18,四 14、26,六 1,十一 8、11,二十七 2,三十一 3,三十二 47,三十四 4),在此則指經過別人的土地。「邊界」(*gəbûl*;參「新漢語」)或更好譯作「境界」(參「和合」、「新譯」)、「疆土」(「環譯」;參出十三 7;民二十 21)。❹ 民數記講到,摩西請求行走以東東部的王的大道,即從以旬 · 迦別至大馬士革的古代商旅道路,要經過以東及摩押的心臟地區,但遭以東人和摩押人拒絕(參士十一 17)。申命記對以東人的友善態度(參申二十三 7),尚未反映後來以色列民對以東人的憎恨(詩一三七

7～9；賽三十四9～17；耶四十九7～22；結二十五12～14；摩一11～12；俄10；瑪一2～4）。

5節已表示「因我已將西珥山賜給以掃為業」，而不是賜給以色列民。申命記的觀點是：上帝賜給各民族領土，不僅是以色列而已。對摩押和亞捫也一樣（二9、19；參三十二8；摩九7）。

在6節，民數記二十章19節記載以色列人對以東說「願意付錢買水」，摩西澄清是雅偉吩咐「要用錢向他們買糧吃，也要用錢向他們買水喝」。「錢」（*kesep*；「和合」、「和修」）原文是「銀子」（「新譯」、「新漢語」、「環譯」）並沒有貨幣的意思，因為錢幣要到公元前五世紀才出現。

7節提到兩個重要的神學主題是「雅偉賜福」與「上帝同在」，以平衡6節吩咐以色列民向以掃的子孫買糧買水。「雅偉——你的上帝在你手裏所做的一切事上賜福給你」在申命記中常出現（十四29，十六15，二十四19，二十八12），而以色列民在曠野四十年之久，因著上帝同在，使他們一無所缺。而「上帝同在」，更直接反轉一章42節，因「上帝不同在」，是以色列民的失敗。

「上帝同在」是五經最重要的神學主題之一，❺雖然在申命記中提到次數不多，但都出現在一些關鍵經文中。例如：三十一章三次講到「上帝同在」，一次是摩西勉勵百姓勇敢過約旦河，去得應許之地（6節）。兩次用「上帝同在」勉勵新領袖約書亞，一次是摩西（8節），另一次是雅偉（23節），但也警戒以色列民，若他們離棄上帝，違背聖約，去拜別的神明，他們必失去「上帝同在」，上帝必離棄他們，使他們遭災禍。他們要說：「這些禍患臨到我，豈不是因為我的上帝不在我中間嗎？」（17節）

「賜福」（二7）或「祝福」是申命記重要主題，過去雅偉已經賜福以色列（二十三5），未來還要賜福他們（一11，十二7、15，十四24，十五4、6，十六10），雖然後者取決於以色列人對待窮人的態度（十四29，十五10、14、18，十六17，二十三20，二十四19）及他們是否順服聖約（七12～14，十一26～32，二十八1～14，三十1、16、19）。窮人要祝福以恩情善待他們的同胞（二十四13）。以色列民當尋求雅偉的賜福（二十六15），他們也要稱頌雅偉的名(八 10)。利未人要奉雅偉的名祝福百姓(十 8,二十一 5),而申命記最後也以摩西的「祝福」來完結(三十三章)。❻

賜福、祝福與稱頌

動詞 *bārak* 英文譯作 bless,但在中文則因身分及對象有三個不同譯法:

1. 上帝「賜福」人(上對下;十六 15,二十六 15;參創一 28;)。
2. 人「祝福」人(祈求上帝賜福對方;三十三 1;參創十二 3)。
3. 人要「稱頌」上帝(下對上;八 10;參創十四 20)。

一個好的例子是撒冷王麥基洗德為亞伯蘭「祝福」,說:「願至高的上帝,天地的主『賜福』給亞伯蘭!至高的上帝把敵人交在你手裏,他是應當『稱頌』的。」(創十四 19~20)

8 節,從以東過渡到摩押地。「經過以拉他、以旬・迦別,轉向摩押曠野的路去」,亦即離開紅海,開始朝北往亞拉巴的道路(一 40,二 1)。

3.2 面對摩押人(二 9~15)

本段講到以色列民面對約旦河東第二個民族「摩押人」,但雅偉沒有把這地賜給以色列民,他要他們不可侵犯摩押,直到他們遵照雅偉的吩咐,過了撒烈溪,離開摩押的境界。

分段大綱(二 9~15)

一、勿挑戰摩押(二 9)

二、歷史的批註(二 10~12)

三、要過撒烈溪(二 13~15)

3.2.1 勿挑戰摩押（二 9）

雅偉給他們的吩咐也與前一段相同，「不可向他們挑戰」（參 5 節），理由也相同，因為雅偉「已將亞珥賜給羅得的子孫為業」。「亞珥」（*ʿār*）指摩押的首都，位於亞嫩河南邊，在此代表摩押（另參 18、29 節，民二十一 15、28，二十二 36；賽十五 1）。「羅得的子孫」顯示他們與以色列血緣的關係，但不若以掃的子孫那麼親（創十九 30～38）。❼

3.2.2 歷史的批註（二 10～12）

本段與 20 至 23 節都是後來加入的歷史批註，說明西珥山與摩押地更早的居民。格式上相同，都是：

1. **雅偉分配地**：先講到「他們的地，我不賜給你們，因為我已將 XX 賜給 XX 的子孫為業」（9 節下、19 節下）。
2. **禁令與命令**：前後都有不可挑戰的禁令（9 節上、19 節上）及前進得地的命令（13、24 節）。
3. **早先原住民**：該地早先的居民是利乏音人，且被比作身材高大的亞衲人（10～11、20 節），但都被後來的居民取而代之（12、21 節）。而後來的居民也為他們起別名「以米人」與「散送冥人」（11、20 節）。在此又提到亞衲族的人，連結申命記一章懼怕的主題。亞衲族人身材高大，令人望而生畏。

10 節，「以米人」（*ʾēmîm*）意思是「令人害怕的人」（BDB 34a），住在摩押北部高原的基列亭（創十四 5；民三十二 37；書十三 19；耶四十八 1、23；結二十五 9）。「利乏音人」（含「散送冥人」）在古近東指「神性王子」及「陰間的精靈」。❽ 然而儘管他們可怕，以色列的鄰邦仍可靠著雅偉的幫助擊敗他們。如同以色列人擊敗的巴珊王噩也是利乏音人（三 11）。

12 節「何利人」（參創世記三十六章 20 至 30 節的家譜）可能是西珥山區的穴居者（*məʾārāʰ ḥōr*；意思是「洞穴」，創十四 6），後來被以東人征服。12 節下，摩西把以掃的子孫除滅早先的居民，等同以色列民即將征服應許之地。

21至22節進一步發展此主題，並加上雅偉幫助的行動。雅偉為亞捫人除滅當地原住民，就如同雅偉為以東人所做的一樣。

3.2.3 要過撒烈溪（二13～15）

摩西沒有記載從撒烈溪到亞嫩河的路程。從13至17節中間是一片空白，留待神學的解釋。文學上，撒烈溪區分曠野中倒斃的一代（14～15節）與曠野中新生的一代（「我們」；13節）。等到老的一代戰士都滅盡了（14～16節），他們就要立刻轉入摩押的邊界（17～18節），雅偉並吩咐他們過亞嫩谷（24節）。神學上，撒烈溪象徵刑罰的結束，而亞嫩代表成功的開始。❾

13節，質詞「現在」（*ʿattāh*）不只標幟從過去來到現在，更是在大段對話中提出解決方案（參四1，五25，十12，二十六10，三十一19）。「撒烈溪」谷在死海南端，水從東向西流入亞拉巴。「谿谷」（*naḥal*）指平日無水，遇雨成河的山谷，阿拉伯文稱作 *wadi*（BDB 636；八7，十7，二十一4）。

14節提及從離開加低斯．巴尼亞到渡過撒烈溪，這段時期共三十八年，直到這一代的戰士都從營中滅盡，正如雅偉向他們所起的誓。14節「這些戰士」似有反諷之意。他們的死似乎也非自然之死，而是雅偉是戰士，反手過來攻擊他們。動詞 *hwm* 意是「趕出，使之困擾」，指雅偉聖戰帶來的痛苦（七23；書十10）。同樣與聖戰有關字眼還包括「手」（撒上五6、7、9、11，六5、9）及「直到滅盡」（書八24，十20）。「滅盡」的字根是 *tmm*，在14至16節中出現三次。本段的信息，雅偉是戰士，卻要對付悖逆的百姓，不信的世代。

3.3 面對亞捫人（二16～23）

本段與上一段一樣，雅偉吩咐以色列民不要侵犯亞捫人的地。亞捫人住在摩押人的北邊，他們也同摩押人一樣被稱作「羅得的子孫」。雅偉也同樣吩咐以色列民不要向他們挑戰。本段是申命記獨有，民數記未記載。

分段大綱（二 16～23）

一、勿挑戰亞捫（二 16～19）
二、歷史的批註（二 20～23）

3.3.1 勿挑戰亞捫（二 16～19）

「百姓中所有戰士滅盡死亡以後」（16 節），現在是向曠野中新生的一代說話，他們要在約書亞帶領下，進入應許之地。18 至 19 節，從「摩押的邊界亞珥，走到亞捫人的地」。亞捫在摩押地的東北，其首都「亞捫人的拉巴」（撒下十二 26），就是今日約旦的首都安曼。亞摩利王西宏就在其西邊，首都是希實本。以色列民行進路線大致是由南向北，經過摩押東北部疆界的亞珥，過了亞嫩河，就必然與巴珊王噩產生糾紛（24 節）。

3.3.2 歷史的批註（二 20～23）

本段類似 10 至 12 節，是後來的批註，提供亞捫當地原住民及新住民的歷史背景。為使論點清楚，提供三個例證。列表如下：

經文	原住民	新住民	註解
20～21 節	利乏音人 （又稱散送冥人）	亞捫人	利乏音人身材高大， 像亞衲人
22 節	何利人	以掃子孫	住西珥
23 節	亞衛人	迦斐託人	住鄉村，直到迦薩

20 節提及當地原先有「利乏音人」，他們像亞衲人一樣，以身材高大聞名。他們住在約旦河東，屬於西宏與巴珊王噩的領土，也有部分住在約旦河西（書十七 15）。耶路撒冷附近的利乏音谷（書十五 8，十八 16）就是按這些原住民命名。亞捫人稱這些原住民叫「散送冥人」（*zamzummîm*），也就是「蘇西人」（*zûzîm*；創十四 5），聽起來好像是「口中念念有詞的人」。

22 節像 12 節一樣，從敘事進而提供神學解釋，描述雅偉除滅何利人，乃是為了以掃的子孫的緣故。「直到今日」在申命記中出現多次（二 22，三 14，十 8，十一 4，二十九 4，三十四 6），表明寫作或最後編輯的時間。

23 節提到更早期住在非利士人之地的居民。亞衛人住在非利士人之地（書十三 3；「巴勒斯坦」意即「非利士人之地」），LXX 的約書亞記十三章 3 至 4 節把亞衛人放在非利士人五座城之中。本節講到亞衛人最遠住在南部的迦薩，被後來入侵的非利士人消滅。這裏用到聖戰的語言「消滅」，因為亞衛人是迦南地的原住民。⑩「鄉村」（*ḥăṣērîm*；複數），是沒有城牆的聚落（利二十五 31），在游牧民族或半游牧民族中很普遍，但 LXX 及 Vulg. 都讀作地名。

「迦薩」在迦南地與埃及的邊界，其名稱最早見於埃及法老杜得．摩西三世（Thutmose III；約公元前 1490 ～ 1436 年）的戰功表中，他所征服的城市也包括迦薩（*ANET* 235）。以色列人征服迦南地之後，把迦薩分配給猶大支派（書十五 47；士一 18）。但是猶大支派一直未能佔領迦薩，因為至少在公元前十二世紀，迦薩就已變成非利士五座城之一（書十三 3；撒上六 17；另四座非利士人的城是迦特、以革倫、亞實基倫、亞實突）。「迦斐託人」可能指愛琴海的克里特島，他們消滅亞衛人，「接續他們在那裏居住」。這也為後來以色列人擴張時，亞衛人仍保有土地一事，作了思想準備（書十三 3，十八 23）。

3.4 面對亞摩利王西宏（二 24 ～ 37）

二章 2 節至三章 11 節講論擊敗兩個亞摩利王，奪得約旦河東的事迹。以色列民越過亞嫩河谷，就進入到一個嶄新的階段。他們不再向當地居民請求無害通過，而是要與他們爭戰。因為所面對的是兩個亞摩利王，他們是以色列民要征服的對象。西宏的則包括基列北部及巴珊地。

申命記的記載與民數記領土南至亞嫩河谷，北到雅博河谷，西邊以約旦河及死海為界，東邊與亞捫及沙漠接壤。而噩王的領土不同，而以色列民面對這兩個國家的處理方式也大異於面對以東、摩押與亞捫（參民二十一 21 ～ 35）。⑪主要的差異在於：第一，以色列人一開始面對西宏，就知戰爭不可免，且終必得勝。不過，以色列民的最終目標是在約旦河西。第二，民數記二十一章沒有提到「當滅之物」，申命記則把這兩個亞摩利人國家，看作如同約旦河西的迦南人，當一併殲滅（三 18～20，二十 16～18）。

分段大綱（二 24～37）

一、雅偉的吩咐（二 24～25）

二、面對希實本王西宏（二 26～37）

3.4.1 雅偉的吩咐（二 24～25）

這是「新漢語」分段。「亞嫩谷」是摩押北部疆界，先從摩押中央山區向北流，經亞羅珥南邊轉向西流入死海。越過亞嫩谷，就鄰接亞摩利王西宏，與迦南人的戰爭由此正式展開。⑫

24 節「我已將亞摩利人希實本王西宏和他的地交在你手中」，正是反駁近四十年前百姓對雅偉的不實指控（一 27；參書七 7；王下三 10），並且藉著擊敗西宏，使「天下萬民驚慌懼怕」以色列，如同早先的經歷及迦南人的反應（出十五 14～16；書二 9～11、24）。雅偉是戰士，祂必然得勝，並採取主動，展示權威：「賜你權能」，「驚慌懼怕」，「發顫傷慟」。強調西宏是亞摩利人，說明他正是以色列民征服的對象。征服西宏極為重要，因為亞捫和摩押後來都來聲索其領土（民二十一 13～15；士十一 4～33；撒上十一 1～11）。

3.4.2 面對希實本王西宏（二 26～37）

26 至 37 節結構上，西宏故事的首段與以色列人與以東的互動類似，有以下相同要素：

1. 雅偉命令前行（2～3、24 節）；
2. 外國感到懼怕（4、25 節）；
3. 以民通過國境（4、27 節）；
4. 願意買糧買水（6、28 節）。

但這些類似，更突顯結果不同。以色列民和平通過以東，但與西宏卻正面與他們開戰。⓭

打敗西宏的故事也與埃及遭十災及法老的反應類似。先都有雅偉宣告要殺他及他的百姓，並說要使他內心剛硬，且他必不聽從，後來是法老和西宏自己主動攻擊以民，最後是以民在雅偉帶領下光榮得勝。列表如下：

	出埃及記	民數記	申命記
雅偉預告	七1～6		二24、31
差派使者	七1～2、16	二十一21	二26
摩西請求	七2(出埃及)	二十一22(無害通過)	二27～29(無害通過)
剛硬其心	七3(雅偉主動)、13、22(法老主動)		二30(雅偉主動)
不肯聽從	七4	二十一23	二30
主動來戰	十四章(法老追兵)	二十一23(西宏來戰)	二32(西宏來戰)
以民得勝	十四章(過大海)	二十一24～25	二33～36

26節，摩西首先採用外交手段，請求無害通過。「基底莫的曠野」，顯示摩西是在西宏的領土之外提出請求。⓮後來基底莫分配給呂便支派(書十三18)。「用和平的話」，指無害通過的請求，可能是簽訂和約(參二十10～15，二十三3～6；書九15；王上五12)。⓯

第一，摩西的請求(27～29節)

摩西的請求都用「我」，代表整個以色列民。29節，摩西對西宏提二個建議：第一，像以掃的子孫及摩押人那樣，賣水及糧食給以色列人；第二，等以色列民過約旦河，進入應許之地。這些都對西宏無害。

27節「只走大路」(*badderek badderek*)，MT重複片語 *badderek* 用作強

調單單走大路（*GKC* 123e）。這是引用民數記二十一章22節「我們只走王的大道」。28至29節，說以東人和摩押人都賣水和糧給以色列民，但民數記二十章19至21節記載以東人拒絕賣水給以色列人。這可能是摩西策略的運用，或是後來以東人改變態度。

第二，西宏的反應（30節）

與出埃及記十災有關法老的記載筆法一樣，「雅偉使他的心剛硬」，為要把他交在以色列民手中（未見於民數記，是申命記在此的神學評論，另參書十一20）。「像今日一樣」，指摩西在摩押演講的情況。

第三，雅偉的吩咐（31節）

本節重複24節，叫以色列民開始付諸行動。本節再度用到雅偉「把他的地交給你」（31節）及以民去「得他的地為業」（二31、33、36，七2、23，二十三14，三十一5）。雅偉的主動恩賜與以民的行動順服得著完美的平衡。

第四，戰爭的實況（32～33節）

西宏全面失敗，包括他的王朝（「他及他的眾子」），以及他的軍隊（原文用「人民」，這是五經慣常用法），都被以色列消滅了。應驗了雅偉對以色列民的話（24、31節）。「雅雜」（*yāhṣā^h*；BDB 397b；民二十一23），另作*yahaṣ*（賽十五4；耶四十八34），確實地點不詳，「摩押王米沙石碑」（Mesha Stele）（19～21行）提到這城被兼併到底本（*ANET* 320），故應在王的大道附近。⑯西宏為何會離開首都希實本，來到雅雜與以色列交戰，原因不詳。後來雅雜被分配給呂便支派，也是利未人的城（書十三18，二十一36；代上六78）。

第五，戰爭的實況（34～37節）

34至35節，採用聖戰的語言，且為民數記所無：毀滅城鎮居民，擄掠牲口財物。動詞「我們毀滅」（*wannaḥărēm*，*Hiphil*；BDB 355b；另參三6），強調全面的毀滅。這是對付迦南人的方式（詳細討論參卷下：6.3「出戰迦南城鎮的律法〔二十 16～18〕」的註釋，頁 56～60)。

36 節重複並擴展民數記二十一章 24 節「從亞嫩到雅博」，加上詳細的地理說明「從亞嫩谷旁的亞羅珥和谷中的城，直到基列」。「亞羅珥」亦見於「摩押王米沙石碑」(26 行)，在底本南邊五公里，王的大道西邊四公里，近亞嫩河。⑰「基列」在約旦河東的中部，介於北邊的雅慕克河與南邊的希實本之間。因此約旦河東可分為三個主要區域：由南向北依次是亞嫩河與希實本之間的高原，基列，以及巴珊。雅博河又把基列分為二部分：南部從希實本到雅博河由亞摩利王西宏統治，而北部從雅博河到雅慕克河則由巴珊王噩治理。基列的西邊是約旦河，東邊靠北是敘利亞阿拉伯沙漠，靠南則與亞捫人接壤。以色列民征服應許之地以後，西宏的土地劃歸呂便及迦得支派，而巴珊王噩的領土劃歸瑪拿西半支派(三 12～13；民三十二 33～42)。

37 節澄清以色列人未進入亞捫人之地，不是因為他們太強(民二十一 24)，而是因為雅偉禁止。連帶亞捫西部及北部邊界的「雅博河沿岸」以及山區的城鎮(三 16；書十二 2)，以色列也都沒有挨近。

3.5 面對巴珊王噩(三 1～7)

打敗巴珊王噩的記載與打敗西宏相似，但較前一段簡略，沒有提到與該國的外交交涉(民二十一 31～35)，但多了不少地理上的補充信息(三 10)。相似的地方包括：第一，雅偉的吩咐(1～2 節)：1 節幾乎逐字引用民數記二十一章 33 節。「巴珊的路」即通往巴珊的道路。第二，聖戰的用語(3～7 節)：包括「雅偉把他和他的百姓交在我們手中」，「我們殺了他，沒有留下一個倖存者」，及「我們把這些都毀滅了」(6 節)，「毀滅一切男女，擄掠牲口財物」(6～7 節)。4 節，「亞珥．歌伯」屬巴珊東部地區，所羅門時代成為一個行政區(王上四 13)，且同樣說是有六十座城。埃及杜得．摩西三世(約公元前 1490～1426 年)將亞斯她錄與以得來列入他的征服名單(*ANET* 242)，亞馬拿信件也提到此地人口眾多。亞述王撒曼以色三世(公元前 859～825 年)在位第八年，誇說他來到浩蘭山區(= 亞珥．歌伯)，攻城掠地。⑱

3.6 總結評論（三 8～11）

本段總結以色列民打敗兩個亞摩利王所奪得的土地，地點都在約旦河東，從南部的亞嫩河直到北方的黑門山，成為下一段分配土地的基礎。兩個王都被稱作「亞摩利王」，說明以民征服他們的理由。

9 節「黑門山」（*har ḥermôn*），在東黎巴嫩山脈南部的山，最高峰海拔 2,814 米，約旦河主要源頭來自此地區，「西頓人」（代表腓尼基人）稱為「西連」（*śiryōn*；詩二十九 6），「亞摩利人」稱為「示尼珥」（*śənîr*；代上五 23；歌四 8；結二十七 5），申命記又稱這座山「西雲山」（*har śîʾōn*；四 48）。

10 節中，所有平原的城，包括「基列全地」，以及「巴珊全地」。「平原」（*mîšōr*；BDB 449b；*HALOT* 578）指亞嫩河至希實本的高原（四 43；書十三 9；耶四十八 21）。「巴珊」在基列及雅慕克河北邊，加利利海的東北（今日哥蘭高地）。其國境北至黑門山，東至浩蘭山，西至加利利海，南至雅慕克河（四 49；書十三 9、16、17、21，二十 8；耶四十八 8、21）。「撒迦和以得來」是巴珊南部的兩座邊城，撒迦在東，以得來在西（一 4）。巴珊自古以豐沛的草原和森林出名，盛產牛羊（詩二十二 12；賽二 13；結二十七 6；摩四 1；彌七 14）。

在 11 節有關巴珊王噩的記載不多，只留下關於他是利乏音人及他鐵床的傳奇（三 11）。「亞捫人的拉巴」，是後來大衛時代的講法。

後來聖經傳統常將這兩個王相提並論，以此講到雅偉的拯救大能（二十九 7～8；詩一三六 17～22）。

信仰反省

第一，地的主權在於上帝。祂把土地賜給以色列民，祂也把地賜給摩押、以東和亞捫人。上帝為選民預備土地的祝福，現在擴大到其他國家民族。雅偉分賜土地給外邦人（三十二 8～9），其他國家亦經歷出埃及（摩九 7），最後連以色列的宿敵埃及人也要經歷他們的出埃及，得著雅偉的拯救（賽十九 19～26）。

第二，關鍵在於信靠上帝。整段故事最關鍵的問題是，以色列是否信服雅偉的應許，賜給他們土地（二 14～16）。申命記一章的主題是「不信與失敗」，而二章的主題是「信靠與得勝」。但要等到出埃及的那一代都過世了，上帝才顯出祂得勝的大能力。在此之前，以色列在曠野漂流，從未經歷勝利。但是信靠上帝的新生代，可以與上帝一同經歷得勝。時間上前後經過了三十八年，地理上從應許之地南邊，西奈曠野的加低斯．巴尼亞，來到應許之地東邊，約旦河東摩押地的撒烈溪（二 14）。

第三，倫理道德的問題。既然地是上帝所賜給以色列人的禮物，為何不是所有人都得到上帝的恩惠？上帝為何把某些人的土地給其他人，且是用暴力的方法？要回答這些問題不容易，可能因為他們反對上帝的目的與計劃，特別像是亞摩利的希實本王西宏及巴珊王噩。再者因為當地的宗教極端敗壞，像用獻人為祭，焚獻幼童等殘酷手法及以性行為來取悅神明。今日應不會如此對待仇敵（例如：把婦女與孩童都殺掉），反倒用人道的方式，以愛心來對待仇敵，消除仇恨，戰爭，與毀滅。

溫習及思考問題

1. 西珥山在哪裏？為何雅偉不把這地方賜給以色列民？
2. 羅得的子孫是誰？摩西時代他們居住在哪裏？
3. 以色列民對以掃的後裔和對亞摩利王西宏及巴珊王噩的態度有何不同？為甚麼？
4. 本章出現哪些「聖戰」的言語？今日可以適用嗎？
5. 「百姓中的戰士滅盡」對你我有何意義？

短註

❶ 有關以色列征服約旦河東這些國家及城市地理位置的簡明地圖，可參考 Barry J. Beitzel, *The New Moody Atlas of the Bible* (Chicago, IL: Moody Press, 2009), 115, map. 36；Yohanan Aharoni and Michael Avi-Yonah, *The Macmillan Bible Atlas*, rev. 3rd ed. (NY: Macmillan Publishing Company, 1993), 48, map 52。

❷ 尼爾森（OTL），頁 34～35。

❸ 湯普森，頁 104。

❹ 魯斌，頁 189。

❺ 詳細討論可參賴建國：《出埃及記》卷上，頁 28～34、145～150。

❻ 魯斌，頁 191。

❼ 鄺炳釗正確指出，創世記十三章 1 至 13 節記載：「亞伯蘭如何慷慨對待羅得，後來亞伯蘭的後裔也同樣善待羅得的後裔摩押人。」參鄺炳釗：《創世記》卷二（天道聖經註釋；香港：天道書樓，1998），頁 149。

❽ 尼爾森（OTL），頁 39。

❾ 尼爾森（OTL），頁 40。

❿ 張玉明正確指出：「非利士人是外來的移民，他們趕出了原居這地的亞衛人，佔地居住（二 23），所以這塊地原屬於迦南人，不屬於非利士人。既然這地屬於迦南人，它就是雅偉已經應允賜給以色列人為業的了。」參張玉明：《約書亞記》（天道聖經註釋；香港：天道書樓，2016），頁 250～251。

⓫ 麥康維（AOTC），頁 87。

⓬ 魯斌認為越過亞嫩谿谷代表開始征服應許之地，實現雅偉給列祖的應許；但筆者認為是應許之地爭戰得勝的先聲，給曠野新生的一代未來得勝的確據，因為約旦河東原本不屬於應許之地。參魯斌，頁 205～206。

⓭ 尼爾森（OTL），頁 46。

⓮ 尼爾森（OTL），頁 47；相反的，狄凱認為基底莫是西宏的領土。果真如此，以色列民已經過亞嫩河，進入西宏的領土。參狄凱（JPS），頁 31。

⓯ 伍愛德（TOTC），頁 94。

⓰ 魯斌，頁 209。

⓱ 魯斌，頁 210。

⓲ 魯斌，頁 213。

第四章
得地分配與失地傷痛（三 12～29）

- 分配約旦河東土地：現在
- 勉勵河東支派及約書亞過約旦河得地：未來
- 摩西不得進入應許之地：過去

本段接續前一段爭戰得勝，講到過約旦河之前有關土地的過去、現在及未來：第一，分配約旦河東土地：現在（12～17節）；第二，勉勵河東支派與約書亞過約旦河：未來（18～22節）；第三，摩西不得進入應許之地：過去（23～29節）。其中各小段均以「那時」（*bāʿēt hahiwʾ*）來開始（12、18、21、23節），主動詞都用「我〔摩西〕」（「我給」、「我吩咐」、「我懇求」）。關鍵動詞 *ʿābar*，在本段出現四次，一般譯作「越過」（18、25、27節），但其中一次是雅偉對摩西「發怒」（26節）。

4.1 分配約旦河東土地：現在（三12～17）

約旦河東的河流，從南到北，依次是撒烈溪（死海南端），亞嫩河（死海中部東岸，近底本），以上兩條河流的河水注入死海。再往北是雅博河（死海以北約四十公里），再向北是雅慕克河（加利利海以南約六公里），這兩條河流的河水注入約旦河。

摩西主持第一次土地分配，把**約旦河東**奪得的土地給了呂便、迦得與瑪拿西半支派。從南到北，依次講到呂便和迦得支派得到西宏的領土，從亞嫩河谷到雅博河谷，包括基列山區的南半部（即雅博河以南），及從雅博河以北直到加利利海沿著約旦河谷的長條土地（即「亞拉巴」）。瑪拿西半支派得到基列北半部（雅博河以北），以及巴珊全地。❶

文學上，本段是「交叉平行結構」，又稱作「拱形結構」，顯示文學的整體性。其中前半是摘要（次序是從南到北），後半是細節（次序是從北到南），中心轉捩點（即拱頂）是後來歷史批註。圖示如下：

A　分配土地給呂便與迦得支派（12節）

　B　分配土地給瑪拿西半支派（13節上）

　　X　瑪拿西支派佔領土地（13節下～14節）

　B'　分配基列給瑪吉（15節）

A'　分配土地給呂便與迦得支派（16～17節）

12節是摩西分配土地給呂便與迦得二支派的摘要，從亞嫩河谷以北到雅博河以南，即基列山區的南半部。本節沒有記載呂便與迦得的邊境，要等到約書亞記才詳細說明（書十三15～28）。

13節上是摩西讓瑪拿西半支派得著基列北半部土地，以及巴珊全境。這些土地在呂便和迦得支派的北邊。

13節下至14節，是後來的歷史批註，說明兩方面事情：第一，「巴珊全地，也稱為利乏音之地」（參三11，二11、20）。第二，瑪拿西半支派由「睚珥」（*yāʾîr*）帶領，佔領亞珥．歌伯全境，並將之命名為「哈倭特．睚珥」（*ḥawwōt yāʾîr*），意思是「睚珥村莊」（「環譯」；BDB 295b；*HALOT* 296；民三十二41；書十三31；士十4；王上四13；代上二23）。「瑪拿西的子孫」（*ben mənaššeʰ*）直譯「瑪拿西的兒子」，其實，睚珥是瑪拿西的曾孫瑪吉的兒子（15節；代上二21～22），中譯佳。瑪拿西另外半個支派則與其他支派前往約旦河西。「直到今日」亦出現在三十四章6節。

15節又回到摩西自己的話：「我又將基列給了瑪吉」是瑪拿西的曾孫（代上二21～22），民數記記載，瑪吉和睚珥是瑪拿西支派佔領約旦河東的主要人物（民三十二39～41）。

16至17節，摩西再度講到給了呂便與迦得的土地細節，包括基列的亞嫩谷（以河谷中央為界），直到北邊亞捫人邊界的雅博河。17節，給呂便和迦得支派的土地，西邊的疆界還包括從北邊的基尼烈（加利利海西北的小鎮），朝南沿著約旦河谷的亞拉巴（以約旦河為界），直到亞拉巴海，就是鹽海，也就是死海。「毗斯迦山頂」其中包括尼波山，摩西就是死在那裏。

4.2 勉勵河東支派及約書亞過約旦河得地：未來（三18～22）

講完河東二個半支派的土地分配之後，摩西把話題一轉，指向未來。他鼓勵河東二個半支派與以色列其他支派一起過約旦河；他也吩咐約書亞，不要怕迦南地的各國，因為為以色列民爭戰的是雅偉。本段按說話對象，可再分為二小段：摩西吩咐河東二個半支派（18～20節）；摩西吩咐約書亞（21～22節）。

分段大綱（三 18～22）

一、河東的支派：不可自私（三 18～20）
二、勉勵約書亞：不要害怕（三 21～22）

4.2.1 河東的支派：不可自私（三 18～20）

摩西在這裏再次強調以色列的整體性，十二個支派應當一起過約旦河，進入上帝所賜給他們的應許之地。摩西的話是根據民數記三十二章，但沒有再提到當初他對這兩個半支派的責備（包括他們自私，只以經濟來考量，打擊全體以色列民的士氣；而且不顧在上帝眼中河東原不屬於應許之地），以及談判的細節（他們提出折衷的建議）。在此只講到最後所達成的協議，並勉勵他們按此協議，認真執行。

文學上，本段是一個「交叉平行結構」，或稱作「拱形結構」，說明其整體性。首尾都是他們所關心的「賜給他們為業之地」，中間則兩度強調「你們的弟兄」（18 節下、20 節上），中心轉捩點（即拱頂）則是讓步，二個半支派的婦孺、牲畜，可留在約旦河東，不必過河。圖示如下：❷

A　雅偉你們的上帝已將這地「賜給你們為業」（18 節上）
　B　你們要在「你們的弟兄」（*ʾăḥêkem*）以色列人前面過去（18 節下）
　　X　但你們的妻子、孩子、牲畜，
　　　可以住在我所賜給你們的各城裏（19 節）
　B’　等到雅偉讓「你們的弟兄」（*ʾăḥêkem*）像你們一樣得享太平（20 節上）
A’　等到他們也得了雅偉你們的上帝所賜給他們的地
　你們才可以回到我所「賜給你們為業」之地（20 節下）

4.2.2 勉勵約書亞：不要害怕（三 21～22）

在 21 節，摩西以雅偉向兩個亞摩利王所做的事，來勉勵約書亞。22 節「因為那為你們爭戰的是耶和華－你們的上帝」，幾乎直接引用摩西在紅海邊上對以色列民的鼓勵（出十四 13～14）。後來摩西也以同樣的話語，再度勉勵約書亞和百姓（申三十一7）。摩西用過去的歷史，來保證未來的作為。雅偉在河東如何使以色列民得勝亞摩利二王，也必定在約旦河西使他們得勝。文學上，本段預告申命記三十一章的主題，二者合起來成為全書首尾的框架。

4.3 摩西不得進入應許之地：過去（三 23～29）

上文講到鼓勵以色列民要進入應許之地，引發摩西為自己向雅偉懇求：讓他可以過到約旦河那邊，親眼目睹上帝應許的美地。本段是摩西向雅偉懇求遭拒最詳實的記載（另參三十二 48～52，三十四 1～5）；他用雅偉的無與倫比來讚美祂（出十五 11；詩三十五 10，七十一 19，八十九 6～8，一一三 5～6），意圖獲得雅偉允准。然而對比前一段（18～22 節）約書亞要率領以色列民過約旦河，得應許地，摩西卻被禁止進入應許之地。這對長期帶領以色列百姓，以入迦南地為人生目標的屬靈領袖而言，真是情何以堪。

三個未蒙允准的禱告者

第一位，摩西為民代求，願為民贖罪（出三十二 30～34），求見雅偉的榮耀（出三十三 18），為自己求進入迦南地（申三 24，參一 37）。

第二位，耶穌三次禱告求上帝「把這苦杯撤去」，不過祂又加上「但不要照我的意思，要照你的旨意成全」（太二十六 36～46；可十四 32～42；路二十二 39～46）。

第三位，保羅三次求把身上的刺除去，主說「我的恩典夠你用的」（林後十二 8）。

在 23 節，摩西首次詳述他向雅偉懇求遭拒。「懇求」（*wāʾetḥannan*，*Hithpael*）是一個很強的字眼，五經中另只出現在創世記四十二章 21 節，約瑟向出賣他的眾兄長們「哀求」，卻未獲善意的回應。

24 節，「主雅偉啊！」（*ʾădōnāy* YHWH；讀作 *ʾădōnāy ʾĕlōhîm*）是舊約中對上帝最親密、最個人性的稱呼，只用在禱告中，表達與雅偉間最深厚的情誼。申命記中只出現在本節（為自己）及九章 26 節（為百姓）的懇求中（另參創十五 2、8；士十六 28；撒下七 18～22；摩七 2、5）。摩西自稱是雅偉的「僕人」（參出十四 31；民十二 7；申三十四 5；書一 13、15；來三 5），這是舊約中極尊貴的稱呼。「主雅偉啊！」與「僕人」也一起出現在大衛的禱告中（撒下七 18～29）。

25 節，摩西懇求雅偉准許他過約旦河。他對雅偉說「求你讓我過去」（*ʾeʿbərāʰ nāʾ*），質詞 *nāʾ* 表達願望，未必是下對上專用（參創十二 13，十三 14，十八 21；BDB 609a；*HALOT* 656～657）。他盼望去看那「美地，就是那佳美的山區和黎巴嫩」。包括至少兩方面意義：第一，神學方面，那是「美地」，原是最早雅偉親自告訴摩西的話（出三 8）。摩西未嘗忘卻起初蒙召時，雅偉給他的應許。第二，地理方面，摩西除了講到中央的山區（「那佳美的山區」）以外，也再度肯定應許之地包括「黎巴嫩」在內（參申一 7）。只是歷史發展未必都盡如人意，以色列的領土只偈限在今日的巴勒斯坦。

26 節開始的字句：雅偉因你們的緣故向我發怒，「向我發怒」（*yitʿabbēr*，*Hithpael*）原文與摩西的懇求「求你讓我過去」（*ʾeʿbərāʰ nāʾ*；25 節）是同一個動詞字根（*ʿābar*），並出現在雅偉的回答中「你必不能過這約旦河」。「夠了吧！」（*rab lāk*），同樣的表達亦出現在摩西責備可拉黨的話語中（民十六 3）。

27 節，摩西雖然未被准許親自過去到約旦河那邊去看應許之地，但雅偉仍賜恩給他，能夠像亞伯拉罕，在約旦河東的毗斯迦山頂，「向東、西、南、北舉目」，用他的眼睛觀看上帝所賜的應許之地（創十三 14）。但是他自己不得進去，在三十二章 51 至 52 節才清楚說明不准的理由。

28 至 29 節，摩西即將離世，他受命要吩咐約書亞，勉勵他，使他壯膽。約書亞要在百姓前面「過」（*ʿābār*）約旦河。於是百姓停留在伯．毗珥對面的谷中。

信仰反省

第一，神學在歷史中產生，歷史記憶也形塑一個國家的靈魂。美國空軍退役少將查爾斯・史威尼（Maj. Gen. Charles W. Sweeney，1919～2004 年），是惟一參與 1945 年八月長崎與廣島兩次投擲原子彈的飛行員。1995 年 5 月 11 日（週四）他在美國國會參議院規則與行政委員會前所舉行之聽證會上說：「一個國家的靈魂，也是最根本的基礎，就是她的歷史。正是這種集體的記憶說明了每個世代對於自己與國家的想法與信仰。」（“The soul of a nation, its essence, is its history. It is that collective memory which defines what each generation thinks and believes about itself and its country.”）

第二，為甚麼要學習歷史？英國作家艾倫・狄・波頓（Alain de Botton）說：「因為學歷史能給我們靈感、勇氣和慰藉。歷史學者要弄清楚他們要解決哪些問題。他們要精確地告知：過往能幫助我們今日的問題。研究歷史不是為了過去，而是為了當下。好的歷史應該意味著，能給今日帶來解答或慰藉的歷史。」

溫習及思考問題

1. 以色列民得勝約旦河東之地二王，對他們未來進迦南地爭戰有何意義？
2. 約旦河東原本屬於應許之地嗎？聖經後來的評論如何？（參民三十二章；代上五 23 ～ 26）

短註

❶ 有關歷代志上討論約旦河東二個半支派得地，最新的討論可參考：高銘謙：《歷代志上：預備天地同步的聖殿敬拜》（明道研經叢書；香港：明道社，2016），頁 94～102。

❷ 尼爾森（OTL），頁 54。

第五章

遵守聖約的勸勉（四 1～43）

- 呼籲百姓遵行律法
- 回顧何烈山的立約
- 禁止雕刻敬拜偶像
- 預言背道被擄歸回
- 惟有雅偉才是真神
- 約旦河東三座逃城

申命記四章是承上啟下的一章，一方面摩西的第一篇講論（一～四章）在此達到最高潮，另方面本章立約的格式及講道的風格，又成為接下來第二講（五～二十六章）的先河。

文學上本章與前三章相連，但又可獨立來看。申命記一至三章按時間先後次序回顧歷史事件，申命記四章則按相反順序，先從最近的巴力．毗珥事件講起（3 節；參民二十五章），也提到摩西被禁止進入應許之地（21～22 節；參民二十章）。再申論近四十年前上帝帶領他們出埃及（37 節），及在何烈山立約（9～14 節）。最後講到遙遠的未來，以色列民將因背道，被逐出應許之地（25～27 節），復因尋求上帝，重回應許之地（28～30 節）。申命記五章先回顧在何烈山與上帝立約，領受十誡，而申命記四章也採用立約的格式，接受十誡及寫有誡命的兩塊石版，並特別解釋十誡的第一與第二誡（15～20 節），使這兩章的連結益形緊密。❶

有些學者因為申命記四章講話對象不斷有「你」和「你們」的轉換，主張曾有編修過程。但布洛克（Daniel I. Block）認為此種人稱轉換只是講道者的風格。當摩西看以色列是整體時就用單數的你，當他用複數的你們時，是強調倫理與信仰必須落實到個人層面。❷另有些學者以為本章預言以色列要分散列國，事奉偶像，尋求真神，歸向雅偉（27～30 節），推論這是公元前六世紀被擄歸回以後的作品（「事後預言」；*vaticinium ex eventu*）。❸但是古近東條約，對於不守約者都有懲罰與詛咒，本段有這些語句乃屬正常（參利二十六章；申二十七、二十八章）。

克里斯田森（Duane L. Christensen）則用文學結構分析，更看申命記四章為一個「交叉平行結構」的完整文學單位，又稱作「拱形結構」，出自單一作者之手。❹筆者進一步根據本段的遣詞用字，修訂該結構，看見頭尾都是摩西勉勵以色列民遵行律法（AA'；1～4 與 39～40 節），宣告以色列民及雅偉的獨特性（BB'；5～8 與 32～38 節），對比站在雅偉面前立約的日子及警戒背約被分散列國的日子（CC'；9～10 與 25～31 節），祂在何烈山從火中說話及祂乃是烈火（DD'；11～14 及 24 節），兩次提醒百姓不可雕刻及拜偶像（EE'；15～19 與 23 節）。近中心點兩次提到雅偉要以色列民作祂的產業，及雅偉賜迦南地作以民的產業(FF';20與21節下～22節)。而中心轉捩點(即拱頂)則是摩西哀嘆自己不得進入應許之地(21節上)。❺ 圖示如下:

A　謹守遵行律法,在這地存活享福(1～4節)

B　妥拉顯出以色列的獨特性(5～8節)

C　不可忘記何烈山,你站在雅偉面前那日(9～10節)

D　雅偉在何烈山從「火」(*ʾēš*)中說話(11～14節)

E　不可拜「偶像」(*pesel*),或天上萬象(15～19節)

F　雅偉領你出埃及作祂的「產業」(*naḥălāh*;20節)

X　雅偉的怒氣:摩西不得進入這地(21節上)

F'　雅偉賜迦南地作你的「產業」(*naḥălāh*;21節下～22節)

E'　不可有「偶像」(*pesel*)(23節)

D'　雅偉是烈「火」(*ʾēš*)——忌邪的上帝(24節)

C'　忘記的後果,你們在那地的日子必不長久,要分散列國中(25～31節)

B'　以民出埃及入迦南顯示雅偉的獨特性(32～38節)

A'　謹守遵行律法,在這地存活(39～40節)

過去已有學者注意到申命記四章的形式類似古近東的「約」,例如:鮑利克(G. Braulik)就主張9至31節具有以下約的形式:第一,約的序言(10～14節);第二,中心條款(15～19、23～24節);第三,詛咒與祝福(25～31節)。❻ 此說頗有啟發性,雖然從古近東立約的格式來看,本章的內容不夠全面,也不完整,但是對照接下來申命記五章回顧在何烈山「立約」,及全書文學大架構以赫人之約的格式來編排,本章的確有立約文本的各樣要素,並大致按照「約」的格式來編排,如下所示:

1.　立約宗主(1節):雅偉你們列祖的神

2.　歷史序言(3節):以色列民的失敗(巴力・毗珥事件可參民二十五章)

3.　律例條款(特別討論第一誡及第二誡)

i　頒佈十誡(13節),律例典章(14節)

ii　第一誡：惟雅偉是神，除祂以外再沒有神（35、39 節）

iii　第二誡：不可雕刻任何偶像，也不可敬拜事奉它們（15～19 節）

4. 祝福詛咒（25～31 節）：背約的詛咒與懲罰
5. 約的傳承（13 節）：誡命（立約文本）寫在兩塊石版上
6. 呼籲見證（26 節）：呼天喚地

申命記四章是強有力的講章，勸勉百姓遵行律法誡命，為全書接下來的講論立下基調。例如：摩西在本段首度使用「你要聽」（1 節），在申命記中「你〔們〕要聽」都是開啟新的一段（五 1，六 4，九 1，二十 3，二十七 9）。

本章提出多個神學議題，都成為接下來各章講論的重點。而其遣詞用句，也在書中不斷重複出現。包括：

1. 當遵從律法，好得以存活，進入並享受應許之地（1 節，五 32，六 24，七 11，八 1，十 13，二十九 9）；
2. 雅偉應許給以色列的先祖的地（1 節，六 23，八 1，十 11，十一 9、21，二十六 15，三十一 20）；
3. 律法不可加添，也不可刪減（2 節，十二 32）；
4. 上帝的同在（7 節，三十一 6、8、17、23）；
5. 當保守心靈，免得忘記，當傳給子子孫孫（9、23 節，六 12，八 11，九 7，三十二 46）；
6. 雅偉從火中向百姓說話（12、15、33、36 節，五 4～5、22、24、26）；
7. 與以色列民立約（13 節，五 2～3，二十九 1、12、14、25，三十一 16）；
8. 賜下十誡，寫在兩塊石版上（13 節，九 9～10、15～17，十 1～5）；
9. 不可雕刻任何偶像（16 節，五 8）；
10. 摩西不得過約旦河，進入應許之地（21～22 節，三十一 2，三十二 48～52，三十四 4，參一 37，三 27）；
11. 上帝是烈火，是忌邪的神（24 節，五 9、25，六 15，三十二 21）；
12. 呼天喚地作見證（26 節，三十 19，三十一 28，三十二 1）；
13. 若全心尋求上帝，必得歸回（29 節，三十 2～3）；

14. 祂必不撇下你，也不滅絕你（31 節，三十一 6、8）；
15. 上帝以神蹟奇事，大能的手，領以色列民出埃及（34 節，五 6，六 21 ～ 22，七 8、19，十一 2，二十六 8，三十四 12）；
16. 只有雅偉是上帝，除祂以外再也沒有別神（35、39 節，五 7，六 4、14，三十二 39）；
17. 雅偉愛以色列的列祖（37 節，七 7 ～ 8，十 15）；
18. 趕出迦南地的居民，把地賜給以色列民（38 節，七 1，九 3 ～ 5，十一 23）；
19. 好使子孫蒙福，日子得以長久（40 節，五 16、29，六 2 ～ 3，十二 25、28，二十二 7）；
20. 設立逃城（41 ～ 43 節，十九 1 ～ 13）。

本章可分為以下六段：第一，呼籲百姓遵行律法（1 ～ 8 節）；第二，回顧雅偉何烈立約（9 ～ 14 節）；第三，禁止雕刻敬拜偶像（15 ～ 24 節）；第四，預言背道被擄歸回（25 ～ 31 節）；第五，惟有雅偉才是真神（32 ～ 40 節）；第六，約旦河東三座逃城（41 ～ 43 節）。

5.1 呼籲百姓遵行律法（四 1 ～ 8）

1 節「現在」（*wəʿattāʰ*），常代表大段談話中提出解決方案（五 25，十 12，三十一 19，〔三十二 39〕；參創十二 19；出三 10；民二十四 14；賽四十三 1，四十四 1，四十七 8，四十八 16，四十九 5，六十四 8），❼ 在此是摩西連續三章回顧歷史之後，對百姓的勸勉。而「現在」（*wəʿattāʰ*）之後接祈使語氣動詞「聽」（在此是 *šəmaʿ*，即「你要聽」），更有強調之意（參出四 12；民三十一 17；王下一 14）。❽

「以色列啊，你要聽〔*šəmaʿ*〕」，這是本書中摩西首次呼籲百姓要聽從。「聽」的原文是 *šəmaʿ*。*šəmaʿ* 通常稱作「示瑪」，又作「恭聽篇」（參六 4 ～ 9，十一 13 ～ 21；民十五 35 ～ 41），是以色列信仰中最重要的宣告。「聽」不只是聽見，更要聽從，包括心智上全面、正確、深刻的理解（參弗一 15；真知道祂），心態上充滿喜悅、渴望、企求的愛慕。本節更講到還要遵行，堅定、專注、恆忍的行動。

申命記用到不同的字詞來代表摩西所講解的律法，「律例、典章」這兩個字雖然常可相互通用，但也有各自不同的意義。

「律例」（*ḥōq*；複數 *ḥuqqîm*；「環譯」譯作「規定」），指上級頒佈，用尖銳的工具刻寫在某些平面材料上（如石版或泥版）。動詞字根 *ḥqq* 原意是刻寫。「典章」（*mišpāṭ*；複數 *mišpāṭîm*）直譯是「判例」（「環譯」譯作「律例」），指審判官所作刑事或民事的判決，對後來類似的案件具有拘束力。在此則指上帝的判決，顯明祂立約的公義，治理的權柄。動詞字根 *šāpaṭ* 原意是「審判」。

申命記中「律例」與「典章」常連用（四 1、5、8、14、45，五 1，六 1，七 11，十一 1，二十六 16；參王下十七 34、37），不僅代表所有的律法，更特指申命記五至二十六章的律法規定。猶太人解經傳統認為「律例」是指沒有明顯理由的規定，例如：潔淨食物的規定，而「典章」（「判例」）是有明顯目的的規定，例如：不可殺人及不可偷盜。❾ 本段還用到另外幾個字詞代表律法，包括四項：

1. 「話語」（*dābār*；四 2）在此指接下來摩西要吩咐百姓的「話語」，對應申命記卷首，摩西向以色列眾人所說的「話」（*dəbārîm*〔複數〕；一 1）；
2. 「命令、誡命」（*miṣwā^h*；複數 *miṣwōt*；四 2，六 1，七 11，十一 1；動詞字根 *ṣwh* 意思是「命令」）；
3. 「訓誨、指引〔妥拉〕」（*tôrā^h*；複數 *tôrōṯ*；四 8、44，三十一 12，「和修」譯作「律法」，動詞字根 *yrārā^h* 意思是「丟擲」）；
4. 「法度」（*ʿēdōt*；四 45；單數 *ʿēd*，常指大君王條約中的條例）。

「我所教導你們遵行的」，希伯來文句法是主語「我」（*ʾānōkî*；獨立人稱代名詞）加上述詞「教導」（*məlammēd*；主動分詞），生動表達即將進行的事。同樣的句法亦見 2、5、8、12、22 節。「教導」（*məlammēd*；「和修」、「環譯」），或譯作「教訓」（「和合」、「新譯」），是動詞 *lāmad*「學習」的加強形（*Piel*）分詞，申命記中常用到（參四 1、5、10、14，五 1、31，六 1，十一 19，十四 23，十七 19，十八 9，二十 18，三十一 12～13、19、22），說明申命記的性質是「教導」,目的是要人「遵行」,這與新約耶穌的大使命用語一致(太二十八20)。

摩西為何要百姓「遵行」律法?這至少有以下三方面理由:

第一,雅偉律法有權威(2節)

惟有雅偉(透過摩西)所頒佈的才有權威,順服遵從這律法,乃是對雅偉忠誠的表示。「不可加添,也不可刪減」,本節與十二章32節、耶利米書二十六章2節及啟示錄二十二章18至19節常被用來支持聖經的正典,不可加添或刪減,說明其完整性及不可變更。⑩ 新約馬太福音五章19節更支持「律法的一點一劃都不可廢去」。申命記此種「正典的意識」,在律法頒佈時就已存在,亦見於古近東的一些文本,像《漢模拉比法典》。⑪

第二,遵行律法得生命(3~4節)

摩西以最近的巴力·毗珥事件為例(民二十五章),強調悖逆者都遭刑罰滅亡,順服者才得存活,那次有二萬四千人遭瘟疫而死。三十章15至20節再度重申此主題,把生死禍福之道,擺明在百姓面前。「你們已親眼看見」直譯是「你們的眼睛已經看見」,「隨從」(*hālak ʾaḥărê*),直譯「行走跟隨」,在申命記中常用來指跟隨別神,向其效忠(六14,八19,十三2,二十八14)。所羅門王因娶外邦妃嬪,去隨從別神,遭上帝責備(王上十一2、10),先知亦用來指責百姓離棄雅偉,去敬拜別的神明(參王下十七15;耶二23,七6,八2,十一10,十六11,二十五6)。「巴力·毗珥」(*baʿal pəʿôr*),意思是「毗珥的主」,指摩押人在毗珥這個地方所敬拜的巴力(三29)。在巴力·毗珥事件中存活的人,「緊緊跟隨」(*dābaq*)雅偉,像路得緊緊跟隨拿俄米,猶大人緊緊跟隨大衛(得一14;撒下二十2)。這動詞在申命記中多次使用,常與「聽從」及「愛」連用,均指對雅偉忠誠敬愛,不棄不離(申十20,十一22,十三4,三十20)。這些人是摩西「今日」講話的聽眾。敘述過往卻論及「今日」,說明講論歷史的目的,是為指引現今的讀者。

第三,律法使以民偉大(5~8節)

前一段講歷史，是從時間來看，這一段對比以色列與天下萬國，是從空間來看。本段三次稱呼以色列是「大國」(*gôy gādôl*；6、7、8 節)，不是指人數眾多(七 7)，甚或國力強盛，而是因為有雅偉頒賜律法，以色列民謹守遵行，在三方面顯出其偉大及獨特性：第一，智慧聰明(6 節)；第二，上帝的相近(7 節)；第三，公義律法(8 節)。本段兩次用修辭的反問句「哪一大國……？」(*mî gôy gādôl*)展現摩西強有力的講道風格。

律法與智慧聰明(6 節)：古近東君王，莫不喜歡在法典中宣示其智慧與公義的治理，例如：《漢模拉比法典》(1:30～31, 4:9～10, 24:1～5, 26～1)。⓬ 但是，申命記則強調此智慧乃是從雅偉的律法而來，超越鄰近諸國。

律法與上帝相近(7 節)：「相近」(*qərōbîm*)是本節特別的字，在他處少見到。強調雅偉是又真又活的神，垂聽並回應人的呼求，不僅不受時間與空間的限制(因祂無處不在、無時不在)，而且要在應許之地揀選地方作為立祂名的居所，作為百姓敬拜禱告的中心。祂與百姓立約，顯示祂不僅是以色列國家的上帝(State God)，更是他們每個人的上帝(Personal God)。祂與他們建立個人性親密的關係。⓭

律法與上帝的公義(8 節)：公義是上帝的道德屬性，藉律法來施行。上帝國度的特色就是公義。⓮ 摩西在本章一開始就講到以色列民當遵行雅偉的律法，上帝的應許與人的進取在此取得奇妙的平衡。這律法被稱作生命的律法，遵行律法使以色列民得應許的地業，日子得長久，主裏得平安。這律法也被稱作智慧的律法，顯明上帝臨近，上帝垂聽，上帝公義。對比以色列與周圍的國家。

5.2 回顧何烈山的立約(四 9～14)

摩西從最近的巴力．毗珥事件，一下子跳回到三十八年前在何烈山立約。本章三次講到「約」(13、23、31 節)，都是在各經文段落中的關鍵：第一，約的起源，回顧過去(9～14 節)；第二，約的精神，宣告現在(15～24 節)；第三，約的永恆，瞻望未來(25～31 節)。

9 節「你要謹慎、保守心靈、免得忘記」，這是申命記中重要的勸勉公式，後來不斷出現(23節，六12，八11，九7，三十二46)。「你要謹慎」亦重複出現在下列警戒中：「不可在自己所看中的各處獻燔祭」(十二13，敬拜真神)；「永不可離棄利未人」(十二19，善待主僕)，「不可心起惡念」，冷眼看貧窮的同胞(十五9，憐恤貧寒)。

動詞「忘記」(*šākaḥ*)不是指心智不佳，喪失記憶，而是故意拒絕，忽略提醒。尤其用在警戒以色列民勿違背律法，離棄雅偉(八19，二十六13；參士三7；撒上十二9；詩四十四20；賽十七10；耶二十三27；何二13)，包括他們親眼見過，親身經歷的神蹟奇事，雅偉的拯救行動與律法解釋。在此是回顧何烈山，與上帝立約的日子。以色列大屠殺記念館出口，也寫著「忘記」與「記得」這兩個字，而最好的記得的方法，就是每日談論，並「把它們傳給子子孫孫」(10節，原文直譯「教導他們的兒女」；參六4～9)。

在10節，摩西回顧當初以色列民站在何烈山——雅偉的面前立約。主要經文記載在出十九至二十四章，在此濃縮在本段六節經文中。「何烈山」(10、15節)就是「西奈山」(出三1，十九1)。「站在雅偉的面前」不僅用來指出埃及的那一代在何烈山與雅偉立約、領受十誡。這表達法也用在利未人日常站在雅偉面前事奉祂(十8，十八7)，以色列民每年三次到聖所朝聖(十二7)，以及曠野新生的一代，在摩押平原與雅偉更新立約(二十九15)。雖然出埃及記記載，只有摩西一人上到西奈山頂，進到雅偉面前，領受律法。不過十誡確實是雅偉直接向站在西奈山腳的所有以色列人宣告，未經摩西作為中保來轉述。

11至14節摘要出埃及記的記載，分為三個部分：第一，山下與山上(11節)；第二，火焰與聲音(12節)；第三，守約與石版(13節)。

第一，山下與山上(11節)

本節只講到當日立約時，百姓所見到的景象，未提他們感到驚心動魄的感覺。以色列民站在西奈山腳下，山上有火燃燒，直沖天頂，並有黑暗、密雲、幽暗。在山下是因為「要在山的周圍劃定界限，使山成聖」(出十九23)。這裏沒有像出埃及記講到雅偉降臨在西奈山頂上(出十九20)，但其他的描述已足以顯示雅偉的超越與臨近。

第二，火焰與聲音（12 節）

雅偉從火焰中說話，以色列民只聽見雅偉說話的聲音，卻沒有看見任何形像。連摩西說話，雅偉也是用聲音回答他（出十九 19）。在此強調「火焰」，或許正像人可感知火焰的光與熱，卻沒有一定形狀，亦解釋不可用任何的像代表雅偉。⑮

第三，守約與石版（13 節）

出埃及記講到雅偉在西奈山和以色列民「立約」（出十九 5）。申命記「祂將所吩咐你們當守的約」說明這是大君王頒佈的條約，而非人與上帝談判的結果。在此把「約」等同「十誡」，在申命記九章更進一步宣稱「那兩塊石版」，就是「約版」（11、15 節），為接下來五至二十六章作為十誡的解釋，埋下伏筆。

「十誡」（*ʿăśeret haddəbārîm*）的名稱源自出埃及記（出三十四 28），原意是「十言」或「十句話」，中譯因其內容主要是禁令，故均作「十誡」。

兩塊石版，一式兩份，上面寫著十誡，而非兩塊石版上各寫幾條誡命。起初是雅偉親自寫妥交給摩西（出三十一 18），金牛犢事件以後，摩西受命重鑿兩塊石版，雅偉再寫上十誡（出三十四 28）。古近東國與國之間立約，立約文本一式兩份，分存雙方神廟。石版可能是長方形，兩面寫滿字，以防增添或刪減。

本段講述二重點：第一，雅偉與以色列民立約：祂在何烈山主動與民立約，親自頒佈十誡。說明祂的超越與臨近，立約永久有效，約文永不更改。第二，勸民當遵行雅偉的話：十誡寫在石版上，更要存記在百姓心中。他們當謹慎保守己心，說明這是內化的個人信仰。更要教導子子孫孫，透過家庭傳承信仰。還要把立約的文本十誡，寫在兩塊石版上，存放在約櫃中，作為國家的憲章。使立約從個人、家庭的層面，提升到國家整體的層面。

5.3 禁止雕刻敬拜偶像（四 15～24）

15 節，本段再度以勸勉百姓要分外謹慎開始（參 9 節），禁戒百姓製作或敬拜任何偶像。最主要的理由是在何烈山與雅偉立約的那日，沒有見到任何形像（15 節）。這成為十誡第二誡的最佳說明（五 8～9；參出二十 4～5）。

16 節「行為敗壞」（*tašḥitûn*；詞字根 *šḥt*），是借用創世記洪水故事對人類罪惡的描述（創六 11～12），以及出埃及記中雅偉對百姓造金牛犢的評語（出三十二 7），都招致雅偉的滅絕懲罰。

16 至 19 節「偶像」（*pesel*），可指用木頭或石頭雕刻，或金屬鑄造的神像，不論男神或女神的像，飛禽走獸或魚類爬蟲的像(結八 10)，甚至天上的萬象，日月星辰等。古近東各國像埃及、亞述、巴比倫、迦南等，均充滿這些偶像，後來也曾在以色列盛行，均為雅偉所嚴嚴禁止（王下十七 16，二十三 4～5；詩七十八 58，一〇六 36～39；賽二 8，四十四 9～20，六十六 17；耶七 18，十九 13，四十四 17～19、25；結八 3、5、10、16；番一 5）。

文學上，本段所列出警戒不可製作的偶像的次序，正與創世記一章 14 至 27 節上帝創造萬有的次序相反，暗示違反創造的概念。⑯ 所有這些都只是上帝所創造的，而非接受敬拜的對象。萬不可把創造萬物的主，降格為受造物。如下圖所示：

A　天上萬象（日月星；創一 14～19）
　B　水中的魚（創一 21）
　　C　飛鳥與走獸（創一 22～25）
　　　D　男人與女人（創一 26～27）
　　　D'　男像或女像（申四 16）
　　C'　走獸飛鳥的像（申四 17）
　B'　爬蟲及魚的像（申四 18）
A'　天上萬象（日月星，申四 19）

有人認為 19 節是指上帝允許外邦人敬拜天上的萬象，⑰ 只是不准以色列人敬拜天上的日月星辰。但這與申命記全書及五經的神學不合。創世記講到，日月星辰與地上的花草動物一樣，全是上帝所創造，絕非人類敬拜的對象（創一章；詩七十四16）。在此是解釋創世記一章14至19節，雅偉為「全天下所有萬民」（指全人類）所「擺列」（*ḥālaq*；「和修」）的日月星，好給人定節令、日期。

20節「但你們卻是雅偉所選取的」，受詞「你們」（*wəʾetkem*）在句首，是強調用法，對比前節「全天下的萬民」的一般用法。注意本節「選取」（*lāqaḥ*）和「產業」（*naḥălāʰ*）與前節「擺列」（*ḥālaq*）的文字遊戲（wordplay）。「鐵爐」（*kûr habbarzel*），句法上與「埃及」是同位語，在舊約中另只出現兩次，均指以色列民在埃及所受的奴役（王上八51；耶十一4；「便西拉智訓」38.28）。

21至22節，由於前節提到以色列成為雅偉的產業，觸到摩西自己的痛處。他離題講到自己由於以色列民的緣故，雅偉不准他進入上帝賜給以色列民的那「美地」（*hāʾāreṣ haṭṭôbāʰ*；參一25，探子的回報）。這是摩西第三次，全書共四次，講到這事（一37～38，三23～28，三十四4），可見他心中忿忿不平。這是上帝僕一生最大的遺憾。其實，他在此怪罪以色列民，也不算太離譜，因為確實是他們激動了他的怒氣，以致得罪上帝（詩一〇六32～33）。然而經文記載得很清楚，雅偉不准摩西帶領以色列民進入應許之地，是因為他「不信雅偉，沒有在以色列人面前尊祂為聖」（民二十12）。

23至24節，然而摩西很快就回到主題，像一個優秀講員一樣，再度重申前面勸勉的重點：第一，不可忘記雅偉所立的約（參9～14節）；第二，不可製作任何偶像（參15～19節）；第三，因為雅偉是烈火，祂是忌邪的神（參15節）。形容詞「忌邪的」（*qannāʾ*；24節），意思是「痛恨不忠」（「環譯」），只用於上帝（出二十5＝申五9；出三十四14；申四24，六15；書二十四19；鴻一2，BDB 888），中譯充分且正確表達原文的含意。這不是貪求不屬於自己的東西，而是宣告上帝那無與倫比、不容侵犯的權利。

5.4 預言背道被擄歸回（四25～31）

在25節，摩西把目光轉向遙遠的將來，這是偉大領袖都會達到的境界，像大衛、尼布甲尼撒，和保羅都是（參撒下七章；但二章；徒二十章）。本段類似古近東立約中的詛咒，違約者必遭神明的懲罰。25至28節是可怕的語調，29至31節是光明的盼望。

在26至28節，以色列民若製作偶像，惹雅偉發怒，他們會：第一，遭滅絕，日子短少（26節）；第二，被逐離，散居列邦（27節）；第三，在異邦，事奉偶像（28節）。「呼天喚地……作見證」在古近東條約中屢見不鮮，天地常被包括在作見證的諸神名單中。⓲但在以色列的獨一神信仰中，天地不是神明，只是作見證（申三十19，三十一28，三十二1）。後來先知常以不變的天地，來見證變心的子民（賽一2；詩五十4）。以賽亞甚至講到，即或天地都要改變，但「惟有我〔雅偉〕的救恩永遠長存，我的公義也不廢掉」（賽五十一6）。

亞伯拉罕之約的兩大恩賜，應許之地和後裔繁盛，將全部失去。相反的，亞伯拉罕被呼召離開的家鄉，那裏偶像充斥，卻要成為被擄之民散居之地。這正是後來列王紀和耶利米書的主題（王下十八11，二十四14；耶二十九14，三十九9）。這些金銀木石所作的偶像，「不能看、不能聽、不能吃、不能聞」，成為後來先知嘲諷的主題（參詩一一五3～11；賽三十七19，四十四9～20；耶二27，三9；何四12）。

即或以色列民將來果真如此，摩西仍呼籲百姓，當回轉歸向上帝，因為永遠有機會悔改歸向祂。在此摩西用到三個重要的動詞，都是日後眾先知常用的字彙：

1. 尋求真神（*dāraš*；29節；賽五十五6；耶二十九13～14）。
2. 歸回雅偉（*šûb*；30節），意思是「回轉」或「悔改」，所羅門用在其獻殿禱告中（王上八47～53），也是後來先知信息的關鍵用語（耶三1～四2；但九13；何六1，十四1～2；摩四6～12等）。
3. 聽從神言（*šāmaʿ*；30節；何四1；彌一2，三1，六1）。

「日後」（*bəʾaḥărît hayyāmîm*；30節）直譯是「在末後的日子〔複數〕」，在五經中是指遙遠的將來（三十一29；參創四十九1；民二十四14），但在先知書中已成為專門術語，指萬物的結局，世界的終了（賽二2；耶二十三20，三十24，四十八47，四十九39；結三十八16；但二28，十14；彌四1）。對悖逆不信之人，是末後受審判，大而可畏的日子。但是對堅心信主之人，是末後得獎賞，蒙恩得救的日子。

31 節，然而懲罰與審判絕非以色列民最終的命運，摩西在此更宣告：雅偉—你的上帝「是有憐憫的上帝」。這是整個盼望的根據，引自出埃及記三十四章 6 節。金牛犢事件以後，雅偉與摩西一起宣告祂的名。這使得摩西對百姓將來的警戒，更超越古近東的條約。結尾不是詛咒，而是上帝的憐憫。他更用三個重要的動詞來說明雅偉的憐憫：

1. 不「撇下」（*rāpā*^{h}，*Hiphil* 使役形；三十一 6、8）：均用來指上帝對選民的不棄不離，對比百姓「離開」，9 節）；
2. 不「滅絕」（字根 *šḥt*，對比百姓的「行為敗壞」；16、25 節）；
3. 不「忘記」（*šākaḥ*，對比百姓的「忘記」；9、23 節）。雅偉的恩慈總是如此，審判中有憐憫，刑罰中有盼望，責打中有醫治，放逐中有解救。

「與你列祖所立的約」（31 節）是指亞伯拉罕之約，藉此強調西奈之約與亞伯拉罕之約的關聯（出二 24），西奈之約是亞伯拉罕之約的成全，而且每逢西奈之約遭逢危機時，摩西都是訴諸亞伯拉罕之約來尋求化解困難（像金牛犢事件，出三十二 13；參詩一〇五 8，一〇六 45）。

5.5 惟有雅偉才是真神（四 32～40）

本段是摩西第一篇演講的最後一段。在技巧上，數次用修辭的反問句來增強講話的力度。在方法上，從最古早的創造開始，講到列祖蒙揀選，以色列民出埃及，何烈山立約，直到「今日」準備進迦南，縱橫古今。在神學上，包括創造、揀選、救恩、立約、得地、後裔、律法等重要主題。文學上，33 至 35 節與 36 至 39 節是平行對稱的結構，各講到三點：第一，何烈立約，雅偉在火中說話（33、36 節）；第二，領出埃及，大能拯救（34、37～38 節）；第三，兩度宣告「惟有雅偉是真神，除祂以外再沒有別的了」（35、39 節），這段是重要的，因為它使全篇演講在最高潮中結束。在 32 至 34 節，連續三個反問句，逐漸增強力度：

1. 從創造講起，含括古今所有的歷史（32 節）；
2. 從立約講起，聽神火中講話仍存活（33 節）；
3. 從神蹟講起，大能膀臂專為祂子民（34 節）。

32 節「自從上帝創造人在地上以來」中的動詞「創造」（*bārāʾ*），在聖經中只用於上帝的大能作為，意思指「前無今有，使之存在」。五經中主要用於創世記（參一～二章，五章），在申命記只出現這一次。創造也是後來先知信息的重要主題（伯三十八章；詩一〇四篇；賽四十 12～31；耶二十七 5，三十二 17；摩四 13）。「人」（*ʾādām*）是指「人類」（四 28，五 24，八 3，二十 19），在此也可譯作「亞當」，正如創世記最初幾章，這兩個意義常難以區別。本節追溯到萬有的根源，人類的起初。

33 節「聽見上帝在火中說話」，是重複前一段的重點，講到在何烈山立約的景況（12、15 節），但又加上「還能存活」，因為雅偉曾鄭重告訴摩西，無人見到上帝仍能存活（參出三十三 20）。這是摩西把自身的經驗，反轉作了神學性的擴張應用。

34 節「神蹟」（*ʾōtōt*〔複數〕；單數是 *ʾôt*），指上帝的作為留下來的「記號」或「證據」（出八 23）。「奇事」（*môpətîm*〔複數〕；單數是 *môpēt*），語源不詳。這兩個字在出埃及記中多分開來使用（出四 9、21，七 3、9，十一 9～11），在申命記中則常連用，均指雅偉向埃及所行十災的打擊（34 節，六 22，七 19，二十六 8，二十九 3，三十四 11）。在此這兩個字與「考驗」連用。「戰爭」，主要指雅偉是戰士，帶領百姓贏得對埃及法老的戰爭，以及以色列民在約旦河東的得勝（二 26～三 7）。「大能的手、伸出來的膀臂」代表雅偉的權能（參七 19，二十六 8；王下十七 36；耶二十七 5，三十二 17；參出六 6）。⓳ 出埃及記雖然多次記載摩西及亞倫伸出手（中的杖）行神蹟，但他們只是雅偉使用的器皿，本身並沒有任何魔力（出七 20，八 5、16，十 12～13、21～22，十四 16、21、26、27，十七 6、11）。

35 節之前的 32 至 34 節講完獨特的選民，本節更進一步宣告獨一的真神。「惟有雅偉是上帝，除祂以外，再沒有別的了」，「惟有雅偉是上帝」

（YHWH *hûʾ hāʾĕlōhîm*），可譯作「雅偉，祂才是真神」（the Lord alone is the true God），意思是其他的都「不是」。這是解釋十誡的第一誡，也是聖經中最強烈的「獨一神宣告」（Monotheism，根本否認其他神明存在），遠遠超過「尊一神論」（Henotheism，並不否認其他神明存在）。以色列不是在諸神之中選擇單單敬拜雅偉，或是說祂是眾神明之首，而是認識且宣告，在雅偉以外，根本沒有其他的神明。這是四十年前摩西蒙召時，對雅偉尊名的認識（出三 14），也是後來眾先知的信息主題（賽四十三 11～14，四十四 6、9，四十五 21；何十三 4）。

36 節，與 33 節一樣，回顧以色列民在何烈山立約時的景況，雅偉從天上降臨何烈山，祂從火中向百姓說話。37 至 38 節先用動詞完成式及反轉的未完成式，表達過去已成就的三件事，主詞都是雅偉：

1. 雅偉「愛」列祖亞伯拉罕、以撒、雅各，這愛以向他們立約應許來表達。
2. 雅偉「揀選」他們的後裔，即隨同雅各下埃及與後來摩西帶領出埃及的百姓。
3. 雅偉用大能「領出」百姓離開埃及，即 34 節所提到的神蹟奇事等大可畏的事。

然後用三個不定詞講到祂正要做的三件事：第一，「趕出」這塊土地上強大的列國；第二，把以色列民「領進」這地；第三，「賜」以色列民這地為業。

在 39 至 40 節，摩西本篇講章最後的勸勉包含三個主題，就是：第一，信仰的宣告；第二，回應的行動；第三，祝福的保證。

首先，重複宣告 35 節「雅偉是獨一真神」的主題，以此再度強調惟有雅偉是「祂是」，而其他的都「不是」。其次，在回應的行動方面，特別加上「要記在心中」，以對應 9 節免得「這些事離開你的心」，及「天上地上」，以對應 36 節「天上來的聲音及地上看見的烈火」，再加上「遵行所吩咐他們的律例誡命」，以對應 1 節「以色列啊，聽我所教導你們的律例典章，要遵行」。最後，保證他們可以「得地業，得長久，得享福」，這是申命記中首度提到，遵行第五誡所帶來的福氣：「使你的日子一直在雅偉你上帝你的地上得以長久」（五 16）。而 38 至 40 節，連續三次提到「今日」，更增加演講結尾的莊嚴性。使百姓領受真理的教導，回應遵行律法的挑戰，帶著應許的祝福，開展人生嶄新的一頁。

獨特選民與獨一真神

綜合申命記四章 32 至 40 節，有三事件須留意：

1. 上帝如烈火頒賜律法：聖潔的真神與聖潔的子民
2. 上帝用神蹟施行拯救：大能的膀臂與大可畏的事
3. 上帝愛列祖揀選以民：獨一的真神與獨特的選民

5.6 約旦河東三座逃城（四 41～43）

41 至 43 節不屬於摩西的演講，記在此處作為第一篇演講的附錄，記載摩西設立約旦河東三座逃城，讓過失殺人者，可以逃到其中一座城尋求庇護。十九章再詳論此事（參卷下：5.1「當設立逃城〔十九 1～13〕」，頁 40；另參民三十五 6～34；書二十章），共有六座逃城，三座在約旦河東，三座在約旦河西。

41 節「向日出的方向」（*mizrəḥāʰ šāmeš*），即東邊（47 節；書十二 1；士二十一 19）。42 節「這些城」（*heʿārîm hāʾēl*），指示代名詞「這些」（*hāʾēl*）是罕見的拼法（另參七 22，十九 11），一般是作 *hāʾēlleʰ*（一 35，三 21 等）。

43 節，摩西在此列出約旦河東三座逃城，由南到北，依次如下：

1. 屬呂便支派—比悉（南部；參三 10）：此處形容是「在曠野，在平坦之地」，後者指從亞嫩河到希實本的高原。「比悉」這名字也出現在米沙（Mesha）的摩押石碑（Moabite stone/Mesha Stele）第 27 行。[20] 有些學者主張「比悉」地點在現代的 Umm el-ʻAmad，即米底巴（Medeba）東北十三公里。
2. 屬迦得支派—基列的拉末（中部；參二 36）：地點在現代的 Tell-Rāmîth，靠近敘利亞和約旦邊界，雅穆克河及雅博河之間。

3. 屬瑪拿西半支派—巴珊的哥蘭（北部；參三 10）㉑：地點在現代的 Saḥm el-Jōlân，加利利海東邊 27 公里。㉒ 逃城會在十九章詳論（參卷下：5.1「當設立逃城〔十九 1 ～ 13〕」，頁 40）。㉓

信仰反省

神學是從歷史得著的反思，而歷史更是未來行動的指引。

許多屬靈的經歷，當時未必全然理解其全部意義，經過多年反思及信仰實踐方得知其更深意義。像摩西在本章首次提出獨一神信仰的宣告，對十誡第二誡的解釋（只聽見雅偉說話的聲音，卻不見影像）。這雖然都根基於他初次蒙召的經歷，但經四十年的反思，再次得著深化，煉淨像精金的神學思想。並成為他帶領以色列百姓的指南針。舊約眾先知（像以賽亞，耶利米，以西結），新約眾使徒（像彼得，約翰，保羅），連歷史上偉大的先聖先賢（如奧古斯丁、馬丁．路德、約翰．衛斯理、戴德生、倪柝聲）等也莫不如此。

牧者要有好的神學根基，好的神學帶來牧養的深化與提升。

溫習及思考問題

1. 摩西特別強調：「我吩咐你們的話，你們不可加添，也不可刪減」，這對我們理解申命記有何幫助？
2. 巴力．毗珥事件重點為何？以色列民從中得著甚麼教訓？
3. 摩西為何說以色列民聽見上帝說話的聲音，卻沒有看見形像？
4. 摩西在本章中兩次講到獨一神信仰（35、39 節），對後世先知信息有何影響？（參賽四十三章）

短註

❶ 參 Knut Holter, *Deuteronomy 4 and the Second Commandment* (Studies in Biblical Literature 60; New York: Peter Lang, 2003), 12f.。霍德（Knut Holter）認為申命記四章是按照五章 8 至 9 節經文的次序，逐句逐節解釋第二誡。表列如下：

申四章			
前言 （1～8節）	1～2節 7～8節	開頭 修辭問句：	律例命令 2次 מִי：哪一大國？
核心 （9～31節）	9～14節 15～16節上 16節下～18節 19～20節 21～24節 25～31節	解釋申五8上 解釋申五8上 解釋申五8下 解釋申五9上 解釋申五8上及9上 解釋申五8上及9下	你沒有看見形像 沒有看見甚麼形像 男像或女像 敬拜事奉 忌邪的神 子子孫孫
結語 （32～40節）	33～34節 40節	修辭問句： 結尾	2次 הֲ：曾有何民？ 律例誡命

❷ 布洛克：《申命記》卷上，35、頁123；J. G. McConville, "Singular Address in the Deuteronomic Law and the Politics of Legal Administration," *JSOT* 97 (2002): 19～36。

❸ 參 Jon Levenson, "Who Inserted the Book of the Torah," *HTR* 68 (1975): 222；Holter, *Deuteronomy 4 and the Second Commandment*, 110～112；Yitzhaq Feder, "The Aniconic Tradition, Deuteronomy 4, and the Politics of Israelite Identity," *JBL* 132 (2013): 251～274, esp. 271f.。

❹ 克里斯田森（WBC 6A），頁73。

❺ 狄凱認為此段講到「禁止摩西進入應許之地」與上下文無關，參狄凱（JPS），頁51。魯斌亦有此疑惑，參魯斌，頁244。但是，文學結構分析卻顯示此禁止是本段經文的中心，再次說明信從上帝是進入應許之地的先決條件。

❻ G. Braulik, *Deuteronomium* (Neue Echter Bibel: Altes Testament; Würzburg: Echter Verlag, 1986), 38f.；另參麥康維（AOTC），頁101。

❼ 賴建國：《出埃及記》卷上，頁143。

❽ *HALOT* 902.

❾ 狄凱（JPS），頁 43。

❿ 最近亦有學者支持四章 2 節不僅適用於申命記，亦適用於整個五經的正典權威。參 Johannes Taschner, "Fügt nicht zu den hinzu was ich euch heute gebiete, und streight nichts beraus!' Die Kanonformel in Deuteronomium 4,2 als hermeneutischer Schlüssel der Tora," in *Kanonisierung: die Hebräische Bibel im Wenden*, ed. Gerog Steins and Johannes Taschner (Biblisch-Theologische Studien 110; Neukirchen-Vluyn: Neukirchener Verlag, 2010), 46～63。

⓫ *ANET* 178, rev. xxv 60 ～ 70; rev. xxvi 1 ～ 10；魯斌，頁 236。但是狄凱認為是指不可有別的神明，則是太狹隘的解釋，參狄凱（JPS），頁 44。

⓬ 麥康維（AOTC），頁 104。

⓭ 最近有關本節的研究，參 Daniel P. Bricker, "'God So Near': An Examination of Ancient Near Eastern Setting for Deuteronomy 4:7 and קרבים," *BBR* 22 (2012): 335～352。

⓮ 以色列不是古近東惟一或最早有律法的民族，古近東的律法可參 M. Roth, *Law Collections from Mesopotamia and Asia Minor, 2nd edition* (SBLWAW; Atlanta, GA: Scholars Press, 1997); *COS* 2: 332～268, 408～414。

⓯ Theodore J. Lewis, "Divine Images and Aniconism in Ancient Israel," *JAOS* 118 (1998): 36～53, esp. 51。最近另一位學者費德爾也研究舊約聖經反對拜偶像，以了解其文化界限及信仰。他指出申命記四章特別反對偶像，乃是建立在十誡及出埃及記二十章有關築壇的律法上。其次他從修辭學來探討申命記四章的傳統及歷史情境。最後他結論此種反偶像傳統，對文化之建立的功效。前者是針對以色列中不同派別意見。後者則是面對周遭異教的文化。參 Yitzhaq Feder, "The Aniconic Tradition. Deuteronomy 4, and the Politics of Israelite Identity," *JBL* 132 (2013): 251～274。

⑯ 參 Michael Fishbane, *Biblical Interpretation in Ancient Israel* (Oxford: Clarendon, 1985), 321f.；麥康維（AOTC），頁 108。

⑰ 參德萊維（ICC），頁 70 及後；克里斯田森（WBC 6A），頁 211；魯斌，頁 243。但是也有學者反對此說，參劉少平：《申命記》卷上，頁 197。

⑱ 克萊基（NICOT），頁 139。

⑲ 亞馬拿泥版（Amarna Tablets; EA 286:12; 287:27; 288:14）還有許多埃及文本講到埃及法老大能/伸出來的膀臂（*ANET* 487～489）。許多廟宇壁畫上也有類似的描繪。巴比倫的尼布甲尼撒就自誇有巴比倫的「拿布及瑪爾杜克伸出來的膀臂引導」（Langdon, 1905, p.48f., 54f., I, 1:14; II, 1: 3～4，引自魯斌，頁 254）。

⑳ Yohanan Aharoni, *Land of the Bible: A Historical Geography*, rev. ed. (London: Burns & Oates,1979), 433; *ANET* 320f.

㉑ 狄凱以為地點不確定，參狄凱（JPS），頁 58。

㉒ Aharoni, *Land of the Bible*, 435; *ABD* 5: 620f.

㉓ J. R. Spencer, "Refuge, Cities of," *ABD* 5:657f.

第二篇

重申聖約

（四 44～十一 32）

申命記五至十一章又可分為三大段，各用「以色列啊，你要聽！」(*šəmaʿ yiśrāʾēl*)來開始(五1，六4，九1)：

1. 宣告經文，聖約關係的根基(四44～六3)
2. 解釋經文，聖約關係的精義(六4～八20)
3. 回應經文，聖約關係的實際(九1～十一32)

第六章

宣告經文，聖約關係的根基（四 44～六 3）

- 序言
- 何烈山立約
- 十誡的總論
- 摩西作中保

6.1 序言(四 44～五 1)

四章 44 節開始,直至二十八章可說是第二篇演講的本文。它可分為二大部分,第一部分比較像講章(四章 44～十一 32),而第二部分比較正式,比較多引述之前的律法,並以祝福和詛咒來結束(十二 1～二十八 68)。

猶太學者狄凱指出,五至二十八章在文學上是「交叉平行結構」,或稱作「拱形結構」,顯示是一個整體。圖示如下:❶

A　雅偉我們的上帝在何烈與我們立約(五 2)

　B　在以巴路山與基利心山上的禮儀(十一 26～32)

　　C　你們要遵行這些律例典章(十二 1)

　　　X　申命記律法(十二 2～二十六 15)

　　C'　你們要謹守遵行這些律例典章(二十六 16)

　B'　在以巴路山與基利心山上的禮儀(二十七章)

A'　在何烈與他們立的約以外(二十八 68)

申命記四章 44 節至五章 1 節是第二篇演講的序言,且與第一篇演講一樣,先告訴聽眾本篇演講的歷史背景,特別提到最近在約旦河東擊敗亞摩利王西宏與巴珊王噩,奪得他們的土地。摩西也在此發表他的臨終演說。❷

序言一直延續到五章 1 節,摩西召集眾人,時間是在以色列民出埃及以後第四十年十一月初一開始(一 3),地點在約旦河東伯・毗珥對面的山谷中,內容則是講解過去所頒佈的律法,並從十誡開始,逐次講解。在此摩西比較不像律法頒佈者,而比較像牧師關顧會眾,教師講解律法。

在此申命記作者/編者再加上地點說明,兩次講到「在約旦河東,向日出方向的地」(47、49 節),就是約旦河的東邊。又界定範圍,南邊以亞嫩河為邊界,因為再往南就屬摩押。北邊直到西雲山。呼應之前說明「黑門山,西頓人稱為西連,亞摩利人稱為示尼珥」(三 9)。西雲山可能是此山脈中的一座山峰。亞拉巴海就是死海。

1 節「以色列啊,你要聽!」(*šəmaʿ yiśrāʾēl*)在古近東條約中,動詞「聽」都是代表「聽從」。❸

6.2 何烈山立約（五 2～5）

摩西首先宣告「聖約關係的根基」，就是四十年前在何烈山立約，雅偉親自頒佈十誡，當時百姓的反應（五 2～六 3）。由於現在的聽眾，全都是曠野中新生的一代，有必要由摩西親自來講解。過去他們父母親那一輩所失去的，現在他們當持守，好進迦南、行律法、得地業、得長久、得享福。

2 節「立約」原意是「切割」（*kārat*）一個「約」（*bərît*），正如創世記十五章 10、17 至 21 節及耶利米書三十四章 18 至 20 節所示立約的禮儀，要把立約的祭牲切成兩半，對半擺列。立約雙方從中經過，表明任一方若違約，就要遭受像祭牲那樣的命運。如同中國古時歃血為盟所立的重誓。以後即或不用此禮儀，仍沿用此片語。這「約」不限於十誡（四 13），而是包括在何烈山與雅偉所建立的親密關係，以色列民並承諾要遵行雅偉所吩咐的一切話（出十九 5、8）。

3 節「不是與我們的列祖立的，而是與我們，就是今日在這裏還活著的人立的」。「我們列祖」在申命記較多用來指以色列的先祖亞伯拉罕、以撒、雅各（一 8，四 31、37，七 8、12，八 18 等），在此則是指在何烈山與上帝立約的那一代以色列人。摩西在此是把以色列人，不論過去、現在、及未來的每一個世代，全當作一個整體來看待。他們不僅參與在何烈山立約，也一同出埃及、過大海、行曠野、吃嗎哪，直到來到摩押平原，聆聽摩西的教誨。❹

4 節是回顧雅偉當日在何烈山向以色列人說話，在此是出埃及記十九章 16 至 25 節及二十章 18 至 20 節的摘要，省略了亞倫也與摩西一同上山（出十九 24）。摩西作為立約的中保，上山站在雅偉與百姓之間。

「面對面」（*pānîm bəpānîm*；另參出三十三 11；申三十四 10）就是「親自，直接」的意思，中間沒有經過別人傳達。但是，聖經小心描述其實摩西沒有看到上帝（出三十三 20～23），純粹說話雙方直接聽到對方的聲音，無需任何媒介，沒有任何阻隔。

在 5 節，摩西作為中保，站在雅偉及以色列民中間，為要把雅偉的話傳給他們。但這其實是雅偉直接頒佈十誡之後，以色列民害怕，懇求摩西的結果。後來反倒變成常態，雅偉告訴摩西，摩西再把律法告訴以色列民。

歷來有關十誡研究的書籍多如牛毛，在此僅列出最近兩本有特色的作為代表：

Patrick D. Miller, *The Ten Commandments*. Louisville, KY: Westminster John Knox Press, 2009。這是近年最佳的研究專書，探討十誡與整本新舊約的關聯。

Jack R. Lundbom, *Deuteronomy: A Commentary*. Grand Rapids, MI: Eerdmans, 2013。他以修辭鑒別（rhetoric criticism）的方法來切入，更對每一條誡命提供古近東法典的背景比較，資料豐富。

6.3 十誡的總論（五 6～21）

十誡的重要，可由以下幾方面顯示：第一，聖經兩次講到頒佈十誡（出二十章；申五章）；第二，十誡是出埃及記和申命記中的第一份律法文件；第三，十誡是雅偉直接（或作「面對面」）頒佈給全體以色列民（五 4）；第四，十誡是上帝親自用手指頭寫石版上的（出二十四 12，三十一 18；申四 13，五 22，九 10）；第五，十誡的法版放在約櫃中（出二十五 16，四十 20；申十 5）。講解十誡，有十五樣基本事項略述如下：

1. 十誡的名稱（*ʿăśeret haddəbārîm*）源自聖經本身（出三十四 28；申四 13，十 4），直譯「十言」或「十句話」，英譯 Decalogue 源自希臘文 *dekalogos*，意思相同。中文因為這十句話主要是禁令，故都譯作「十誡」。
2. 十誡及律法的研究，深受二十世紀形式鑒別（form criticism）的影響。阿爾特（Albrecht Alt）把律法區分為誡命式或絕對式的律法（apodictic laws），和案例式的律法（casuistic laws）。十誡屬於誡命式的律法，亦見於「約書」和五經其他律法，而一般古近東法典均屬案例式律法。
3. 十誡的頒佈基於：
    - i. 上帝的本性
    - ii. 上帝與以色列民的關係
    - iii. 上帝的恩典作為（出二十 2；申五 6）
4. 十誡命令對象均用「你」，說明個人遵行對整個信仰群體的重要性。
5. 十誡是在立約的歷史架構下頒佈，似公元前第二千年代赫人之約的格式。

十條誡命是立約的文本，一式兩份寫在石版上，放在約櫃中（出二十五16，四十20）。

6. 十誡是誡命，顯示雙方不是基於平等地位，而是雅偉以大君王的身分頒佈。
7. 十誡主要是禁令，說明主要不是要「做」甚麼，而是「不做」甚麼。
8. 十誡優於舊約其他律法，所有律法中，只有十誡是雅偉直接頒佈給以色列民，其他都是透過摩西傳給百姓。
9. 十誡顯示恩典是律法的先決條件，律法則用以確保恩典的落實。
10. 十誡是舊約所有律法的總綱，包括對上帝的敬拜禮儀，及對人的倫理規範。
11. 十誡並未列出違犯者當受哪些刑罰。
12. 十誡常被舊約眾先知及新約作者引用（參利十九章；耶七9；何四2；太十九18；可十19；路十八20；羅十三9；雅二11）。
13. 耶穌說祂來，不是要廢掉十誡與律法，而是要追溯其更深層的律法精義（太五17～19）。
14. 十誡以信心開始（第一誡），以信心完成（第十誡）。
15. 十誡論及人的思想、言語、行為、生活、人倫、敬拜、信仰、實踐等每一方面。

十誡是信徒倫理的總綱，但其性質乃是國家的根本大法，至少包括以下六方面：

1. 十誡具有普世性（universality）與個別性（particularity）。
2. 十誡具有簡潔性（simplicity）與複雜性（complexity）。
3. 十誡必需教導與解釋。
4. 十誡有積極與消極方面，每一條誡命都要從正反兩方面來看，例如：不可通姦，也要講到當如何維護婚姻。
5. 十誡建立道德倫理生活。
6. 十誡與教會敬拜禮儀，有些教會每次崇拜中都宣讀十誡。

誡命	猶太教	聖公會+改革宗	東正教	天主教+信義宗
我是雅偉你的上帝	1	前言	1	1
不可敬拜別的上帝	2	1		
不可拜偶像		2	2	
不可妄稱上帝的名	3	3	3	2
當守安息日	4	4	4	3
當孝敬父母	5	5	5	4
不可殺人	6	6	6	5
不可通姦	7	7	7	6
不可偷盜	8	8	8	7
不可作假見證	9	9	9	8
不可貪戀人的妻子	10	10	10	9
不可貪戀人的財物				10

十誡大綱		
第一誡	除了我以外，不可有別的神。	敬拜的對象
第二誡	不可為自己雕刻偶像。	敬拜的方式
第三誡	不可妄稱雅偉你上帝的名。	敬拜的精神
第四誡	當紀念安息日。	敬拜的時間
第五誡	當孝敬父母。	尊敬上帝在地上的代表
第六誡	不可殺人。	生命的神聖
第七誡	不可姦淫。	婚姻的神聖
第八誡	不可偷盜。	財產的神聖
第九誡	不可作假見證陷害人。	名譽的神聖
第十誡	不可貪婪。	動機的神聖

十誡計算方法，在各不同教會傳統中各異，但是內容卻都相同，且都保持「十」這個數目。今日較通用的是聖公會與改革宗的計算方式，本書亦按此方式講解。參左列表。

分段大綱（五6～21）

一、前言（五6）

二、第一誡：敬拜的對象（五7）

三、第二誡：「不可造或拜偶像」，敬拜的方式（五8～10）

四、第三誡：「不可妄稱雅偉的名」，敬拜的精神（五11）

五、第四誡：「當守安息日」，敬拜的時間（五12～15）

六、第五誡：「當孝敬父母」，尊敬上帝在地上的代表（五16）

七、第六誡：「不可殺人」，生命的神聖（五17）

八、第七誡：「不可姦淫」，婚姻的神聖（五18）

九、第八誡：「不可偷盜」，財產的神聖（五19）

十、第九誡：「不可作假見證陷害人」，名譽的神聖（五20）

十一、第十誡：「不可貪婪」，動機的神聖（五21）

6.3.1 前言（五6）

十誡前言（6節），類似古近東赫人之約的立約前言與歷史序言，宣告立約的宗主，但不是講大君王的征服，而是回顧雅偉對百姓的恩惠行動。恩典在律法之前，遵命順服乃是對上帝恩典作為的回應。而雅偉頒佈十誡的權柄及以色列民當遵守的理由，乃是基於祂之「所是」（Being）及祂之「所為」（Doing）：

1. 祂是上帝：「我是雅偉」，獨一的主（出三14；利未記十九章出現十六次）。
2. 祂是以色列民的神：「你的上帝」（出四22）。
3. 祂是拯救以色列民的神：「曾將你從埃及地為奴之家領出來」。

這裏講到三個惟一：惟有雅偉是上帝、惟有祂是以色列的上帝、惟有祂曾拯救他們脫離埃及的奴役。「我是雅偉」的「我」是指法典頒佈者，在古巴比倫是指君王，如《漢模拉比法典》的前言所示，但在以色列，律法頒佈者卻是雅偉。雅偉曾啟示摩西祂的名，說明祂是獨一的真神（出三 14）。這不但說明祂的本性，並宣告祂的權威，以及合法的統治。祂不但是宇宙萬有的主宰，更是以色列的上帝，而且惟有祂曾拯救他們脫離埃及的奴役，是他們的救贖主，因此祂有權柄對他們頒佈律法（出六 7）。這也顯示，以色列民不是因為遵行誡命而成為上帝的子民，而是因為被上帝揀選與救贖。「為奴之家」（*bêt ʿăbādîm*）直譯「奴隸之家」或「奴工營」，在申命記多次出現（五 6，六 12，七 8，八 14，十三 5、10；參士六 8）。

文學上，十誡前言（6 節）與第一誡及第二誡形成「交叉平行結構」，又稱「拱形結構」。首尾都是「我是雅偉你的上帝」（6、9 節），中心轉捩點（即拱頂），是「不可為自己雕刻偶像」（8 節）。如此不但說明這幾節的合一性，亦說明神學上的緊密關聯。如下圖所示：❺

A 我是雅偉你的上帝，曾將你從埃及地為奴之家領出來（6 節）

B 除我以外你不可有別神（7 節）

X 不可為自己雕刻偶像（8 節）

B' 不可跪拜事奉它們（9 節上）

A' 我雅偉你的上帝，是忌邪的上帝（9 節下～10 節）

6.3.2 第一誡：敬拜的對象（五 7）

這條誡命講到上帝的獨一性，以及信奉雅偉的首要性。以上帝為首，生命中不容有任何其他的神明。上帝的獨一性，更是要求對祂全然忠心的基礎。六章 4 至 5 節是這誡命的正面說法。

7 節，「除了我以外」（*ʿal pānāy*）直譯「在我面前」。雖然學者爭論這裏究竟是宣告「尊一神論」（Henotheism；不否認其他神明存在），還是「獨一神論」（Monotheism；根本否定其他神明）。但是對照前一章摩西自己解釋第一誡（四 35、39），應是鄭重宣告「獨一神論」。雅偉不是眾神明中的一位，或是諸神明之首，而是惟一的一位。

不可有別的神明，在申命記出現十七次，不僅在心態上，在實務上包括不可為其築壇建廟、製作偶像、呼求其名、敬拜獻祭、禱告求問等。在以色列歷史早期，「別的神明」可指迦南地的巴力或埃及眾神明，到了王朝時期則包括兩河流域所拜的諸神明。以色列民受罰被擄異域，此為主要原因（王下十七章）。要到被擄歸回後，他們痛定思痛，方才根除此罪。

敬拜其他的神明，在古近東其他民族向來不是罪，不曾列在各法典或埃及的《亡靈之書》（*Book of the Dead*）裏面。❻ 但在以色列卻是十誡的第一誡，說明這是第一要緊的事，也是一切誡命的根基。因為沒有第一誡就沒有其他的誡命。敬拜其他的神明，等同犯了屬靈的姦淫。

6.3.3 第二誡：「不可造或拜偶像」，敬拜的方式（五 8～10）

第二誡繼續發展第一誡，不可造任何的神像，也不可拜任何的神像。不僅包括異教的神像，也不可為雅偉造像（出二十 23）。上帝不允許人用任何偶像代替雅偉，以色列民敬拜的方式，迥異於任何鄰國。第二誡亦在五經中十誡以外的律法提及（參出二十 23，三十四 17；利十九 4；申二十七 15）。

8 節提及禁止造偶像，不論是男人或女人的形狀，飛禽走獸，或水中的魚。不論用木石雕刻，或是用金銀銅等貴重的金屬鑄造，甚至外面加上華麗的衣飾，全都要禁止。聖經禁止作任何偶像，影響猶太教和伊斯蘭教至深。這與古近東各國宗教習俗完全相反，他們沒有這種禁忌，因為都是拜偶像的。

聖經禁止造偶像及敬拜這些偶像，至少有三方面理由：

1. 上帝未以任何形像顯示自己：四章講到雅偉在何烈山與以色列民立約，從火中向他們說話，以色列民只聽到聲音，卻沒有見到任何形像。
2. 任何人手所造的都不是神：雅偉是創造的主，拜偶像乃是把創造主的尊貴地位貶低為受造物。
3. 惟有人是按上帝的形像造的：說明人的尊貴地位，拜偶像就是人自貶身價（創一 27）。

9至10節「不可跪拜那些像，也不可事奉它們」。「跪拜」是外表的動作，「事奉」是內裏的實際，二者連用表示敬拜，以及敬拜的禮儀獻祭等。而在一般情況，下拜也表示降服（創二十七29，四十九8；詩七十二11）。

歷史上，違犯第二誡的事屢見不鮮，例如：金牛犢事件（出三十二章）；基甸造以弗得（士八22～28）；耶羅波安在但和伯特利造二個金牛犢（王上十二25～31）。經濟上，不可用金銀造神像，亦警告以色列民勿把財富當成偶像（出二十23）。敬拜真神只要有簡樸的祭壇（出二十24）。政治上，「不可造男女神像」，亦避免像古埃及或羅馬，把君王當作神明來敬拜。

「因為雅偉是忌邪的上帝」的「忌邪的上帝」（「環譯」作「痛恨不忠的上帝」）的原文是 *ʾēl qannāʾ*，英語一般譯作"a jealous God"，中譯較佳，其意義完全正確（參四24，六15）。「恨我的，我必懲罰他們的罪，自父及子，直到三、四代。愛我、守我誡命的，我必向他們施慈愛，直到千代」。這是引用出埃及記三十四章6至7節雅偉宣告祂的尊名，那裏是先宣告雅偉的恩慈，後講到祂的懲罰。但是，這裏卻採用相反的次序，與出埃及記二十章5至6節一樣。摩西曾說「我們一生的年日是七十歲，若是強壯可到八十歲」（詩九十10），一個人在正常蒙福的情況下，可看到三四代。若人犯罪受罰，這苦難會一直延續到他有生之年所見到的所有後代。相反的，上帝的慈愛卻要給那些愛祂、遵守祂誡命的人，直到千代。對比追討罪過直到三四代，在此「千代」不必按字面來解釋，而是強調雅偉的恩典永無窮盡。

「慈愛」（*ḥesed*），意指「堅定不移的愛」，中文「情深義重」最可表達，像桃園三結義。在聖經中更指聖約的愛（covenantal love），在立約的關係中，立約的雙方都以慈愛相待。像婚姻中互許盟約，彼此深度委身，情義相許，忠貞不二，至死不渝。

6.3.4 第三誡：「不可妄稱雅偉的名」，敬拜的精神（五11）

雅偉的名字代表祂聖潔的本性。猶太人避免誤用上帝的名，用「主」（*ʾādōnāy*）來代替。因為錯誤使用雅偉的尊名，乃是對祂極大的不敬。同樣表達可參出埃及記二十章7節、利未記十八章21節。誤用雅偉的名號，包括起假誓、作假見證、褻瀆、詛咒、謾罵、法術，或只是無意義的習慣用法。反倒應當積極信靠、讚美、求告、見證、宣揚上帝的名（創四26；珥二32；太六9；約二十31；羅十13；腓二10）。

出埃及記記載雅偉向摩西啟示祂的名字的意義（出三14），而且說這名字所啟示的全備真理，遠超過祂向以色列先祖所啟示的聖名（出六3）。金牛犢事件以後，雅偉更允准摩西的懇求，與他一同宣告雅偉的聖名，及祂恩慈的本性（出三十三19，三十四6～7）。

第三誡即是以此為基礎，要人尊崇雅偉的名為聖，不論在思想和言語上，都當存著最大的敬意，不可有絲毫不敬的態度，以致濫用上帝的聖名（來十二29；上帝是烈火）。任何人想要操弄神的名號，以達成個人的目的，都當禁止。耶穌教導人禱告，第一句就是：「我們在天上的父，願人都尊祢的名為聖」（太六9；路十一2）。

以上第一至三誡，不可有別的神，不可有偶像，不可操弄上帝的名，都與以色列周圍國家的宗教完全不同。以色列人因認識獨一的真神，而建立獨特的信仰。

6.3.5 第四誡：「當守安息日」，敬拜的時間（五12～15）

第四誡「當守安息日」說明安息日是向雅偉當守的聖日，也是聖經中第一個節日（創二3），意指分別這日為聖，只作神聖的用途（申十五19）。❼

這條誡命有七個特色：

1. 正面要求的誡命，另一條是第五誡「當孝敬父母」。
2. 敬神愛人的誡命，連結前三誡與後六誡。
3. 立約記號的誡命（出三十一12～17）。
4. 最受重視的誡命，僅次於第一與第二誡。
5. 最多提到的誡命，在舊約和新約經文中提到的次數最多。
6. 令人喜樂的誡命（賽五十八13～14）。

7. 但也是最難遵守的誡命（耶十七 19～27；尼十三 15～17）。❽

遵守安息日的精神，宜注重：第一，人道的考量；第二，平等的制度；第三，信心的倚靠；第四，聖潔的情操；第五，榮耀的盼望；第六，喜樂的心態。

文學上，守安息日的誡命是「交叉平行結構」，又稱作「拱形結構」，首尾都講當守安息日（12、15 節），其次對比六日要勞碌作工及（安息日）不可做任何的工（13 節與 14 節下），中心（即拱頂）則是第七日當向雅偉守安息日（14 節上）。如下圖所示：❾

A　當守安息日，正如雅偉所吩咐的（12 節）

　B　六日要勞碌做工（13 節）

　　X　第七日當向雅偉守安息日（14 節上）

　B'　不可做任何的工（14 節下）

A'　記念出埃及，雅偉吩咐你守安息日（15 節）

守安息日是人類社會的革命性改變。不只所有以色列人，連他們的兒女、僕婢，甚至牲口以及城中寄居的，都要休息不做工，這是極大的突破。在古近東，原本休閒不是奴隸的權利，只限自由人。但是守安息日的命令，卻把每週定期休閒變成全人類共同的福祉，不分種族膚色、性別年齡、身分地位、貧富貴賤。今日凡有基督教影響的地方，就有每週休息一天的規定。

遵守安息日的理由，在五經中有兩個不同版本。這不是自相矛盾，而是從不同的面向，賦予更豐富的神學內涵及倫理指引。第一，申命記加上「正如雅偉你的上帝所吩咐你的」，成為十誡的中心。第二，出埃及記用「紀念」（*zākôr*；出二十 8）上帝用六日創造天地的「歷史事件」，作為遵守安息日的理由。而申命記以「遵守」（*šāmôr*；申五 12）「節期禮儀」的方式，來記念出埃及的拯救。但是，不論用創造還是救贖，都是以故事來連結誡命與人生。安息日教人再思創造的目的，進入上帝所賜安息（創二 3）；再思救贖的意義，得回失落的安息（創三章）；以及再思工作的價值，享受今日的安息，上帝豐富的預備。

動詞「守」(*šāmôr*)是不定詞獨立形(infinitive absolute)，在此作命令式用，吩咐人遵守誡命。守安息日是積極的命令，但其解釋卻是消極的「不可做任何的工」。解釋誡命都包含積極與消極兩方面，守安息日除了無論何工都不可作，還當敬拜獨一真神。前者是身體休息，後者更是靈裏更新，兼顧身體與心靈。守安息日更具有普世性與個別性，顧及信仰群體與普世人類的基本需要。

安息日是上帝所設立的，說明上帝是時間的主宰，安息也是上帝給人的禮物。從創世記來看，安息是時間的聖所，伊甸是空間的聖所，救恩是心靈的聖所。從出埃及記來看，安息日是立約的記號(出三十一12～17)。古近東巴比倫把安息日看作凶日，但在以色列，安息日卻是蒙福歡慶的日子，公眾敬拜(王下四23；賽六十六23)，特別獻禮(利二十四8)，及念誦特別的詩篇(詩九十二篇)。

安息日規定「無論何工都不可作」，但是人常爭論：「何謂作工？」舊約中的案例包括五樣：

1. 禁止收集嗎哪(出十六26)；
2. 禁止耕種收割(出三十四21)；
3. 禁止在住處生火(出三十五3)；
4. 禁止撿柴(民十五32～36)；
5. 禁止作買賣(尼十三15～22)。

實務上還曾爭論「安息日可否作戰自衛？」及「安息日可否醫病救人？」米示拿(Mishnah)講到安息日不可做的工有三十九類，包括耕耘、播種、收割、打穀、揉麵、烘烤、紡紗、寫作、鎚打等。現代正統猶太人安息日不開車，不接電話，不按電梯按鈕。

安息日在聖經中經歷幾次轉化，說明安息日的豐富神學：

1. 創造的目的：起初上帝造天地，人雖應六日勞碌作工，但始祖受造之後進入的第一個完整的一天，卻是安息日，享受祂的預備(創一章；出二十11)。
2. 救贖的目的：始祖犯罪被逐出伊甸園，失去了安息，以後整本聖經就記載人類追尋重回伊甸園，找回失去的安息。以色列民出埃及蒙拯救，就是此安息的再現（創三章；申五 12、15）。

3. 十架的目的：約書亞帶領百姓進入應許之地，但仍盼望另一個安息日的安息，這要到基督裏方才賜下真正永久的安息（來四 1～11）。

因此基督教會用主日代替安息日，來敬拜真神（徒二十 6～7；林前十六 1～2；西二 16～17；啟一 10），使安息日的神學更加豐富完備。⑩

十誡是誡命式律法，但其中也有幾個動機子句（Motivation clause；用 *kî* 開始），值得注意有四件事：

1. 第二誡：因為我雅偉是忌邪的上帝，必要懲罰他的罪　〔警戒與懲罰〕
2. 第三誡：因為妄稱雅偉之名的，雅偉必不以他為無罪　〔警戒與懲罰〕
3. 第四誡：因為雅偉創造天地，及因為你曾在埃及為奴　〔解釋與理由〕
4. 第五誡：好叫你在雅偉給你的地上長久　〔祝福與應許〕

6.3.6 第五誡：「當孝敬父母」，尊敬上帝在地上的代表（五 16）

當「孝敬」父母，原意是當「敬重」父母。動詞（*kabbēd*）的 *Piel* 加強詞幹雖然可用來指「尊崇人」（士九 9），但是更多用於「尊崇真神，榮耀上帝」（撒上二 30）。這是聖經提醒人，當以尊崇上帝的態度來孝敬父母。因為父母就是上帝在各人家中所設立的代表，兒女在家孝敬父母，以此學習尊崇上帝及祂所設立的權威代表。

申命記闡釋十誡，在論到第五誡時，依序講到法官、君王、祭司及先知（申十六～十八章）。他們都是上帝在地上的代表，因著先知傳講、祭司教導、君王執行、及法官捍衛上帝的話語，而顯明其權威，這與父母在家中的權威地位相同。

孝敬父母具有強烈智慧傳統，在箴言，尊敬父母代表聽從父母的教誨，尊敬他們年老（箴一 8，四 1～5，二十三 22～25），兩者都會使父母感到快樂。

第五誡與第四誡有密切的關聯：

1. 都是正面的命令：與其他八條禁令相反。
2. 都有強調的字句：「正如雅偉你的上帝所吩咐的」（五12、16）。
3. 都與時間有關係：第四誡講一週又一週，第五誡講一代又一代，兩者一起講到國家的延續。
4. 都連結整個十誡：從敬畏上帝到愛鄰舍。
5. 都強調敬畏雅偉：利未記十九章3節用動詞「敬畏」（*yārēʾ*），而不是「敬重」（*kābēd*）。在申命記，「敬畏」的對象通常只用於雅偉（十12，五29，六2；另參考利十九2～4、30）。

遵行第五誡，特別是在華人的文化中，有些實際的作法可參考：

1. 當在主裏聽從父母（弗六1～2）。
2. 當尊敬自己的父母，也要使別人尊敬我的父母，使父母以我為榮（箴二十三22，二十七11）。
3. 當奉養父母，照顧他們身心安康（弗六2；提前五8；約十九25～27）。
4. 當使父母快樂，多花時間陪伴他們（箴二十三15～16）。
5. 當關心父母信主，全家尊主為聖。

6.3.7 第六誡：「不可殺人」，生命的神聖（五17）

生存權是最基本的人權。這條誡命可定義為：「在上帝所設定的界限〔例如：戰爭或執行死刑〕之外，奪取人的性命。」舊約記載該隱殺亞伯（創四8），大衛借刀殺赫人烏利亞（撒下十一章），約阿施王被臣僕所弒（代下二十四25），猶大人殺害省長基大利（王下二十五25）。先知多次提到謀殺（何四2，六9；賽一21；耶二34，七9；結二十二9），也有些先知或祭司被殺，像大祭司耶何耶大的兒子撒迦利亞（代下二十四20～21），耶利米同時代的烏利亞（耶二十六20～23）。新約記載大希律殺害伯利恆的男嬰（太二16），希律安提帕殺害施洗約翰（太十四1～10），希律亞基帕一世殺害使徒雅各（徒十二1～23）。

講解第六誡時，宜注意以下七點：

1. 字義及用法。動詞（*rāṣaḥ*）意思是「殺人」，可用來指「預謀殺人」（參耶七 9），及「過失殺人」（參書二十 3～6）。
2. 謀殺者當受極刑。五經中每一卷書都規定，妄殺無辜者必須處死（創九 6；出二十一 12 ～ 17；利二十四 16 ～ 17；民三十五 31；申十九 11～12）。這是五經中惟一在每一卷書中都提到的律法。
3. 最主要理由：因為人是按照上帝的形像造的，殺人就是不尊重上帝，破壞上帝的形像（創九 5～6）。
4. 過失殺人者仍要受懲罰。上帝特別設立「逃城」（或稱作「庇護城」；四 41～43，十九 1～13），讓過失殺人者可以逃到那裏，免受報血仇者的殺害。但仍需經過適當公正的審判。

   雖然古近東有些地方准許花錢消災，免除死罪（像《赫人法典》，*ANET* 188～197, II. 1～5）。但是聖經講到，正如謀殺者不能用錢買贖自己的性命，照樣過失殺人者也不能買自由（民三十五 31～32）。因為二者都造成別人的死亡，惟有另外一個人的死，才可以代贖他的殺害生命。
5. 准許的殺人，包括執行死刑、正當自衛及戰爭行為。為了保護自己的性命而自衛，即使被迫結束攻擊者的性命，也不算觸犯謀殺罪。此外，為保護生命而自衛不僅是一種權利，對於那些負責保家衛國的人，這更是重責大任。
6. 耶穌的教訓。謀殺人的動機與行為同樣都要被定罪（太五 21～22）。不可殺人，不僅包括行動，更包括思想和言語。既包括凶殺，也包括發怒和辱罵。此種憤怒乃是因驕傲、自大、憎恨、惡毒和仇恨所引起的。不過這種關乎動機的罪，要由上帝來審判，因為「人間的法庭都不足以判決人內心的憤怒」。
7. 增進生命素質。尊重生命不僅消極的不去殘害生命，更要積極的提升人類生命與生活的素質。包括增進一般人的營養與健康（例如：低收入家庭的食物券），並特別重視肢體及心智殘障者的教育福利，照顧罕見疾病患者，長期照護獨居老人，並防止家庭暴力等。

第六誡常見的四個倫理議題包括：

1. 避孕：避孕是指防止受孕，可接受家庭計劃生育及非墮胎性避孕。
2. 墮胎：是殺害已成形的生命，原則上都不同意。因為自受孕成胎那一刻起，完整的生命要素已包含在受精卵內，且該受精卵有潛力可發展為完整個體。但在下列情況下，可同意人工墮胎：包括因強暴而受孕，胎兒畸形，因懷孕而危害母體生命及健康。後二者由醫師告知可能情況，由當事者作決定。
3. 安樂死（Euthanasia）：完全不能接受積極性安樂死（positive euthanasia；這其實是謀殺），不論是否經由當事人同意。因為沒有人有權剝奪另一個人的生命權，而自己也無權自殺。但可接受消極性安樂死，例如，對於絕症末期病人，醫師已宣佈不治，可拔掉維生系統，不再作無謂的治療，或只是維持生命的迹象。近年「安寧病房」（hospice），讓病患在有尊嚴的情況下安祥離世，是一項積極有效的作法。
4. 死刑存廢：有關死刑存廢，可視為人道情感與正義情感的辯論。人道及人權是普世價值，廢除死刑亦為多數國家趨勢，然而伸張正義亦為神的法則及司法的目的。目前世界上有超過半數國家廢除死刑，還有部分國家只有針對叛國等重大罪行才判處死刑。真正保留死刑的國家不到一半。考慮廢除死刑，應當顧及法理、人權、民情，更應當加強司法程序正義，增進民眾人權教育。若現階段廢除死刑不易，「限縮死刑」、「死緩制度」及改採「終身監禁」則較為可行。或把死刑備而不用，以達到兼顧嚇阻犯罪、伸張正義和實踐人權的目標，亦是值得借鏡的作法。

6.3.8 第七誡：「不可姦淫」，婚姻的神聖（五18）

聖經珍視家庭的價值，任何破壞婚姻的罪都被視為「大罪」（創二十9）。古埃及與烏加列（屬今日敘利亞）都有稱婚外情為「大罪」，構成訴請離婚的要件。⓫ 準此，摩西責備以色列民造金牛犢是犯了「大罪」（出三十二21、30、31）。五經有特別經文處理通姦的問題（民五11～31；申二十二22～27）。大衛強佔烏利亞之妻，「在雅偉眼中看為惡」（撒下十一章），致全家受罰，全國受累。

聖經譴責通姦，至少有社會及神學兩方面理由：第一，社會方面，家庭是構成社會的基本單位，通姦破壞婚姻，毀棄整個社會安定的力量。第二，神學上，婚姻是上帝為人類所定下的第一個社會制度（創二 24），為要人類借著婚姻繁衍後代，完成上帝造人，要人「生養眾多，遍滿地面，管理全地」的託付（創一 28）。婚姻中男女堅貞的愛情，更預表基督與教會的關係，教人享受在地如天的生活（箴五 15～20；雅歌；弗五 21～33）。

婚姻是上帝所設立的第一個社會制度，從一開始就是一男一女（反對同性戀），一夫一妻（反對多妻或多夫，及多元家庭），一生一世（反對婚外情；創二 18～25）。離婚再娶或是婚外情，都是破壞了婚姻的「約」（瑪二 14）。人對配偶不貞，也象徵違背了對上帝委身的「約」。

6.3.9 第八誡：「不可偷盜」，財產的神聖（五 19）

這條誡命是要求尊重別人的財產權，禁止用任何欺騙的手段，來獲取不當的利益。中世紀猶太拉比拉熹（Rashi；1040～1105 年）及塔木德（Talmud）以為本誡命主要是針對綁架（像約瑟被賣到埃及；創三十七章），但原文動詞並未列出受詞，因此大多數學者認為應不限於綁架及拐帶人口，任何形式的不當佔有均包括在內，包括對人、牲畜或其他物件財產：像偷竊、侵佔、詐欺、搶劫、擄人勒贖、販賣人體器官、販嬰、販奴、蓄奴，以及藉勢藉端索賄收賄，巧取豪奪，鯨吞蠶食，還有今日最受重視的智慧財產權等。

聖經的例子有，偷拿耶利哥城金銀衣裳的亞干（書七章），強佔拿伯葡萄園的亞哈王（王上二十一章），以利沙的僕人基哈西（王下五章）。何西阿與耶利米先知都責備偷盜（何四 2，七 1；耶七 9），而綁架則是死罪（出二十一 16；申二十四 7），瑪拉基先知責備百姓不肯獻十一，是奪取上帝的財物（瑪三 8）。新約使徒行傳記載，亞拿尼亞與撒非喇夫婦想要欺世盜名（徒五章）。

6.3.10 第九誡：「不可作假見證陷害人」，名譽的神聖（五20）

第九誡首要是對付不公正的問題，尤其是在法庭上，誣告或作偽證可以置被告於死地，對上帝和社會都是嚴重的罪。「假見證」（*ʿēd šeqer*；參十九16～21）規定作偽證者要受所誣告之罪刑。

名譽是人的第二生命，然而許多人甚至把名譽看得比生命還重要，不惜以死來證明自己清白。不論私下或公然的毀謗，有意造謠還是無心傳播，都是對個人名譽的極大破壞。即使後來獲得平反，也很難醫治已然受創的心（參民十二章）。舊約歷史中有耶洗別買通人來誣告拿伯（王上二十一1～16）。耶穌也曾受人誣告（太二十六59～61，二十七12～13）。

〈公民權利和政治權利國際公約〉是聯合國在〈世界人權宣言〉的基礎上通過的一項公約。該公約第17條明定，任何人的私隱、家人、居所及通訊均不應遭受任意或非法的侵擾，其名譽及聲望亦不應受到非法攻擊，所有人都有權獲法律保障，免受有關侵擾或攻擊。這也應包括網際網絡在內。

6.3.11 第十誡：「不可貪婪」，動機的神聖（五21）

前面第六至第九誡都是講外面的行為，第十誡則講內心的動機。遵行或違反上帝的誡命，不是始於實際的行為，而是從人內心的動機、思想就開始（耶穌登山寶訓）。因此，第十誡雖是最後一條誡命，同時也是每一條誡命的出發點。並使整體律法得以內化，顯出人心中真實可怕的光景。⓬

第十誡適用於信仰群體中的每一個人，即使「禁止貪戀別人的妻子」是針對男人說的，但是婦女也可能會貪戀別人的房屋、僕婢、丈夫、田產、財物等。先知責備人貪得無厭，搜刮田產房屋（賽五8；彌二2）。

動詞「貪戀」（*ḥāmad*）的意義是「渴望或喜愛」，可用於合宜的及不合宜的「渴望」。用在好的方面有詩篇十九篇10節論到律法：「比金子可羨慕，比極多的純金可羨慕」。不受控制的慾望，則帶來災禍，例如：亞干承認說：「我貪愛這些物件就拿去了」（書七21）。伊斯蘭教創始者穆罕默德先知（Muḥammad）的意思就是「值得稱讚的」（praiseworthy）。

把「不可貪婪」當作一條誡命的理由：因為出埃及記二十章17節與申命記五章21節均完全集中在一件事，就是「貪婪」。出埃及記二十章17節用同一個動詞（*ḥāmad*）重複兩次，只是受詞（貪婪的內容）不同。申命記用兩個不同的動詞（*ḥāmad* 和 *titʾawwe^h^*），但是都是講到「欲望」。因此這條誡命講到同一個主題，渴望或貪婪屬於鄰舍的人或物。在出埃及記動詞重複，而申命記用兩個不同的動詞。把第十誡「不可貪婪」視為兩條誡命的理由有二：

第一，兩個誡命在出埃及記是同一動詞重複兩次（不可貪婪），而在申命記用兩個不同的動詞（不可「貪戀」與不可「貪圖」）。在第一條誡命是禁止貪圖一個人或物（出埃及記講房子，而申命記講別人的妻子），但在第二條誡命則講得更全面，出埃及記講房子裏面所有的人與物，而在申命記則把別人的妻子與男人的其他財產分開來看。⓭

第二，此外MT在申命記中是分為二條誡命來看（用 ס 分開這二部分），並且用連接詞 וְ（*wə*）來連接這兩部分，與前面四條誡命用連接詞 וְ（*wə*）來連接完全相同。

不過不論計算這是一條或兩條誡命，最後都加上「以及他一切所有的」，這是概括性的講法，把一切都包括在內。

要遵守第十誡，以下五點可作參考：

1. 常存知足感恩的心，享受上帝恩典。
2. 享受主裏的安全感，勿為明日憂慮。
3. 確認生命優先次序，相信神必賜福。
4. 欣賞敬佩別人成功，真誠為人祝福。
5. 學習施比受更有福，樂意與人分享。

本章說明律法頒佈的兩種方式，一種是雅偉直接對百姓說話，另一種是摩西作為中間人，傳達雅偉的信息給百姓。只有十誡是雅偉直接對百姓宣告的（五6～21），其他的律法都是經由摩西傳給以色列民。以下就是說明此種轉換的緣由，主要就是百姓的懼怕與請求（五22～31）。

6.4 摩西作中保（五 22～六 3）

前一段講完雅偉直接對所有以色列民頒佈十誡，接著講到摩西如何成為上帝與百姓之間的中保。這是上帝與人交流的巨大轉變，從直接談話（列祖）轉變為藉中保（摩西）傳話。也顯出摩西的獨特尊榮地位。摩西從此正式成為雅偉的代言人（spokesperson）。對應之前雅偉的呼召，與百姓的確認（出埃及記四章），在此是應百姓的要求，及雅偉的確認。

分段大綱（五 22～六 3）

一、百姓請求摩西作中保（五 22～27）

二、雅偉允准百姓的建議（五 28～31）

三、摩西勸百姓遵守律法（五 32～六 3）

6.4.1 百姓請求摩西作中保（五 22～27）

22 至 23 節，摩西兩次講到雅偉在山上、從火焰、從黑暗中發出的聲音（AA'），並把這些話寫在兩塊石版上，交給摩西（X），形成一個「交叉平行結構」。圖示如下：

A　雅偉從山上、從火焰、密雲、幽暗中，大聲吩咐你們全會眾（22 節上）

　X　雅偉把這些話寫在兩塊石版上，交給摩西（22 節下）

A'　山被火焰燒著，你們聽見從黑暗中發出的聲音（23 節上）

在此均指頒佈十誡，且都是出自雅偉，並強調其權威性（寫在石版上及沒有加添別的話）。但是方式不同：先是口頭宣佈，後是文字書寫。而且對象不同，前者是雅偉親自向全體百姓頒佈，後者是雅偉交給摩西一人。這中間的轉變，出埃及記只記載眾百姓懼怕（出二十 18～21），在此摩西更精確說明，是由於以色列各支派領袖和眾長老組成代表團，請求摩西作他們的中保，限縮雅偉直接啟示的對象。他們的發言如下（24～27 節）：

1.　看見上帝榮與偉大（24 節上）；

2. 聽見上帝頒十誡（24 節中）；
3. 驚訝自己竟存活（24 節下）；
4. 懼怕眾人會死亡（25～26 節）；
5. 請求摩西作中保（27 節上）；
6. 承諾必要聽神言（27 節下）。

22 節再沒有加添別的話了，強調立約文本已定稿，說明十誡的權威。摩西在講解中有所增添變異，乃是出於牧者的關顧，教師的勸勉，使其神學考量更全面，生活應用更實際。

23 節中提及眾長老在後來以色列的城市司法制度中扮演重要角色（十九 12，二十一 2～6、19～20，二十二 15～18，二十五 7～9）。他們也曾幫助摩西治理（二十七 1，二十九 10，三十一 9、28）。

24 節中提及雅偉的「榮耀」是指祂的光輝同在（參出四十 34～35），但連摩西都被禁止觀看（出三十三 18～23）。在此指雅偉在何烈山頂的顯現，有烏雲遮蔽。

26 節中的「永生上帝」，舊約中常使用，以宣告上帝的作為，切慕的對象，起誓的憑據，或對比沒有生命的異教假神（書四 10；撒上十七 26、36；王上十七 12，十八 10；詩四十二 3，八十四 3；耶十 10，二十三 36；何一 10 等）。

27 節，「求你近前去」（*qərab ʾattāʰ*），獨立人稱代名詞「你」在此是強調用法（參出二十 19；士八 21；撒上十七 56）。在本章 31 節重複此子句，但是代名詞放在祈使動詞前面。你自己告訴我們（獨立人稱代名詞是強調用法），你原文是陰性字形（參詩六 4；撒上二十四 9）。

6.4.2 雅偉允准百姓的建議（五 28～31）

雅偉的回應分為二部分：允准以色列民（28～29 節）及對摩西新的指示（31～32 節）。有關以色列民部分，雅偉已聽見以色列民的話，祂也同意他們所說（28 節）。但是，祂又加上一句：「惟願他們存這樣的心敬畏我，常遵守我一切誡命，使他們和他們子孫永遠得福」(29 節)，暗示雅偉不悅，並對以色列民的順服聽命，有所保留。雖然他們不像他們的父母親那一輩的悖逆，但是他們也沒有他們自認那樣忠心遵行主命。三十一章再次回到這主題，摩西預言，在他死後，以色列民會背道。果然摩西過世之後才一兩個世代，百姓就背離主的道(士師時期；士二章)。這也導致後來他們終於被上帝刑罰，被逐遠離應許之地。

有關摩西三要點：第一，你去對他們說(30 節)，再次肯定摩西作為先知的角色。第二，你與我站在這裏(31 節上)，突顯摩西的尊榮地位。「你」在本句是反義的強調用法，可譯作「至於你，你要站在這裏與我一起」(「新漢語」)。摩西一個人在山上，四十晝夜不吃也不喝，親近上帝，領受建造會幕的藍圖及兩塊石版，版上有雅偉親手寫的十誡(九 9～11)。第三，你要教導他們(31 節下)，再次點出申命記六至十一章講論的特色，摩西要以牧者和教師的身分，指引百姓遵行雅偉的命令，特別是十誡的第一誡。接下來的申命記十二至二十六章，則繼續講解其餘的誡命。

31 節「你要**教導**他們」中的「教導」是本段的關鍵字，摩西要從上帝那裏領受誡命、律例、典章，並教導以色列民在應許之地遵行。難怪猶太人傳統稱摩西是「我們的教師」。上帝的話語是人的道路。申命記五章開頭及結尾都是摩西對聽眾說，「你們要謹守遵行我/雅偉今日所吩咐的律例典章」(1、32 節)。

6.4.3 摩西勸百姓遵守律法(五 32～六 3)

摩西按照雅偉的吩咐，勸勉百姓。可分為三段，各有其勸勉、目標及有關地業的宣告：

1. 遵行雅偉的話語，不偏左右，個人蒙福。(外在行為，生活方式；五 32～33)
2. 教導雅偉的話語，敬畏雅偉，子孫蒙福。(內在動機，思想態度；六 1～2)
3. 聽從雅偉的話語，人數增多，全民蒙福。(應許成就，年長日久；六 3)

「地」是本段最關切的主題，用到三個不同的講法：所要承受的地（五33），所要過去得為業的地（六1），及流奶與蜜之地（六3）。

2節「你和你的子孫」在LXX及Vulg.都作「你們」（複數；參四9）。若MT用單數是正確的，就是從全國轉為關切個人。⓮

敬畏雅偉你的上帝，「敬畏」（*yārēʾ*）直譯是「懼怕」，中文譯得甚好，表示對上帝懷德畏威。這是申命記的主題，以後常出現，且與愛上帝，遵行祂的道，事奉上帝，跟隨上帝等相關聯（六2、13、24，十12、20，十四23，十七19，三十一12、13）。

3節「流奶與蜜之地」（*ʾereṣ zābat ḥālāb ûdəbāš*），常出現在申命記及舊約其他書卷，用來形容迦南地的肥沃豐足（十一9，二十六9、15，二十七3，三十一20；另參出三8、17，十三5，三十三3；利二十24；民十三27，十四8，十六13、14；書五6；耶十一5，三十二22；結二十6、15）。

「流奶與蜜之地」也是人對迦南地的稱呼。烏加列文獻有描述當地「天雨奶，谷湧蜜」（*KTU* 1.6）。古埃及《辛努亥的故事》，也用類似的字眼來形容巴勒斯坦北部（*ANET* 18～22, 19～20, lines 80~90；*COS* 1:79）。摩西後來強調迦南地與埃及地的差別，是「天上雨水滋潤之地，雅偉眼目眷顧之地」（十一9～11），對比埃及農業需要人工引尼羅河水來灌溉。也對比以色列民四十年行經曠野，地無出產，只吃嗎哪。

動詞「流」（*zûb*）可用來指身體器官流出體液（包括血漏、經血及精液；利十五章），在詩歌體中指水流出（詩七十八20）。

「奶」（*ḥālāb*）主要指山羊奶，或亦包括牛奶，加工作為乳類食品，使人得飽足。「蜜」（*dəbāš*）主要指蜂蜜，使食物更加甘美。在聖經中「流奶與蜜之地」都作積極正面的講法，說明以色列人所要進入的是肥沃的土地。有些經文甚至超越字面意義。例如：十二個探子窺探迦南地，帶回葡萄、石榴與無花果，但他們的報告仍稱當地是「流奶與蜜之地」（民十三23、27）。因此講到流奶與蜜之地，不僅是以色列民未進入應許之地以前腦海中的理想地業，更是進入之後親眼所見的實際情況。⓯

信仰反省

第一，聖經的原則，上帝的恩賜一經發出就不收回，那些不配領受這恩賜的被淘汰，但恩賜會轉給別的人來領受。像出埃及的第一代失敗不信，曠野新生的一代卻因信進入應許之地。以利家的祭司使人厭惡來敬拜雅偉，上帝另外興起撒督來受膏作大祭司（撒上二章）。掃羅失去聖靈的恩膏，大衛卻得著王朝的應許（撒下七章）。

第二，上帝是主動溝通宣講的神，不像偶像，有耳不能聽，有口不能言。上帝創造，從祂宣告要有光來開始。上帝審判，由祂質問亞當開始。上帝拯救，由祂呼召摩西開始。上帝立約，由祂宣告我是雅偉來開始。先知宣講，因雅偉的話臨到。基督降世，是道成了肉身，住在我們中間。以色列民被稱作上帝話語的民族，基督教更被稱作一本聖書的宗教。

第三，上帝的話語發出，絕不徒然返回，要產生人的回應，帶來天上的福分。摩西不斷強調聽，聽不只是聽見，更要聽從。不只心智的領受，更要求遵行的回應。

溫習及思考問題

1. 你上回聽到人講十誡是甚麼時候？請分享。
2. 十誡與今日信徒有何關聯？試舉出一兩項加以討論。
3. 十誡最難遵行的是甚麼？為甚麼？
4. 以色列民為甚麼要摩西向他們傳講誡命，而非由雅偉直接頒佈？這對我們有何意義？

短註

❶ 狄凱（JPS），頁59。

❷ 最近克拉茨在其專文中探討申命記中的幾個段落的標題，並由此追溯申命記的編修歷程。他認為：第一，申命記六章4節是六章4節至二十六章16節的引言，這是最原始的版本。第二，申命記五章1節是申命記增訂版的引言，這時加入十誡（五1～六3）及摩西離世的記載（三十四5～6），一起納入從出埃及記至約書亞記的歷史。第三，第三階段是加入

申命記一至三章(以申命記一章1節上為標題)，一方面使申命記成為五經的結尾，同時又作為前先知書(即從約書亞記至列王紀)的引言。第四，最後，加入申命記四章(開頭與結尾有相互影響的二標題；參一1下～5，四44～49)，連結申命記五至二十六章的主要講論。參 Reinhard Kratz, "The Headings of the Book of Deuteronomy," in *Deuteronomy in the Pentateuch, Hexateuch, and the Deuteronomistic History*, ed. Konrad Schmid and Raymond F. Person, Jr. (Forschungen zum Alten Testament 2; Reihe 56. Tübingen: Mohr Siebeck, 2012), 31～46。

❸ 克萊基(NICOT)，頁146。

❹ 懷斐德：「正如每年逾越節禮儀書所載：每一代猶太人都看自己從埃及得著解放，……不僅我們的祖先從埃及得解放，主也把我們跟他們一起解放了。」參懷斐德(AB)，頁239。

❺ S. Dean McBride, Jr. "The Essence of Orthodoxy: Deuteronomy 5:6～10 and Exodus 20:2～6," *Interpretation* 60 (2006): 133～150, esp. 142f.

❻ *ANET* 34f.；魯斌，頁278。

❼ 有關安息日的學術專論多如牛毛，在此先推薦以下作品：赫舍爾(Abraham Joshua Heschel)著，鄧元蔚譯：《安息日的真諦》(台北：校園書房，2009)。赫舍爾主張「猶太教是個時間的宗教，以時間的聖化為目標。……安息日就是我們的大會堂。至於我們最重要的至聖所，就是贖罪日。」(參該書頁16)即筆者所說「安息日是時間的聖所」，就聖經的次序而言，這更是在「空間的聖所——伊甸園」的設立之前。他又說「安息日就像一位新娘，歡慶安息日就像是進行一場婚禮。……正如新娘是可愛動人的，安息日也是可愛動人的；正如新郎穿上他最好的衣裳，在安息日的人們也穿上他最好的衣裳；正如人們在婚筵時鎮日歡慶，人們也要如此歡慶安息日；正如新郎不會在大婚之日工作，人們在安息日也不工作；因此如此，賢士與古代聖人才會稱安息日為新娘。」(頁73～74)

❽ 史笳提出以下「交叉平行結構」，説明守安息日規定正是申命記十誡的中心，連結對雅偉的責任與對社會的責任。參史笳著，宋蘭友譯：《閱讀五書導論》，頁 68。

A 有關雅偉的誡命（五 6～11）

X 安息日（五 12～15）

A' 社會方面的誡命（五 16～21）

❾ 克里斯田森（WBC 6A），頁 118。

❿ 反對新約的教會以「主日」來代替「安息日」的，除了安息日會以外，最近的學者主張可參考 Michael Coogan, *The Ten Commandments: A Short History of an Ancient Text* (New Haven, CT: Yale University Press, 2014), esp. 73, 113。

⓫ 賴建國：《出埃及記》卷下（天道聖經註釋；香港：天道書樓，2005），頁 451～452；W. L. Moran, "The Scandal of the 'Great Sin' at Ugarit," *JNES* 18 (1956): 280～281；J. J. Rabinowitz, "The 'Great Sin' in Ancient Egyptian Marriage Contracts," *JNES* 18 (1959): 73。

⓬ David L. Baker, *Tight Fists or Open Hands? Wealth and Poverty in Old Testament Law* (Grand Rapids, MI: Eerdmans, 2009), 33.

⓭ 最近凱斯樂主張，第十誡不僅針對內心動機，更針對最常見的貪婪，就是藉債務奪取別人的所有。尤其是人因欠債以致失去房屋田產，甚至妻子兒女被逼為奴。參 Rainer Kessler, "Debt and the Decalogue: The Tenth Commandment," *VT* 65 (2015): 53～61。這雖然是正確指出社會的實情慘狀，不過也太窄化第十誡。

⓮ 德萊維（ICC），頁 89。

⓯ S. D. Waterhouse, "A Land Flowing with Milk and Honey," *AUSS* 1 (1963): 152～166。最近有學者建議把「奶」（*ḥālāb*）重新標母音，改為「油脂」（*ḥēleb*），二者字母相同但不同字根，讀為「油脂與蜜之地」，參 Idan Dershowitz, "A Land Flowing with Fat and Honey," *VT* 60 (2010): 172～176。這或許有可能，但並不影響原本的意思。

第七章

首要誡命（六 4 ～ 八 20）

- 首要誡命
- 除滅迦南錯誤敬拜
- 回顧前瞻與警戒

前段摩西已經宣告「聖約關係的根基」（五 1～六 3），現在繼續解釋「聖約關係的精義」（六 4～八 20），之後還要回應「聖約關係的實際」（九 1～十一 32）。

摩西是偉大的牧者與教師，宣告十誡之後，就開始加以講解。而申命記六至十一章的要旨就是要以色列民珍惜他們與雅偉的特殊關係，熱烈地回應雅偉的恩慈。

六章 4 節及九章 1 節都是「以色列啊，你要聽！」分別開啟兩個段落。第一段，即六章 4 節至八章 20 節又都重複試驗、修辭問題及摩西的回答，說明此段講論的內在關聯，圖析如下：❶

主題宣告	六章 4 至 9 節：呼籲回應約愛		
試驗範圍	六 10～25	七 1～26	八 1～20
	內在及外在的試驗（六 10～19）	外在的試驗（七 1～16）	內在的試驗（八 1～16）
聽眾回應	孩子的問題：這些誡命律例典章的意義為何？（六 20）	聽眾的問題：我怎能趕出列國呢？（七 17）	聽眾的自忖：這財富是我的力量、我手的能力得來的。（八 17）
講者回答	摩西的要理問答（六 21～25）	摩西的應許警戒（七 18～26）	摩西的提醒警戒（八 18～20）

7.1 首要誡命（六 4～25）

六章 4 至 25 節分為四段：第一段論最大的誡命（4～9 節）；第二段論不可忘記上帝（10～15 節）；第三段論不可試探上帝（16～19 節）；第四段論當教養孩童（20～25 節）。這四小段構成「交叉平行結構」，又稱作「拱形結構」，首尾講教導孩童（AD），中間二段講不可忘記上帝的供應及試探上帝供應的能力（BC）。中間兩段強調順服得福，又與六章 1 至 3 節的引言相呼應。

分段大綱（六 4～25）

一、最大的誡命（六 4～9）

二、不可忘記上帝（六 10～15）

三、不可試探上帝（六 16～19）

四、當教養孩童（六 20～25）

7.1.1 最大的誡命（六 4～9）

六章 4 至 9 節在猶太傳統稱作**「示瑪」**，或作「恭聽篇」，源自該段第一個字「你要聽」（*šəma*ʿ）。申命記中同被列入「示瑪」的還有十一章 18 至 20 節，二段經文正好構成六至十一章開頭及結尾。二段經文內容相似，只有人稱單複數的改變及各段中間的經文次序相反。圖示如下：❷

申六 6～9	申十一 18～20
A「我今日吩咐你的話，你都要記在心上」（6 節）	A「你們要將我這些話存在心裏，留在意念中」（18 節上）
B「也要殷勤教導你的兒女，無論你坐在家裏，走在路上，躺下，起來，都要吟誦」（7 節）	C「繫在手上作記號，戴在額上作經匣」（18 節下）
C「要繫在手上作記號，戴在額上作經匣」（8 節）	B「你們也要將這些話教導你們的兒女，無論坐在家裏，行在路上，躺下，起來，都要講論」（19 節）
D「又要寫在你房屋的門框上和你的城門上」（9 節）	D「又要寫在房屋的門框上和你的城門上」（20 節）

示瑪

「示瑪」通常包括六章 4 至 9 節，十一章 13 至 21 節，及民數記十五章 37 至 41 節三段經文。其對猶太教的重要性，反映在公元前二世紀「納什蒲草紙抄本」(Nash Papyrus)，上面抄錄十誡，接著就是六章 4 節經文。❸ 昆蘭第八洞發現公元一世紀的經文匣，其中長方形框內是示瑪，周圍抄有其他的經文。❹

虔誠猶太人每天晨更讀經，不管是私人靈修，還是在公眾場所，都慎重其事。不在乎他人異樣的眼光，宣讀「示瑪」，表明信仰，對雅偉宣誓效忠(Pledge of Allegiance)。

新約福音書記載，耶穌稱「示瑪」是最大的誡命(太二十二 37～38；可十二 29～30；路十 27)，而約翰記載耶穌告訴門徒：你們要彼此相愛，像我愛你們一樣，這是我的命令(約十五 12、17)。而遵守主的命令，就是常在主的愛裏(約十五 10)。新約把「愛神」用來講「愛主耶穌基督」。

4 節「示瑪」(*šəma*ʿ；「你要聽」)，是以色列人最重要的信仰告白，虔誠的猶太人每天早晚要各念誦一次。在希伯來文聖經中，本節句首及句尾兩個字的最後一個字母都要放大書寫，而這兩個字母剛好合成 עֵד (*ʿēd*)，意思是「見證」。本節與接下來的第 5 節也是十誡第一誡的積極正面說明。

接下來四個字詞，按次序是：「雅偉，我們的上帝，雅偉，一」。歷來有不同的譯法：前面兩個詞可當作名詞子句「雅偉是我們的上帝」(JPS, NRSV)，或是同位用法「雅偉我們的上帝」(NIV)。前者強調雅偉與以色列民的關係，後者則符合申命記的慣常用法(例如本章共出現十二次)，翻譯較佳。這問題不大。

最關鍵的是接下來的 YHWH *ʾeḥād*，強調雅偉是「一」(對比外邦神明的「多」)。這個「一」不僅指「惟一」(在古近東眾多神明的環境中，惟有雅偉是以色列的神；參「思高」、NRSV)，❺ 更是「獨一」(中文聖經：「和合」、「和修」、「新譯」、「新漢語」、「環譯」等各主要譯本)，❻ 說明惟有雅偉是真神，這是「獨一神論」(Monotheism)的偉大宣告(另參四 35、39；王上八 60；王下十九 15、19 ＝ 賽三十七 16、20；賽四十四 6，四十五 6、14、18、22，

四十六9）。❼

5節「你要愛雅偉你的上帝」，最大的誡命，第一個命令式動詞是「聽」，第二個命令動詞就是「愛」。「愛」（*ʾāhēb*）是本節關鍵字。申命記比舊約其他書卷更多講到上帝的愛及愛上帝。雅偉專愛以色列，遵守祂向列祖所起的誓，在列國中揀選以色列人（七7～8）。在此則講以色列人要愛上帝。神學上都講上帝先愛人，再講人愛上帝來回應（約壹四19）。但十誡也講到雅偉要向愛（*ʾāhēb*）祂，守祂誡命的人施慈愛（*ḥesed*）（出二十6；五10）。雖然雅偉的愛在先，且沒有條件，但在申命記論恩約看來，仍會因為人不順服恩約而傷害這愛的關係。申命記講到愛上帝，至少可從三方面來說明：

第一，愛上帝是忠誠守約

申命記是「約」，而古近東大君王與藩屬國的條約，多要求立約雙方彼此以忠誠之愛來相待，強調相互委身與責任。❽ 不過申命記不是直接引用立約的條款，而是強調雅偉帶領以色列民出埃及與進迦南，以此賜恩引導的事件，作為命令的基礎（參四37「上帝的愛」）。

第二，愛上帝是強烈情感

雖然過去學者多以忠誠守約來解釋愛上帝，但是也未忽略愛的情感成分。愛是人類強烈情感的表達，包括：父子之愛（創二十二2；箴十三24）、夫妻之愛（創二十四67；申二十一15；撒上十八20）、婆媳之愛（得四15）、主僕之愛（出二十一5；申十五16；撒上十八22）、鄰里之愛（利十九18；申十18），以及朋友之愛（撒上二十17；伯十九19）。而申命記更講到上帝對人及人對上帝之愛，這種愛甚至成為一切人倫之愛的基礎（弗五22～33）。這愛有針對性，更有獨佔性（箴五15～20）。愛極其強烈，如死之堅強（歌八6），甚至眾水不能熄滅，江河也不能淹沒（歌八7）。

第三，愛上帝是具體行動

申命記常講到「愛上帝」（六5，七9，十12，十一1、13、22，十三3～

4，十九9，三十6、16、20），且常與敬畏上帝、遵行祂的道、事奉祂、順服祂的話語等連用。說明這愛不只是對上帝有豐富的情感，更有實際的行動表達，而其中最重要的就是遵守祂的約與誡命。

上帝的應許很明確，以色列民如果愛上帝，就可以得地業（十一22～23）、得享福（降透雨；十一13～14）、得擴展（十九8～9）、得生命（三十16、20）。但若他們悖逆上帝，就會受到約的詛咒，遭刑罰、遭逐出、遭滅亡（申二十八章）。

至於當如何愛上帝，本節則用「盡心、盡性、盡力」三個動詞。希伯來文「盡」（*ḵol*）是指全部、所有、一切。「心」（*lēbāb*）的用法與中文類似，不僅是最深情感的所在，亦指思想與意志的所在。「性」（*nepeš*；「和合」、「和修」），可指人的生命氣息，或與肉體相對指「靈魂」（賽十18），因此常譯作「性命」（「新漢語」）或代表這個人（創二7；申十二23，十九21）。烏加列文同源語指喉嚨或頸項。「力」（*mə'ōd*），指「力量」，故可指用盡全力、盡其所能。但盡心、盡性、盡力不宜分開處理，而要一起來看。指全心愛上帝、全人愛上帝、全力愛上帝。由內而外，不遺餘力，毫無保留。舊約記載約西亞王「盡心、盡性、盡力的歸向雅偉，遵行摩西的一切律法」（王下二十三25），是本節最好的示範。接著的6至9節繼續講到對上帝的愛的委身，如何擴及生活各個不同層面。

6節「記在心上」，上帝的話語可以進入人的心中，使人從內心遵行（三十14），得著智慧的教導。上帝藉眾先知應許新約，更強調把上帝的話語寫在人的心版上（耶三十一33；結十一19，十八31，三十六26）。

7節「殷勤教導」（*wəšinnantām*；*Piel* 加強形；「和合」、「和修」），「環譯」譯作「切切教導」，在三十二章41節譯作「磨亮」（簡單形 *Qal*）。在此指「深入透徹，帶出果效的教導」。「新漢語」作「反覆講述」。在十一章19節又改用較常用的動詞「教導」（*limmadtem*；*Piel* 加強形）。宗教教育始於家庭，且以家庭為主。❾「坐在家裏」指家庭生活，個人隱私。「走在路上」指與人交往，公眾生活。「躺下」指休息與享受。「起來」指工作與勞動。這些說明誡命影響人的生活圈，從個人、家庭，到職場、社交，休閒與公共活動，全都以雅偉的律法為依歸。

8節「繫在手上為記號，戴在額上為經匣」。「經匣」（*ṭōṭāpōt*）原意不詳，可能是寫有經文的束髮帶，後來猶太人將之發展為經文匣。其功能類似大祭司冠冕有金牌，上面刻有「歸雅偉為聖」（出二十八36）。「手」可代表工作。「額上」（*bên ʿêneʸkā*）直譯是在你「兩眼之間」，代表思想。有學者以為原意是象徵性的，表示記在心中，像箴言常用的講法，後來才改按字面遵行。⑩ 但是猶太解經家一般都以為從一開始就是按字面解。考量申命記其他各種規定，包括：潔淨和不潔淨的肉食（十四章）、獻頭生牛羊（十五章）、遵守節期（十六章）、男女的衣著（二十二5）、外衣的繸子（二十二12）等，都支持按字面來遵行。當然也不否認有強烈象徵意涵與及神學解釋。

經文匣

猶太人在指定的時刻（例如祈禱），會把一個皮作的黑色方形經文匣繫在左上臂內側，彎曲手臂時朝心臟方向，離手肘約二指寬的高度，然後把帶子沿著手臂繞七圈，之後再纏繞手掌，繫在左手指頭上。另外一個經文匣則繫在額頭上，兩個經文匣裏面都用羊皮卷寫上經文（申六4～9，十一13～21；出十三1～10，11～16）。經文匣在亞蘭文稱作 *tefillin*，希臘文作 *phylaktērion*（太二十三5）。不過希臘文有「護身符」的意思，與亞蘭文不同。

9節「門框」（*məzûzōt*；參出十二7、22）與城門，可能原本是把經文刻或寫在門框及城門上，後來發展為放在經文匣中。今日猶太人住家一般都在進門方向的右手邊門框上，約眼睛的高度，釘上一個長條形的經文匣，裏面放著寫有「示瑪」的羊皮卷。經文匣頂端略向左傾斜朝向屋內。這可能是記念以色列百姓出埃及前一晚上，用羊血抹在門框門楣上，作為記號，讓滅命的天使越過去（出十二21～27）。

這不僅為自己作記號，每逢出入都提醒人，雅偉是這家庭的主，看不見的貴賓。而且向外人作見證，這是一個屬上帝的國度。像許多基督徒在家中明顯位置有牌子寫著：「基督是我家之主」，教堂與公共建築高懸十字架，國旗、皇室、家族、團體紋章上有十架的徽號（coat of arms）。英國王冠上有十字架，表示惟服在基督的權柄下。

對上帝委身，影響人的生活每一個層面：

1. **深入個人內心**，而非單單藉禮儀完成（6 節）。
2. **深入家庭生活**，家人常常一起談論，共同遵行上帝的律法（7 節），每一個成年人都當參與教導，抓住各種機會教育孩童。⓫
3. **深入公眾事務**，各人的衣著打扮（手上及額頭繫經文匣），住家與公共建築（門框及城門上有經文匣）。如此超過把上帝的名字寫在手上（賽四十四5），而是宣告願人都尊主的名為聖（太六 9）。

7.1.2 不可忘記上帝（六 10～15）

上帝即將完成祂起誓給列祖的應許，引導以色列民來到應許之地，享受豐富的物質供應，但這也可能成為以色列民犯罪離棄上帝的時刻。摩西擔心他們會忘記上帝，提醒他們小心「生於憂患，死於安樂」。

在 10 至 11 節，摩西描述應許之地，城鎮已建好，美物裝滿屋，水井已挖成，果實滿園囿，以民飽享福。這兩節具有詩歌體的味道，⓬ 內容及語法與約書亞記二十四章 13 節及尼希米記九章 24 至 25 節相似，並清楚解釋是出於上帝的恩賜。

以色列人進入迦南地初期曾攻佔一些城市，包括膾炙人口的中央突破（耶利哥、艾城與伯特利），南方戰役及北方戰役（書六 1～八 29，十 28～十二24）。但是考古證據顯示以色列民進入應許之地初期，並未完全毀滅該地，只有少數城鎮被毀。⓭ 像示劍的取得似乎較為平和（書八 30～36），而有些城市則在初期並未遭佔領，包括伯．善、米吉多、基色、基倫、亞柯、伯．示麥，伯．亞衲等（士一 27～36）。耶路撒冷一直有耶布斯人住在其中，直到大衛之時才真正完全佔領（士一 8、21；撒下五 6～9；代上十一 4～7）。

葡萄樹和橄欖樹在今日以色列仍然甚普遍。葡萄可生吃、作葡萄乾或釀酒。橄欖油可食用、烹調、點燈、膏抹。這兩種農作物常與小麥、大麥等五穀並列（八 8，二十八 51），象徵豐裕的生活（士九 7～13；詩一○四 15），而且都要栽培多年才有收成，以色列民卻一進入應許之地就坐享其成（書五 11）。

12 節「你要謹慎，免得忘記」，摩西已經講過不可忘記何烈山（四 9），及與雅偉立約（四 23），在此更講到不可因為享受應許之地的豐足生活，而忘記脫離埃及的奴役。這主題在往後一再出現（參八 7～18，三十一 20，三十二 13～18，尤其何西阿書與耶利米書）。

13 節「你要敬畏雅偉你們的上帝」，敬畏常與另外的高貴宗教情操相關聯，像敬虔與愛上帝，聽從與謹守，跟隨與事奉（六 2、24，十 12，十三 4）。在此直接受詞（雅偉你們的上帝）放在動詞之前，用作強調。

事奉（*ʿābad*）是申命記的主題（六 13，十 12、20，十一 13，十三 4，二十八 47），這可以是一般性的講法，但若用於外邦神明，則都是指「敬拜」（五 9，八 19，十一 16，十七 3；參出二十三 24；王下十七 35；耶十三 10，二十二 9，二十五 6）。約書亞見證「至於我和我家，我們必定事奉雅偉」（書二十四 15）。詩篇講「當樂意事奉雅偉，歡唱來到祂面前」（詩一○○ 2）。申命記的詛咒，若百姓不存心歡喜事奉雅偉，後來反倒要去事奉他們的敵人（申二十八 47～48）。

14 節「隨從別神」這動詞片語（*hālak ʾaḥărê*）直譯「走去跟隨」。可能源自古代習俗，信奉某一個神明的人，會參加宗教活動，跟隨在偶像後面遊行。在申命記中，則都作象徵用法，表明效忠（八 19，十一 28，十三 2，二十八 14；參耶二十五 6）。摩西之前曾舉例提到以色列人在約旦河東，跟隨巴力．毗珥（四 3）。後來以色列人還隨從迦南地和兩河流域的外邦眾神明（王下十七章；耶二 5、11，七 17～18，九 14，十三 10；結八～十一章），但他們應當單單信從雅偉，緊緊跟隨祂（申十三 4；王下二十三 3）。

15 節，而以上禁令的基礎，在於雅偉是「忌邪的上帝」（*ʾēl qannāʾ*；四 24，五 9），約書亞更解釋因祂是「聖潔的上帝」，不能容忍罪惡污穢（書二十四 19）。

7.1.3 不可試探上帝（六 16～19）

由於前段提到應許之地豐沛的水源，摩西在 16 節轉而提到同樣與水有關的事件，教以色列民「不可試探雅偉」。動詞（*nāsā^h*；只有Piel加強形）似中文的「試」，可用於「試驗」人，為要顯明其真情，如火熬煉金銀（創二十二 1；出十五 25，二十 20；申八 2、16，十三 3，三十三 8；詩十七 3，六十六 10，八十一 7，一〇五 19；箴二十七 21；亞十三 9），但也用於以色列民「試探」上帝，存有不信的惡心，不良的動機（出十七 2、7；民十四 22；申六 16；詩七十八 18、41、56，九十五 9，一〇六 14；賽七 12）。在此指後者。

「瑪撒」（*massā^h*）意思是「試探〔上帝之地〕」，以色列人因在曠野無水，向摩西爭鬧，挑戰神僕的權威，懷疑雅偉的同在（出十七 2）。這也成為後來所有類似事件的典故，以後摩西又提到幾次（申九 22，三十三 8）。耶穌也用「不可試探主你的上帝」來對抗撒但（太四 7；路四 12）。初代教會有亞拿尼亞和撒非喇試探上帝，欺哄聖靈，當場被上帝擊殺（徒五 9）。不可試探雅偉，新約用來指不可試探基督（林前十 9）。

在 17 節摩西不僅有消極的警戒，也有積極的勸勉：「要謹慎遵守」，句法是不定詞獨立形（infinitive absolute）加上動詞未完成式（imperfect），是強調用法。「法度」（*ʿēdōt*）的複數詞在申命記共出現三次（17、20 節，四 45）。

18 至 19 節談及正直美善的事，另出現在十二章 28 節（參 9.1.3「建立新秩序：區別獻祭與日常肉食〔十二 13～28〕」的詮釋，頁 219～221），文脈相似，但是次序相反。

7.1.4 當教養孩童（六 20～25）

本段被稱作「家庭的要理問答」，⓮ 由孩童提問（20 節），大人回答（21～25 節）。同樣形式見出埃及記十二章 26 至 27 節及約書亞記四章 6 至 7 節及 21 至 23 節。

20 節「日後」（*māḥār*）字面是「明天」，可指「遙遠的將來」（出十三 14；書四 6、21，二十二 24、27～28）。「甚麼意思」（*mā^h*）字面是「甚麼？」但有些經文更深究其意義，例如摩西詢問上帝，祂的名字是甚麼意思？（出三 13，

參出十二 26，十三 14，書四 6）

為何要強調孩童呢？最主要理由是申命記乃是為了下一代寫的。把這一代帶回到過去，也把過去帶到現在。以色列民與雅偉立約的關係，要世世代代傳承下去，並藉類似要理問答的方式來完成。猶太人守逾越節手冊（Haggadah）的問答，傳統上都由最小的孩子開始來問：「今晚與別的晚上有何不同呢？」父母則以故事來回答，要把理由說出來，知其然且知其所以然。成年人受教，為要教導孩童。遵行律法，信仰傳承，要透過每一個家庭來完成，父母親擔負重要的宗教教育的責任。

在 21 至 25 節，摩西先用歷史上四個重要事件，來回答假設的問題：

1. 以色列民在埃及為奴，需要雅偉拯救（21 節上）；
2. 雅偉用大能的手領以色列民出埃及（21 節下）；
3. 祂在以色列民面前用大能神蹟對付法老（22 節）；
4. 祂救以色列民出埃及，為要領他們進入應許之地（23 節）。

然後才針對 20 節的問題回答：為要以色列民得以得福存活，就要：第一，遵行律法；第二，敬畏真神。他們便能：第一，永享福樂；第二，得稱為義。信主之人全心遵行主的律法，主要稱他們為義。

在此要小心人的工作：

1. 摩西強調順服誡命乃是立約關係的基礎。以色列民的地位乃是源自他們蒙上帝拯救（21～23 節），他們自己毫無功勞。
2. 無人可以空有信心，卻不遵行主的吩咐。亞伯蘭信雅偉，雅偉就以此為他的義（創十五 6），在這之前已顯出他遵行上帝的吩咐（參創十二 4，二十六 5）。

25 節，強調句法，這就是我們的義。義乃是指生活行為合乎雅偉聖約律法的標準。對如此遵行的人，雅偉要稱他為義（二十四 13）。

7.2 除滅迦南錯誤敬拜（七 1～26）

第六章開始講「聖約關係的精義」，七章繼續發展此主題。在場景上，五至六章以何烈山為背景，提及立約與誡命；七章則轉到以色列即將進入的應許之地，講到征服與祝福。主題上，七章與出埃及記二十三章 20 至 33 節及三十四章 11 至 16 節內容及主題相似，都講到趕出迦南諸國，除滅異教崇拜，賜福上帝的百姓，並加以擴展、解釋、及澄清。⑮

文學上，全章按主題及所用字句，成為「交叉平行結構」，又稱「拱形結構」。首尾都是當除滅迦南錯誤宗教，內框講到以色列民特殊的身分與祝福，中心轉捩點（即拱頂）則是當遵行雅偉的律法（11 節），是為本章的神學重點。圖示如下：

A　除滅迦南錯誤敬拜，處理「當滅之物」（*ḥērem*）的原則
　　因（*kî*）以色列是聖潔的子民（1～6 節）
　B　過去的勝利（出埃及），以民是上帝所揀選的子民
　　　因（*kî*）雅偉專愛以色列，向列祖起誓（7～8 節）
　　C　雅偉的恩慈本性，守約施慈愛（*habbərît wəhaḥesed*）
　　　　對以民現在的要求（9～10 節）
　　　X　當謹守遵行雅偉的命令（11 節）
　　C’　雅偉的恩慈本性，守約施慈愛（*ʾet habbərît wəʾet haḥesed*）
　　　　對以民未來的保證（12～16 節）
　B’　未來的勝利（進迦南），以民是蒙上帝賜福的子民
　　　因（*kî*）雅偉在以色列中間，祂大而可畏（17～24 節）
A’　除滅迦南錯誤敬拜，處理「當滅之物」（*ḥērem*）的原則
　　因（*kî*）這是雅偉所憎惡的（25～26 節）

分段大綱(七1～26)

一、除滅迦南錯誤敬拜(七1～6)

二、以民是上帝所揀選的子民(七7～11)

三、以民是蒙上帝賜福的子民(七12～16)

四、除滅迦南錯誤敬拜(七17～26)

1. 應許(七18～20)

2. 警告(七25～26)

7.2.1 除滅迦南錯誤敬拜(七1～6)

第七章一開始就像申命記五至六章，講解十誡第一誡「不可有別的神」，在此更正面碰撞迦南諸族及他們所拜的神明。本段經文引用西奈之約得更新的引言(出三十四11～16)，講到除去應許之地的列國，除滅他們的宗教設施，禁止與他們通婚。

1節「雅偉你的上帝領你進入應許之地」，雖然雅偉曾說祂的「使者」要領以色列人進迦南地，但也說祂要與以色列民同入應許之地(出二十三20、23)。可是金牛犢事件使這事發生變化，雅偉說要派天使在以色列前面領路，但祂自己卻不與他們上去。最後終經摩西再三懇求，雅偉才允准親自同行(出三十三12～17)。

動詞「趕出」(*nāšal*；簡單形 *Qal*)是罕用字，另出現在本章22節，語境相同。其加強形(*Piel*)出現在列王紀下十六章6節，是軍事術語，指清除征服之地的居民。出埃及記則用比較常用的動詞 *gāraš*，意思相同(出二十三28、30、31；參書二十四12、18；士二3，六9；代上十七21；詩七十八55，八十8)。摩西在此用「趕出」(*nāšal*)說明這是一個軍事行動。

聖經多次列出迦南諸族，且每次名單都不盡相同。最早出現在創世記十五章19至21節，列出十族，名單最長。其他通常記六或七族(出三8、17，二十三23，三十三2，三十四11；申七1，二十17；書三10，九1，十一3，十二8；士三5；尼九8)，也有只記三族(出二十三28)。在此說是七國，不

是精確的數字，只表示當地民族眾多紛雜。通常名單中最前面三個是迦南人、亞摩利人與赫人，是最重要的三個族。⓰

赫人（又譯西台人）是小亞細亞安那多利亞高原（今日土耳其境內）興起的帝國。公元前 2000 年至 1200 年，其勢力沿地中海向南擴展，在黎巴嫩巴勒斯坦一帶與埃及勢力接壤。由於掌握冶鐵的技術，國力強盛，與周圍許多小國訂有大君王的條約。亞伯拉罕時有赫人住在希伯崙山區（創二十三章）。約書亞記講到赫人的全地，可能是指赫人控制的範圍，包括今日的黎巴嫩北部在內（書一 4）。

十二個探子回報講到「赫人、耶布斯人和亞摩利人都住在巴勒斯坦北部的山區，迦南人住在沿海一帶和約旦河旁」（民十三 29）。另外幾個民族則各佔據較小地區。「希未人」在中部的示劍（創三十四 2）、基遍（書九 7，十一 19）及北邊的黑門山（書十一 3）。「耶布斯人」住耶路撒冷，直到大衛時代才完全攻取（書十五 63；撒下五 6）。「比利洗人」住在約旦河兩岸無城牆的鄉村，且常與迦南人連在一起（創十三 7，三十四 30）。聖經較少提到革迦撒人，但烏加列文獻提到這一族，埃及文獻也講到他們與赫人聯盟。

2 節在出埃及記二十三章 31 節原只說要趕逐迦南七國，在此則進一步吩咐說：你要「完全消滅他們」。

當滅之物

名詞「當滅之物」（*ḥērem*）及其同源語動詞「完全消滅」（*heḥərîm*；使役形 *Hiphil*），是「聖戰」的語彙，也是本章的主題。迦南地被征服的城市，所有人畜財物，都歸屬於上帝。當滅或當留，都由上帝決定，人不可以僭取（二 34～35，三 5～6，七 1～2、26，十三 15～17，二十 16～17；出二十二 20；書六 21；撒上十五 3）。「當滅之物」（*ḥērem*）原有「獻給上帝」之意，像後宮專留給皇帝（後來發展為英文的 harem），或許可以表明其意思。利未記二十七章 29 節禁止贖出這些當滅絕的人，全都要處死。⓱

以色列民在約旦河東攻擊巴珊王噩與亞摩利王西宏，只有滅絕男女老幼，卻留下牲口（二34～35，三6～7）。但是二十章10至15節規定，與距離較遠的民族爭戰，只要除滅成年男人，而婦女、兒童、牛羊牲口及其他東西均可作為戰利品。但與迦南人爭戰（艾城例外），則要滅絕一切人畜（二十16～17；參書六21）。例如：以色列民攻取耶利哥城，滅絕所有人畜，焚毀城鎮，其上撒鹽（書六17～25；參士九45「亞比米勒攻取示劍城」），宣告詛咒（書六26），聖別給上帝。

古近東其他民族也會把征服對象「獻給神明」。公元前九世紀的《摩押石碑》，在第17行有米沙王宣稱把以色列的男人、男孩、女人、女孩、婢女七千人，「獻」給亞施她基抹（另參王下三4）。⓲

為何要除滅迦南諸族呢？最主要原因是迦南宗教文化的敗壞：聖經特別提到廟妓（二十三17～18），獻童為祭（十八9～10），及各種亂倫（利未記十八章）等事，而考古挖掘也證明他們的可憎惡行。雅偉曾對亞伯拉罕說到那時亞摩利人的惡貫尚未滿盈（創十五16），以色列民的責任就是要把迦南宗教的敗壞除去。⓳ 先知也一再講到，歸向迦南宗教文化乃是對雅偉之約的背叛（摩二4～8，五10，六1～7）。

初看此種吩咐似乎甚不合適，尤其是以色列得勝，而其他民族被滅絕。這像是軍國主義的一種極端形式。然而以色列征服應許之地，除滅迦南諸族，乃是「上帝使用以色列人作為人間的代理人，向邪惡社會施行的懲罰」，且「任意妄為的暴力與在道德懲戒架構下所施的暴力，兩者之間在道德上有顯著的差異」。⓴

聖經也見證，一旦以色列民自己違反雅偉的律例，他們反倒要受雅偉的審判被懲罰、遭逐出，甚至滅亡。例如：猶大支派的亞干（書七24～25），而眾先知也一再宣講這主題（賽三十四2；耶二十五9）。以色列與猶大亡國被擄，就是見證此事。所有的人，不論信主與否，智愚賢不肖，都必須面對雅偉最終的審判。雅偉所針對的是罪惡，而非種族。但祂不願一人沉淪，而是人人都來悔改（彼後三9）。

在2至4節，除滅迦南七族，緊接著又講到不可與他們通婚，在邏輯上似乎不通。但在此預留伏筆，因為雅偉不會把這些國民一下子全都滅絕，故要以色列民避免受他們影響，敬拜他們的神明（4 節下）。

以色列人是與上帝立約的子民，與外族通婚，會削弱甚至破壞與雅偉立約（例如：所羅門王與亞哈王）。對於迦南的各族，以色列人不得與他們立約，不可憐惜，不准通婚。重點不是為保持種族純正，而是怕信仰摻雜（像巴力·毗珥事件；民二十五章）。瑪拉基先知也稱與異族通婚，是娶外邦神明的女兒，是背叛了與雅偉所立的約（瑪二 10～11）。

摩西接著講到當如何對待迦南人的宗教設施：「他們的祭壇要拆毀，他們的柱像要打碎，他們的亞舍拉要砍斷，他們的偶像要焚燒」。以上每個子句都是受詞在句首，強調用法（參「新漢語」）。「祭壇」（*mizbēaḥ*）是獻上供物的枱子，好似眾神明的餐桌。「柱像」（*maṣṣēbā*^{h}）是代表男神的石柱，上面刻有神明的符號。「亞舍拉」（*ʾăšērā*^{h}）是立在祭壇旁，代表生殖女神的木柱或樹木。「偶像」（*pesel*〔單數〕；*pəsîlîm*〔複數〕）是指代表眾神明的像（四 16、23、25，七 5、23，十二 3，二十七 15），有些是用木頭作的，故可用火焚燒（賽四十四 17）。基甸曾遵照雅偉的吩咐，「拆掉巴力的祭壇，砍斷壇旁的亞舍拉，又用砍下的亞舍拉當柴燒」（士六 25～27）。當眾人要處死基甸時，基甸的父親約阿施對眾人辯稱：若（巴力的）偶像不能保護自己，又何能保護以色列人（士六 31～32）。

上文說完當遵行的事項，6 節說明當遵行的理由：因為以色列民尊貴的身分。本節引自出埃及記十九章 6 節，但未提到「祭司的國度」，可能因為已包含在「屬雅偉你的上帝的聖潔的國民」這稱呼中，其中 *qādôš la* YHWH 直譯「歸雅偉為聖」，正是大祭司冠冕金牌上所刻的字樣（出二十八 36）。

「聖」（*qādôš*）

「聖」（*qāḏôš*）代表分別、區別、不同。只有上帝本身是聖的，祂是那聖潔的「他者」。以色列的「聖」不是本身所固有，而是來自上帝的揀選。因他們是「歸雅偉為聖」。上帝呼召他們，使他們與萬民有別。且是由於上帝愛他們，是無條件的愛，沒有任何其他的原因。好實現祂的應許，使以色列民承受這地為業。

6 節「珍寶的子民」(*ʿam səgullā*^{h}),源自雅偉自己的話(出十九 5),也是摩西最喜愛的用詞(十四 2,二十六 18～19)。在舊約中 *səgullā*^{h} 只出現八次,雖然多用來指以色列人(另參詩一三五 4;瑪三 17),而原本最清楚的用法指君王的珍寶(代上二十九 3;傳二 8),也說明以色列是雅偉最珍愛寶貴的子民。

本節「萬民」(*ʿammîm*)與 1 節「萬國」(*gôyîm*)在本段是同義詞。從上帝與人雙方面來看,在雅偉這方面,祂要趕出迦南居民,並把當地的居民交在以色列人手中。在以色列民這方面,他們要擊敗(*nāḵā*^{h})並消滅(*heḥərîm*)迦南的居民。雖然這是雅偉戰爭,但是以色列民也要參與戰鬥,與敵爭戰。

7.2.2 以民是上帝所揀選的子民(七 7～11)

前段結尾講到以色列民蒙揀選的地位,尊貴的身分。本段繼續發展「揀選」的主題,他們是「聖潔的族類,屬上帝的子民,上帝的珍寶,雅偉的最愛」。論及雅偉對以色列的專愛與恩典(7 節),專愛與救贖(8 節)。

7 節,在此摩西回答一個假設的問題:以色列為何有那樣尊貴的身分?「因為雅偉專愛他們」,「專愛」(*ḥāšaq*)是罕用字,指「專一、專注的愛」(BDB 365b),在申命記中用來講雅偉專愛以色列(7 節,十 15;參詩九十一 14,人對上帝之愛),或男女之愛(申二十一 11;創三十四 8;另參王上九 19 = 代下八 6;賽三十八 17)。

雅偉為何專愛以色列?他沒有直接回答。只說以色列蒙愛被揀選,絕非因他們族大人多(他們原是人數最少的),更不是因他們比別人有何長處(「聖」的地位不代表靈性品格高尚)。雅偉專愛以色列,純粹是出於恩典。這乃是上帝的奧秘。

在 8 節,雅偉專愛以色列,藉祂拯救他們出埃及顯示出來。在此摩西又用到一個新的字眼,「買贖」(*pādā*^{h}),指「付贖價使人得自由」。在其他的經文(十五 15,二十四 17～18)都是指付出贖價,使奴隸被釋放、得自由。

在 9 至 10 節,以十誡第二誡(五 9～10)為基礎加以擴展,論及雅偉信實守約。五章 9 節「忌邪的上帝」在此改用「信實的上帝」,因祂信實守約,堅定可靠。五章 10 節單獨用「慈愛」(*ḥesed*),七章 9 節則加上「約」(*habbərît wəhaḥesed*），中譯「守約施慈愛」，或「聖約的愛」（covenantal love）。㉑ 本章12 節亦同。

雅偉你的上帝，祂是「真神」（*hāʾĕlōhîm*），是「信實的上帝」（*hāʾēl hanneʾĕmān*）。第一個譯作神的字是「上帝」（*ʾĕlōhîm*），加上定冠詞，可譯作「真神」（the true God），專用於雅偉，說明惟有祂是上帝，其他的統統不是。第二個譯作神的字是 *ʾēl*，原是閃語通用字，指神明或指迦南的神明「伊勒」。但加上定冠詞，則專指「真神」。祂是「信實的上帝」，意思是祂是「值得信賴的上帝」（LXX 譯作 *theos pistos*），另見摩西之歌（申三十二 4）及以賽亞書四十九章 7 節。

10 節提及向恨祂的人，他必當面報應，絕不遲延。原本在第二誡是「直到三、四代」（五 9），但易遭人誤會。本節加以澄清，講到每一個人為自己的罪受罰，不會誅連父母或子女，與二十四章 16 節相同。這也顯示在後來先知的信息中（耶三十一 30；結十八 4）。

在 11 節，摩西再次要求以色列民，以具體的行動，就是謹守遵行雅偉的誡命、律例、典章，來回應雅偉的揀選，專愛的真情，好顯出以色列民尊貴的身分，聖潔的地位。

7.2.3 以民是蒙上帝賜福的子民（七 12～16）

前一段闡明以色列蒙揀選為雅偉至愛的身分，本段繼續講他們未來進入應許之地所要得至大的福分。以色列不僅後裔繁多、六畜興旺、五穀豐登，而且免除埃及一切的災病。這是摩西對應許之地最理想化的描述，是何烈山立約的精髓。

12 節「你們若聽從」（*ʿēqeb tišməʿûn*），對應八章 20 節的「你們若不聽從」（*ʿēqeb lōʾ ṯišməʿûn*），成為七章 12 節至八章 20 節段落的開始及結尾。這表達方式在舊約聖經中僅見於此處。㉒

13 至 15 節摘要何烈山上的祝福（出二十三 25～26；參利二十六 1～13），後來摩西再三強調此祝福（申二十九 12、14、21）。13 節「你身所生的」（*pərî biṭnəkā*），直譯「你肚腹的果子」，意思是「後裔」（七 13，二十八

4、11、18、53，三十 9）。「肚腹」（*beṭen*）可指子宮（伯三 11，十 19；耶一 5）。

「五穀、新酒和新油」，是迦南地主要農作物，三者在申命記中常連用（七 13，十一 14，十二 17，十四 23，十八 4，二十八 51；另參何二 8、22；耶三十一 12 等）。有些學者以為本節許多字彙與迦南眾神明有關，以此強調這一切福祉原都是從雅偉而來。㉓「五穀」（*dāgan yayin*），針對「大袞」（*dāgôn*），非利士的神明（士十六 23；撒上五 2～7）。「新酒」用 *tîrōš* 而不用一般的字 *yayin*，因為前者也是迦南的神明。「新的油」，摩西用 *yiṣhār* 來取代一般的字 *šemen*，因為該字與掌管橄欖油的神明有關。特別是「你的羔羊」（*ʿaštərōt ṣōʾnekā*），與生殖女神亞斯她特同一個字。

16 節是本段結尾，它又回到聖戰的主題，像 1 至 5 節，且引入下一段。要滅絕迦南的各族，不可顧惜他們，不可事奉他們的神明，因為這會成為以色列人的羅網。

7.2.4 除滅迦南錯誤敬拜（七 17～26）

本段又回到本章第一段的主題，並由一個假設的問題開始（17 節），然後是摩西的回答（18～26 節），與六章 10 至 25 節的風格相似。這也是講道者常用方法，從問題開始，帶出主要信息。

17 節，六章 20 節假設他們的子孫提問（參 7.1.4「當教養孩童〔六 20～25〕」對 20 節的解釋，頁 148～149），本節假設由現在這群會眾提問。其實摩西自己熟悉此種方式，在他初次遇見上帝時，就曾提出假設性問題，並得到雅偉給他極佳的答案（出三 13）。這一次他用自己的口吻來代替大家發問：這些國的人數比我多，我怎能趕出他們呢？似回應十個小信的探子鼓動以色列百姓的話（民十三 31～33）。

摩西的回答（18～26 節）分為二部分：應許（18～20 節）；警告（21～26 節）。他的牧者心腸和修辭技巧，在此展露無遺。他的應許亦分為二部分，各以三個希伯來字作開頭：「你不要懼怕他們」（18 節上）及「你不要因他們驚恐」（21 節上），都是聖戰的用語。

7.2.4.1 應許（七 18～20）

第一部分（18～20 節）提醒以色列民回想過去雅偉的作為，記住雅偉向埃及所行的事（四 34，六 22 已提過的事）。摩西的要點是，上帝既然連埃及都對付得了，這小小的迦南七族又算得了甚麼？他們過去都還臣服於埃及呢！雖然懼怕的感覺是真實的，但懼怕的原因其實並不存在。摩西在「海濱之歌」的要點與此相同（出十五 1～18），先回顧雅偉勝過埃及（出十五 1～10），再預言將要勝過非利士、以東、摩押及迦南居民（出十五 14～15）。

18 節「你不要懼怕他們」（*lōʾ tîrāʾ mēhem*），摩西常用來鼓勵以色列民，且常與動詞「驚惶」（*ʿāraṣ*）、「驚恐」（*ḥāpaz*）等連用，以加強語氣（一 29，二十 3，三十一 6）。

在 20 節，雅偉要差遣「黃蜂」來攻擊他們。出埃及記約書裏，雅偉曾應許要派「黃蜂」在以色列人前面攻擊迦南人（出二十三 28）。雖然民數記二十一章及申命記二章 26 節至三章 11 節講到戰勝亞摩利王西宏及巴珊王噩，都沒有提到黃蜂，但是約書亞卻把以色列人擊敗這兩個王，歸因於雅偉差派黃蜂（書二十四 12）。牠們會追襲人，追進山洞，追入樹叢，進入迦南人躲藏之處，把他們逼出來。

「黃蜂」（*ṣirʿāʰ*）有些又稱虎頭蜂，蜂毒是毒蛋白，被蜇處會紅腫、刺痛、奇癢，嚴重者甚至會休克致命。有學者以為應按字面解（拉熹〔Rashi〕、德萊維〔S. R. Driver〕；「和合」、「新譯」、「新漢語」、「思高」、「環譯」），也有人以為象徵入侵的以色列人（伊本．以斯拉〔Ibn Ezra〕、莫蘭〔William L. Moran〕、懷斐德〔M. Weinfeld〕；參一 44；詩一一八 12），或代表「恐懼」（克里斯田森〔Duane L. Christensen〕、麥康維〔J. G. McConville〕），「和修」則譯作「瘟疫」。另有學者建議，古近東就有人用蜂窩當作戰爭武器。[24]

7.2.4.2 警告（七 21～26）

第二部分（21～24 節），強調未來雅偉必將他們趕出，依據在於雅偉是誰及祂的同在。

21 節「你不要因他們驚惶」（*lōʾ taʿărōṣ mippənêhem*）呼應 18 節。「雅偉

你的上帝在你中間」，強調祂的同在是以色列民不必懼怕驚惶的最大依據。而祂是「大而可畏的上帝」（*ʾēl gādôl wənôrāʾ*），摩西在第一篇講論已提到雅偉的「偉大與大能」（三24），在此繼續發展這主題。本節與第9節相同，摩西把「雅偉——以色列的上帝」等同*ʾēl*，表面上看似乎與迦南人所拜的「伊勒」同樣稱呼，但其實卻看祂是至高、至大、至能、至可畏的上帝。十章17節完整闡釋此名號的意義（參8.4.1「雅偉的要求〔十12～22〕」十章17節的闡釋，頁195～196）。

先有所是，才有所能。雅偉有意願，更有決心。祂有目標與目的，且有計劃及步驟。祂的策略是逐漸清除迦南諸國（22節），把他們交在以色列人手中（23節），使他們被大大擾亂（23節），把迦南諸王都交在以色列人手中（24節）。這是雅偉的戰爭，不單單是以色列人的。雅偉是戰士，為祂的子民爭戰得勝，祂要除去迦南諸國的名號。

但這次不會像從前雅偉對付埃及的軍隊（出埃及記十四章），祂要把迦南各族漸漸趕出（22節；引用出埃及記二十三章30節），而不是一次殲滅。若一下子把這些國家滅絕，國內呈現真空，怕百姓會遭許多野獸侵擾。像北國以色列民被擄之後，國內有獅子威脅那些從外國移入之人的性命（王下十七25）。從士師到王國時期，以色列國中一直有獅子、熊、豹、狐狸、鹿、羚羊等各種野獸（士十四章，十五4；撒上十七34；王下二24；歌二15，四8，八14）。

22節的*lōʾ tûkal*在此應譯作「你不可」（「和合」、「和修」、「新譯」、「思高」）或「你不要」（「新漢語」），而非「你不能」（「環譯」）。

其次，除滅他們的名號（24節），名號代表一個人的存在，除去一個人的名號，亦即讓他自此無後，他的名在地上也無人記念（民二十七4；得四10）。押沙龍為自己立碑，因為沒有兒女記念他（撒下十八18）。約書亞記列出迦南三十一個王，卻刻意不記載他們的名號（書十二7～24）。正如迫害以色列人的法老，聖經只記載他是埃及的王，卻不記載他的名號（出一15，十四8）。

第三，你們要除滅他們（24節），以色列人不是像在埃及或紅海邊上觀看雅偉的作為，而是實際參與戰鬥，殲滅他們的仇敵。這是上帝與人共同完成的工作（麥希真牧師：「百分之百上帝的工作，百分之百人的工作」）。

25 至 26 節是最後的警告，提醒人去除雅偉所憎惡的事物，連用來製造偶像的金銀，不論多麼貴重，也不可貪圖，要完全除去。

在 25 節，第一個子句的受詞在句首，是強調用法：「他們神明的雕像，你們要用火焚燒」（「新漢語」）。要用火焚燒偶像只見於申命記（參七 5），因偶像通常都用木頭製作，外面覆上金或銀（賽三十 22，四十 19；耶十 4；哈二 19），故可用火焚毀。亞述與巴比倫人用金子作的外袍或金飾來裝飾他們的偶像。但是連偶像身上的金銀都可能使百姓落入網羅（參 16 節）。

這裏用到第十誡的動詞，「不可貪戀」（*lōʾ taḥmōd*）金銀所作的偶像，像亞干貪愛耶利哥城的金銀衣裳（書七 21）。

26 節「*可憎之物*」（*tôʿēbāʰ*）在申命記首見於本節，指那些使雅偉極端厭惡的行為，包括同性戀（利十八 22～30，二十 13）、拜偶像（七 25，二十七 15；參耶十六 18）、以人為祭（十二 31；耶七 31，三十二 35）、吃禮儀不潔的動物（十四 3～8）、獻有瑕疵的動物為祭（十七 1）、從事異教活動（包括占卜與法術；十八 9～14）、穿著異性服裝（二十二 5）、廟妓與孌童（二十三 17～18；王上十四 24）、商業詐欺（二十五 13～16），以及其他身體上、禮儀上、倫理上的不道德行為。

7.3 回顧前瞻與警戒（八 1～20）

本章繼續六章所講「聖約關係的精義」此主題，並提出新的論點。先回顧過去，曠野四十年不再是懲罰，而是試煉，至終帶來祝福。更瞻望未來，應許之地是祝福，但也試驗以色列民對雅偉的忠誠。摩西提醒百姓：當記得過去，在曠野艱難中上帝的恩典；要小心未來，在應許地享福時勿忘記上帝。本章鑰字是「記得」與「忘記」，這是從心理上給以色列民提醒與警戒，著重時間。而一再提到「曠野」與「應許之地」，是在地理上的對比，著重空間。

本章與六章 10 至 15 節在結構及主題上均相同，顯示摩西作為優秀的講員，重要的題目不會只講一次，而是層層推進，漸次發展。圖示如下：㉕

標題	澄清	六 10～15	八 1～20
試驗的語境	在雅偉起誓應許給列祖的地	10 節上	1 節
試驗的性質	無限的機會與繁榮	10 節下～11 節	7～10 節
錯誤的回應	忘記雅偉	12 節	11～17 節
正確的回應	記得雅偉	13～14 節	18 節
最後的警告	被逐出這地	15 節	19～20 節

其中最深的諷刺是 17 節「你心裏説」，連結七至九章（七 17，八 17，九 4），而最主要的關切是「心」（2、5、14 節），以對比 17 節「你心裏説」。

文學上，本章是首尾呼應的「交叉平行結構」，或稱作「拱形結構」，説明其整體性（unity）。開頭是勸勉以民，遵命得福；結尾是警戒以民，背逆滅亡（1、19～20 節），中心教導百姓當稱頌雅偉，不可忘記（7～10、11～14 節），另外前後兩次提到曠野與嗎哪（2～6、15～18 節），作為例證，以加強論述。㉖ 圖示如下：

A　當遵行誡命，就必存活昌盛（1 節）

　B　當記得曠野與嗎哪（2～6 節）

　　C　昌盛時當稱頌雅偉（7～10 節）

　　C’　昌盛時不可忘記主（11～14 節）

　B’　（當記得）曠野與嗎哪（15～18 節）

A’　當記得上帝，不可忘記，否則必滅亡（19～20 節）

寫作上，八章雖然篇幅不長，但極為精緻，用到好幾種不同的編寫技巧：

1. 修辭辯論（回顧曠野溫馨歷史，2～6 節）：與四章 32 至 40 節、七章 7 至 11 節相似。
2. 詩體描述（應許美地豐富資源；7～10 節）：頭尾都講到美好之地，其中七次講到「地」，並提到七種農作物。
3. 詠史頌歌（14 節下至 16 節）：與詩篇一百零五篇及一百零六篇的詠史詩

相似。

4. 修辭形式的內心獨白（17～18節）：與七章17至19節、九章4至7節相似。㉗

分段大綱（八1～20）

一、回顧曠野苦煉經歷（八1～6）
　1. 懲罰變磨煉，試探與試驗的反轉（八2）
　2. 物質與靈性，經歷變通則的轉化（八3～4）
　3. 雅偉待以民，父性與母性的平衡（八5～6）
二、瞻望應許豐美之地（八7～10）
三、再論曠野與應許地（八11～18）
四、結尾警戒不可忘記（八19～20）

7.3.1 回顧曠野苦煉經歷（八1～6）

1節中的一切「誡命」（*kol hammiṣwāʰ*〔單數〕），與五章及六章用法相同，指從何烈山頒佈十誡，直到今日摩西解釋的律法，全都包括在內。㉘本節講到「遵行一切的誡命，方得存活，人數增多，得應許之地」，並非與全章強調上帝的恩典相違背。申命記一貫的原則，是兼顧得地的應許與百姓順服兩方面。一方面，雅偉賞賜，以色列民要順服（七11）；另方面，以色列民要順服，才能繼續擁有土地（參七12，本節）。克萊基（Peter C. Craigie）正確指出，不斷比較曠野及應許之地生活，教人更加倚靠雅偉。㉙

2至6節在文學上形成「交叉平行結構」，或稱作「拱形結構」，開頭及結尾都講到「道路」（*derek*；2節上、6節下），然後論及「要知道你內心如何」（2節下）與「你心裏要知道」（5節），而中心轉捩點（即拱頂）是第3節，三次用到「知道」。本段最重要的動詞是「知道」（*yādaʿ*），共出現五次。㉚

A　雅偉在曠野一路（*kol hadderek*〔單數〕）引導你（2節上）

　B　要知道（*yādaʿ*）你內心（*lēbāb*）如何

是否願意遵守祂的誡命(2節下)

X　核心教訓:動詞「知道」($yāda^{c}$)出現三次(3節)

B'　你心裏(*lēbāb*)要知道($yāda^{c}$)

要謹守雅偉你上帝的誡命(5～6節上)

A'　遵行祂的道(*bidrākāyw*〔複數〕)(6節下)

摩西在本段藉回顧歷史,主要是曠野的嗎哪,提出三個全新的解釋:第一,懲罰變磨練,試探與試驗的反轉(2節);第二,物質與靈性,經歷變通則的轉化(3～4節);第三,雅偉待以民,父性與母性的平衡(5節)。

7.3.1.1 懲罰變磨煉,試探與試驗的反轉(八2)

「這四十年」(LXX沒有這翻譯),重拾二章7節主題,該節講蒙恩的祕訣:「雅偉—你的上帝與你同在,因此你一無所缺」。在此進一步講到磨煉的目的:「為要知道你內心如何,是否願意遵守祂的誡命。」

動詞「磨煉」($^{c}\bar{a}n\bar{a}^{h}$;「和修」、「新漢語」),原意是「受苦,使人謙卑」,其他不同中譯本作「苦煉你」(「和合」),「使你受苦」(「新譯」、「環譯」),「磨難你」(「思高」)。

「試驗」($n\bar{a}s\bar{a}^{h}$;*Piel*加強形)是把人放在特定的情境下,看他的反應和行為,以顯出人的性情、品格與信心。此字曾用來講以色列民不信,惡意「試探」上帝(六16;「瑪撒」)。在此卻用來講雅偉磨練以色列民,是要「試驗」他們是否對上帝信而順服。如同雅偉「試驗」亞伯拉罕,要他獻以撒,而他光榮地通過了(創二十二章)。

以色列民在曠野四十年,原是百姓不信,雅偉對他們的懲罰。現在摩西卻看出雅偉對此另有美意,祂把懲罰反轉為磨煉,把百姓出自不信惡心的「試探」,反轉為雅偉智慧善意的「試驗」。在物質最缺乏的曠野,享受上帝最信實的供應。不論飢餓或飽足,貧困或富足,學習單單倚靠上帝。雅偉的作為都有教育目的,祂的智慧總把壞事變為好事。

7.3.1.2 物質與靈性，經歷變通則的轉化（八 3～4）

第 3 節三次用到動詞「知道」（*yāda*ʿ），以色列民從「不知道」何為嗎哪，轉變為「知道」人活著不單靠食物，乃靠雅偉口中所出的一切。真知識乃從經驗中萃取而來。

這裏不是對比食物與話語，或物質與靈性的恩福何者重要，而是二者巧妙的平衡，且重點在倚靠自己或倚靠上帝。「不單靠食物」，說明食物本就是人類基本所需，所謂「民以食為天」，「吃飯皇帝大」。

「雅偉口裏所出的一切」（「新漢語」），一方面指上帝的創造供應，包括食物（嗎哪；3、16 節）、飲水（15 節）以及拯救（14 節）。另方面更指上帝口裏所出的一切「話語」（「和合」、「和修」、「新譯」、「環譯」，參民三十 2），不僅帶有權能，成為人的供應、生命之源，而且如同君王的諭令（斯八 8），不容更改，不容違背。注意雅偉口裏「所出的」（*môṣā*ʾ）與「誡命」（*miṣwāh*）之間的文字遊戲。

雅偉賜嗎哪，不單要以色列人學習倚靠上帝，且成為「全人類」（*hāʾādām*）共同的功課。食物與上帝的話語的主題，引導人回到伊甸園，雅偉給始祖的命令（創二 15）。嗎哪在此反映雅偉給全人類所定的旨意，要以上帝為中心的生活態度，以色列人成為世人的典範。

「嗎哪」（*mān*）源自以色列人的詢問：「這是甚麼？」（*mān hû*ʾ），後來反倒成為它的名字（出十六章）。嗎哪形狀大小似芫荽子，色白、有淡淡甜味，以色列人每早晨天不亮，在營地外揀拾而得。過去曾有學者提出自然的解釋，以為是西奈半島的檉柳樹（Tamarisk）所分泌的汁液。但其數量實在太少，且具有季節性等因素，全都不符合聖經的描述。「嗎哪」是神蹟，是每日的神蹟，要每日清早拾取新鮮的，否則隔夜會腐壞。而且多收沒有餘，少收也沒有缺。嗎哪是每週的神蹟，在安息日找不到，但前一日卻收取平日的雙倍。而且隔夜也不會變壞，又可用各種方式烹調。嗎哪是長期的神蹟，連續四十年成為以色列人在曠野的食物。直到他們進入應許之地，吃了當地的土產，才停止降下。新約記載，耶穌說：祂才是真正從天降下的生命之糧，這使舊約有關嗎哪的故事，在基督裏找到完滿的屬靈意義。㉛

7.3.1.3 雅偉待以民，父性與母性的平衡（八 5～6）

摩西用父母的意象來描述上帝管教祂的子民，為要知道人的內心如何。這不是申命記第一次用到父母的意象來講到上帝，前一次是一章 31 節把雅偉比作母親，對兒女無微不至的養育照顧。但是八章 5 節更講到上帝像嚴父，發怒管教犯錯的兒女。從奧古斯丁一直到天主教教宗若望保祿二世，都論到「上帝是我們的父親，上帝也是我們的母親」。㉜ 這是智慧文學的主題（參伯五 17；詩九十四 12；箴十九 18，二十九 17），也是新約的重要教訓（來十二 7）。

7.3.2 瞻望應許豐美之地（八 7～10）

前一段回顧曠野，接下來這段像詩歌一樣的描述，場景轉到約旦河西，展望以色列民即將承受的應許之地。「地」（*ʾereṣ*）是本段關鍵詞，共出現七次，而頭尾都是「美地」（*ʾereṣ ṭôbā*^{h}；7、10 節），又列出七種主要農作物（8 節）。

本段在文學上是「交叉平行結構」，或稱作「拱形結構」，頭尾是雅偉的恩惠作為與人的稱頌回應（7、10 節），中間 7 至 9 節列出三類自然資源：豐沛的水源（7 節）、豐美的土產（8 節），及豐富的礦產（9 節）。而中心轉捩點（即拱頂）說：「那地沒有缺乏」（9 節）。圖示如下：

A 當（*kî*）雅偉你的上帝領你進入美地（7 節上）

 B 那地有河流，谷中和山上有水流出（7 節下）

  C 那地有各種農作物（8 節）

   X 那地沒有缺乏（9 節上）

  C’ 你在那裏有食物吃（9 節上）

 B’ 那地的石頭是鐵，山中可以挖銅（9 節下）

A’ 你要稱頌雅偉你的上帝，因祂將那美地賜給你（10 節）

7 節，質詞（*kî*）譯作「當」，引入條件句，開始新的一段（「和修」、「環譯」），㉝ 而非解釋前面的子句（另參六 10，十八 9）。「新漢語」及 NIV 正好相反，由 6 節開始新的一段，把本節 *kî* 譯作「因為」。「和合」與「新譯」則把 1 至 10 節當作一整段。

7 至 9 節的土地是申命記最重要的主題之一，在此更提供最生動活潑的描述。

第一，豐沛的水源（7 節）

這是一切農耕的基礎，文明的搖籃。「河流」（*naḥălê māyim*；阿拉伯語是 *wadi*〔窪底〕）平日乾涸，遇雨成河。「深淵」（*ṯəhōmōṯ*）指地下水流。十一章 11 節說迦南地從天上飲（大量的）水。山谷在以色列較寬，成為平原。

第二，豐美的土產（8 節）

在此列出 7 種主要農作物，首先提到小麥和大麥，是迦南地居民的主食。葡萄鮮果可生食，或作葡萄乾，也可釀酒（六 11；創九 20～21）。「無花果」（*ṯəʾēnāʰ*）鮮果甜美多汁，亦可作成果乾，甚至有醫療效果（王下二十 7 = 賽三十八 21）。「石榴」（*rimmôn*）可吃鮮果或果乾，新鮮果汁可釀酒（歌八 2）。

葡萄樹與無花果樹常象徵國泰民安，繁榮昌盛（王上四 25；王下十八 31 = 賽三十六 16；珥二 22；彌四 4）。石榴以其肉甜色美，常象徵美麗的愛情（歌四 3，六 7、11，七 12，八 2）。因其形美，更被用於祭司聖袍、會幕及聖殿裝飾（出二十八 33～34；王上七 20、42；耶五十二 22～23）。而其果實多子粒，又象徵多子多孫（*ABD* 2:808）。

橄欖油，盛產於迦南地（六 11；王下十八 32），可用於烹調、點燈、膏抹、芳香、美容、護膚、醫病，以及作聖所事奉之用。

蜜（「和合」、「新譯」、「新漢語」、「環譯」），指蜂蜜（「和修」、「思高」）。有些學者以為蜜在此被列入當地農產品，應指蜜棗，而非蜂蜜。[34] 可是在參孫的故事中，提到有一群蜜蜂在獅子的屍體內，也有蜜在裏面（士十四 8）。聖經另外也提到「蜜蜂窩」（撒上十四 27；歌五 1；參詩十九 10），均支持是蜂蜜。

以上這些作物，詩篇將之歸為三類：「得酒能悅人心，得油能潤人面，得糧能養人心」（詩一○四 15；參士九 9～13）。

第三，豐富的礦產（9 節）

本節可說是摩西對應許之地最佳的、超過理想的描述。但實際上，巴勒斯坦很少出產鐵與銅。

以上這些均是與曠野作對比。嗎哪雖是神蹟，不必勞力即可拾取，但僅夠自己食用。耕種土地雖然辛勞，且按大自然法則，要耐心等候，卻可有三十倍、六十倍、一百倍的收成。不僅夠自己當年食用，且能供作次年播種。還可有豐富的收穫，供應他人需要（像埃及自古就是世界糧倉，今日以色列的農產品賣到世界各地）。有豐沛的水源，對比曠野的乾旱。土地肥沃而非貧瘠的多石之地，物產富饒而非僅夠基本所需。有各種五穀蔬果，流奶與蜜，甚至富含各種礦產，暗示可發展工商貿易，建立財富。以後，以色列民進入應許之地，行割禮，守逾越節，吃了迦南地的出產，次日嗎哪就止住了（書五 11～12）。

此外，以色列人所熟悉的埃及背景也可作為對照。古埃及象形文稱埃及是雙地，其中黑地指尼羅河兩岸各約三十公里肥沃的黑土（約佔全埃及土地面積 4%），是農漁產豐饒的綠帶，埃及的生命命脈及與財富來源。而其餘的土地（約佔 96%）就是無垠的沙漠，被稱作紅地。公元前二十世紀《辛努亥的故事》，亦羨慕豐饒的土地，帶來繁榮與昌盛。而創世記中約瑟為法老解夢的故事，亦說明埃及人對土地肥沃，物產富饒的嚮往。現在土地豐饒的主題，從應許即將成為事實，美夢成真。這對經過四十年曠野艱辛的以色列人，尤其重要。

10 節「你要稱頌雅偉你的上帝」，要特別注意，申命記中只有本節以雅偉作為動詞（*b̲ērēk̲*；中譯作「稱頌」）的受詞，其他都是雅偉作為該動詞 *bērēk*（中譯作「賜福」）的主詞。㉟

7.3.3 再論曠野與應許地（八 11～18）

前兩段分別論到過去的「曠野」（1～6 節）與應許的「美地」（7～10 節），本段合併這二主題，並進一步警戒百姓，勿因身處豐富而「忘記」雅偉他們的上帝。「忘記」和「記得」是本段的鑰字（11、14、18、19 節）。

12 至 13 節預見以色列民在應許之地已經過了相當一段時間，房屋已經建好，畜養牛羊無數，金銀財富增添，這是他們多年的努力與成就。以此對比以色列民初進入應許之地，享用當地原住民留下的房屋，屋內的美物，鑿成的水井，園中的果實（六 11）。

14 節「你就心高氣傲」（*rām ləbābekā*；「和合」、「新譯」、「環譯」，此譯法較佳），直譯「你的心高傲」（「和修」、「新漢語」），以致忘記雅偉你的上帝。摩西在此重拾四章 9 節的主題，直接碰觸以色列民心理的層面，挑戰人心最根本的罪，就是高抬自己，忘記上帝。這在 17 節達到最顛峰。

15 節「大而可怕的曠野」在此之前只出現在一章 19 節，說出以色列民對於曠野生活的最深印象（另參民十 12；申三十二 10；耶二 6）。「那裏有火蛇和蠍子」，面對曠野中最可怕的動物，死亡的威脅，雅偉給他們醫治與保護（參民二十一 6）。那裏是「乾旱無水之地……堅硬的磐石」在曠野最不可能有水的地方，雅偉給他們水喝（出十七 6；民二十 11；參申三十二 13；詩一一四 8；賽四十三 20）。但是摩西也用「大而可怕」來指上帝（七 21），因祂為以色列所做了「大而可畏」的事（十 21），祂才是他們真正應當敬畏的（十 17）。

16 節「又將你列祖所不認識的嗎哪賜給你吃」，人在曠野以為最絕望、最無助的時刻，雅偉用最意想不到的方式，供應他們日用的飲食。這裏的「列祖」指跟隨摩西出埃及的那一代以色列人（同下文 18 節）。

曠野不可怕，因有雅偉一路引領，神蹟供應飲水和嗎哪，保護與眷顧。最可怕的是以色列民在得享應許之地的各樣美福之後，心高氣傲，忘恩負義。而其最高點是 17 節，他們在「心裏說：這財富是我力量我能力得來的」。注意後來以賽亞先知責備一切罪惡的最根本原因：高舉自我，也是從「你心裏曾說」開始（賽十四 13 ～ 14）。

在 18 節，但要避免忘記，最好的方法就是常常「記得」。記得不是沉迷於舊日的美好，而是將過往的記憶，激活為今日向上提升的動力。「記得」與「忘記」不只是心理上，更產生行動。記得帶來順服與蒙福（2、6 節），而忘記則產生悖逆與滅亡（11、19 ～ 20 節）。就如主耶穌設立聖餐，要信徒常常遵行，為的是記念主（路二十二 19；林前十一 23 ～ 26）。

7.3.4 結尾警戒不可忘記（八 19～20）

在 19 至 20 節，摩西曾呼籲天地，見證以色列民的不是（四 26）。現在他自己作見證：亦可譯作「我警告你們」。

19 節「你若忘記」（「和合」、「和修」），原文用不定詞獨立形（*šākōaḥ tiškaḥ*；infinitive absolute）來加強，更好譯作「你若真的忘記」（「新譯」、「新漢語」）或「你若竟然忘記」（「環譯」；此譯法較佳）。

摩西講到背約的結局就是完全滅亡，但以色列民其實並未真的如此，而是在公元前 587 年耶城淪陷，南國猶大亡國之後，百姓被擄到外邦，七十年後歸回應許之地（王下二十五章；拉一章）。從經文的編排看，本段正好是申命記七章 12 至 16 節的反轉，該處經文講到雅偉的怒氣臨到外邦，在此卻臨到背逆的選民。切勿把蒙恩作選民視作理所當然。

在 20 節，*ʿēqeb* 是聖經中少見的字，一般都譯作「因為」（「和合」、「和修」、「新譯」、「新漢語」、「環譯」、「思高」）。此字在申命記中另只出現在七章 12 節，說明本章與七章的關聯。歐康耐（R. O'Connell）認為申命記七章與八章內容互補，七章呼籲以色列民要積極勇敢，八章要他們倚靠雅偉。[36]

有學者正確指出八章在舊約兩處經文中獲得回響：[37] 三十二章 10 至 18 節及何西阿書十三章 4 至 8 節，且均是詩歌。申命記三十二章 10 至 18 節重述申命記八章的思想：曠野中供應（10～12 節），應許地豐富（13～14 節），雅各飽足卻忘記雅偉（15～18 節），並與拜偶像相關聯（16～17 節）。接下來是宣告懲罰（三十二 19～27）。

何西阿書十三章 4 至 8 節不僅思想與申命記八章雷同，連遣詞用字都驚人相似，包括出埃及（申八 14 // 何十三 4），飽足（申八 12 // 何十三 6），心高氣傲（申八 14 // 何十三 6），忘記（申八 11、14、19 // 何十三 6）。另外用到同樣的字，但語境不同：「吃」（申八 12；何十三 8），「不知道」（申八 16；何十三 4）。何西阿書十三章更似申命記三十二章（參：何十三 4 // 申三十二 12、17〔不認識別的神〕；何十三 7～8 // 申三十二 24〔論懲罰〕）。顯示何西阿書是把申命記當作整體來看，並加以引用，發展其信息。

本章因耶穌引用來拒斥撒但的試探，而變得非常有名，其中最關鍵的是第

3節。而耶穌受試探可視作申命記六至八章的米大示（Midrash），二者相似點包括：主題（試探/試驗）、地點（均在曠野）、內容（飢餓與飽足）、時間（四十年與四十天），以及耶穌引用申命記六章16節、八章3節及十章20節。還有耶穌與以色列都被稱作「兒子」（申一31，八5；太四3；路四3）。以色列是上帝的兒子，而耶穌是天父的獨生子（約三16）。申命記八章2節想要知道以色列民是否遵行雅偉的誡命，而耶穌清楚作了正面的回答。以色列這兒子在歷史上失敗了，但耶穌這上帝的兒子卻得勝了。以色列在歷史上失去的，耶穌在真實的試探中重新得回。祂也成為古今中外所有信徒的典範，單單靠主得勝試探。㊳

信仰反省

第六章講到信仰的傳承，像摩西到約書亞，大衛到所羅門，以利亞到以利沙。以色列民藉每週守安息日，及每年守逾越節，來保持此信仰的傳承。主耶穌將逾越節轉化為聖餐，教人經常如此行，不斷更新信仰（林前十一23～26）。使徒保羅也提醒提摩太，注重信仰的傳承（提後二2）。

雖然申命記是摩西對當代的以色列民傳講，但是文中的「你/你們」亦同樣適用於古今中外所有讀者。尤其摩西一再用到「今日」，更加強申命記的講道性質。以色列百姓被視作一個整體，一方面他們被看作已進入應許之地，享受那地的豐美祝福，另方面他們仍在約旦河東，接受神僕的警戒勸勉。好像今天新約的信徒，享受上帝國度已然來到，也耐心盼望等候上帝國度的完全實現。

溫習及思考問題

1. 甚麼是「示瑪」？以色列民當如何遵行「示瑪」？
2. 為何要消滅迦南諸神的偶像及祭壇？這對今日信徒有何意義？
3. 請說明「嗎哪」與耶穌有何關聯？「嗎哪」對今日信徒有何意義？
4. 摩西為何說「不可忘記」？這對今日你我有何提醒？如何「不忘記」？

短註

❶ 修訂自布洛克：《申命記》卷上，頁201。

❷ 魯斌，頁308～309。

❸ Emanuel Tov, *Textual Criticism of the Hebrew Bible* (Westminster Bible Companion; Minneapolis, MN: Fortress, 1992), 118.

❹ M. Baillet, *Discoveries in the Judaean Desert*, 3 (1962): 149～151.

❺ 參 Thomas W. Mann, *Deuteronomy* (Louisville, KY: Westminster John Knox Press, 1995)，以及布洛克。

❻ 參魯斌；克里斯田森。

❼ 最近有關本節這四個字的句法研究，可參克勞特（Judah Kraut）主張本節是階梯式的詩歌體平行結構 AB // AC，而其最適宜的意義就是ABC：「雅偉我們的上帝是一」。但他未進一步探討「一」的意義，Judah Kraut, "Deciphering the Shema: Staircase Parallelism and the Syntax of Deuteronomy 6:4," *VT* 61 (2011): 582 ～ 602。至於從申命記六章 4 至 9 節來對不同背景會眾講道，最近專文，可參考Sue Lowcock, Harris, "Deuteronomy 6:4 ～ 9," *Interpretation* 70 (2016): 329 ～ 331。

❽ William L. Moran, "The Ancient Near Eastern Background of the Love of God in Deuteronomy," *CBQ* 25 (1963): 77～87.

❾ 最近有學者探討申命記中上帝的公義如何影響子女，以及作子女的如何看上帝的公正。在六章 7 節及 20 至 25 節，父母要殷勤教導子女律法精義，以在應許之地存活。但在二十章 14 節上帝准許以色列民毀滅遠方仇敵的家庭，並擄掠其子女為奴隸，而在二十章 16 至 17 節甚至當把迦南地的人，連老帶少都滅絕。參 A. James Murphy, "Children in Deuteronomy: The Partisan Nature of Divine Justice," *Biblical*

Interpretation 20 (2012): 1 ～ 15。其實還至少應該加上申命記二十一章「勿以私愛廢不受寵妻所生長子的權益」(15 ～ 17 節)，及「對待逆子」(18～21 節)。

⑩ 魯斌，頁 313。

⑪ 蕭克諧正確指出：「家庭是孩子的第一所學校，父母是孩子的第一任老師，家庭教育具有學校教育、社會教育不可替代的作用。而基督徒家庭教育本質上是信仰教育，信仰教育是基督徒家育的核心和主線，基督徒家庭教育實際上是為信仰服務的，失去了信仰教育，基督徒家庭教育也就失去了它的方向，失去了它的獨特性。」參蕭克諧：《基督教宗教教育概論》(香港：道聲出版社，2007)，頁 3。

⑫ 克萊基(NICOT)，頁 173。

⑬ V. P. Long, *A Biblical History of Israel* (Louisville, KY: Westminster John Knox, 2003), 173 ～ 183；克里斯田森(WBC 6A)，頁 147。

⑭ G. Braulik, "Gesetz als Evangelium: Rechtfertigung und Begnadigung nach der deuteronomischen Tora," in *Studien zur Theologie des Deuteronomiums* (SBA 2; Stuttgart: Katholisches Bibelwerk, 1988), 135；引自布洛克：《申命記》卷上，頁 195，註 16。

⑮ 歐爾森(D. T. Olson)認為申命記七至十章論到以色列民與雅偉的聯合會受到以下三種威脅，他稱之為神(gods)：第一，軍國主義(Militarism)及窮兵黷武(七章)；第二，物質主義(Materialism)及倚靠財富(八章)；第三，道德主義(Moralism)及自以為義(九 1～十 11)。其中每一段都有一個「獨白」，把這三段連結起來：一、害怕仇敵(七 17)；二、虛假自滿(八 17)；三、自以為義(九 4)。參 D. T. Olson, *Deuteronomy and the Death of Moses*, 52f.。最近唐迪娜(Deanna A. Thompson)即在此基礎上，討論申命記七至十章的神學意義，參唐迪娜，頁 82～103。

⑯ 有關迦南七族的名稱及詳細介紹，請參賴建國：《出埃及記》卷上，頁 140～143。

⑰ 最近有關 חרם（*ḥrm*）在舊約中的用法的研究，可參考 Arie Versluis, "Devotion and/or Destruction? The Meaning and Function of חרם in the Old Testament," *ZAW* 128 (2016): 233～246。他主張舊約從創世記到列王紀用到這個字，均指「完全滅絕」，而非「獻給上帝」，且均是用在以色列民對付迦南人（或再加上亞瑪力人）方面，而不用於其他民族。

⑱ *ANET* 320; *COS* 2: 138; Lohfink, "*ḥāram*," in *TDOT*, 5:180～199.

⑲ 參大衛．郝渥德（David Howard）著，胡加恩譯：《舊約歷史書導論》（台北：中華福音神學院，1998），頁 90～91。

⑳ 萊特（Christopher J. H. Wright）著，黃龍光譯：《基督教舊約倫理學》（台北：校園書房，2011），頁 579～580。

㉑ 有關希伯來文 *ḥesed* 在舊約中的用法，最近的研究可參考 Brian Britt, "Unexpected Attachments: A Literary Approach to the Term חסד in the Hebrew Bible," *JSOT* 27.3 (2003): 289～307。

㉒ 克里斯田森（WBC 6A），頁 164。

㉓ 參伍愛德（TOTC），頁 147；布洛克：《申命記》卷上，頁 239；但狄凱則以為是想太多了，參狄凱（JPS），頁 89。

㉔ Edward Neufeld, "Insects as Warfare Agents in the Ancient Near East," *Orientalia* 49 (1980): 30～57.

㉕ 參布洛克：《申命記》卷上，頁 253。

㉖ 修訂自魯斌，頁 346 及狄凱（JPS），頁 92。本章詳細結構分析亦見歐康耐（Robert H. O'Connell），參 Robert H. O'Connell, "Deuteronomy viii 1～20: Asymmetrical Concentricity and the Rhetoric of Providence," *VT* 40 (1990): 437～452。不過他以為本章中心轉捩點在 7 節下至 9 節，但多數學者主張本章「交叉平行結構」中心轉捩點在 11 節。

㉗ 參尼爾森（OTL），頁 109～110。另外，他認為本章經過多次編修，最

早是7節至11節上、12至18節；而2至6節、11節下是後來從律法的角度來擴充，再加上1、19至20節的最後編修。不過本章的正典形式，所顯示的「交叉平行」文學結構，更充分解說其神學意義。

㉘ 克里斯田森（Duane L. Christensen）認為在此應作集合名詞解，指摩西所傳講的所有律法（另參六25，十一8、22，十五5，十九，二十七1）。克里斯田森（WBC 6A），頁173。

㉙ 克萊基（NICOT），頁184～185。

㉚ 尼爾森（OTL），頁111。

㉛ 詳細討論見賴建國：《出埃及記》卷上，頁496，505～507。

㉜ Pope John Paul II, *L'Osservatore Romano*, Eng. ed. Septemper 21, 1978, 2；引自唐迪娜，頁92。

㉝ 麥康維（AOTC），頁166；伍愛德（TOTC），頁154；尼爾森（OTL），頁105、113。

㉞ 參魯斌，頁352；布洛克：《申命記》卷上，頁259。

㉟ Adam Warner Day, "Eating before the Lord: A Theology of Food According to Deuteronomy," *JETS* 57 (2014): 89, n.31.

㊱ R. O'Connell, "Deuteronomy VII 1～26: Asymmetrical Concentricity and the Rhetoric of Conquest," *VT* 42 (1992): 248～265, esp. 265.

㊲ 麥康維（AOTC），頁167。他還另外提出申命記十七章14至20節，但說服力不強。

㊳ 米勒（Interpretation），頁114；另參賴建國：《出埃及記》卷上，頁507。

第八章

聖約關係的實際（九 1～十一 32）

- 鼓勵過河得地，不可自以為義
- 回顧最大危機，曾在曠野悖逆
- 重鑿石版造櫃，遵命前往得地
- 總結與勸勉

九至十一章是五至十一章講論的第三篇信息，說明以色列與雅偉「盟約關係的實際」，且與前兩段一樣，用「*以色列啊，你要聽！*」（*šəmaˁ yiśrāʾēl*）來開始（五1，六4，九1）。

本章與前面各章主題關係密切，例如：提醒以色列民「要記得，不可忘記」，與第八章相同。講到要趕出迦南各族，也是第七章的主題。論到上帝用大能領百姓出埃及，以及討論以色列民的「義」，是回響第六章。而最重要的是對應五章講到以色列歷史上的最高潮，就是在何烈山立約，領受十誡。現在摩西卻以回顧歷史中最大的危機，就是金牛犢事件，來提醒百姓切不可自以為義，反而要單單倚靠率領他們得勝的雅偉，好進去得應許之地。

九章1節至十章11節是一整體，頭尾都是鼓勵百姓過約旦河，去得應許之地（九1，十11），是為本段的要旨。又可分為三段：第一，鼓勵過河得地，不可自以為義（九1～6）；第二，回顧最大危機，曾在曠野悖逆（九7～29）；第三，重鑿石版造櫃，遵命前往得地（十1～11）。十章12節至十一章32節是總結及勸勉。

8.1 鼓勵過河得地，不可自以為義（九1～6）

九章1至6節是本段開始的引言，像七章1節一樣，再度鼓勵以色列民過約旦河，進去得應許之地（另參十11）。本段提到當時流行的講法（「*誰能在亞衲族人面前站立得住呢？*」；2節），也預防百姓可能會有的謬誤思想（「雅偉領我得這地是因為我的義」；4節），重點在後者。但摩西在此提出正解，糾正謬誤。格式如下：❶

1. 信息引言：呼籲注意，提出事實（1～3節）
2. 流行謬論：直接引句（4節上）
3. 提出正解：另類講法（4節下～6節）
4. 信息辯正：證明論點（9～24節）

1節「*以色列啊！你要聽*」，開啟新的講章（參五1，六4）。之後摩西宣告雅偉的計劃已接近完成（出三8），出離埃及，西奈立約，進入迦南，趕出列國，得地為業。但時間已經過了四十年。

「進去佔領」(*yāraš*)這動詞在本段出現七次，中文有幾種譯法，分別是「佔領」(1節)、「趕出」(3、4、5節)、「得地」(4、5節)、「得業」(6節)。其意義是征服另一國家民族，有權治理其領土。❷

2節「亞衲族人」(*bənê ʿănāqîm*)直譯「亞衲族的眾子」，是傳說中住在迦南地南部山區亞摩利原住民中的巨人，又高又壯。LXX譯作「巨人」(*gigantōn*)(一28)。在申命記二章10至11節他們被比作以米人，同樣也是身材高大的民族，住在摩押。「你所知道的」(自己說的，可能指十二個探子窺探迦南地的回報；一28；民十三31～33)，「你也聽說過」(別人說的，其他迦南人)。摩西在此提出以色列民最害怕的亞衲族人，因為他們太強大，無人能夠征服他們。似乎倒斃曠野的那一代害怕有理。「誰能在亞衲族人面前站立得住呢？」好像當時的流行語，且假設答案是否定的。即或以色列人已經擊敗亞摩利王西宏及巴珊王噩。

3節「你應當知道」對比2節「你所知道的」，從人的經驗轉化到對上帝的信靠。「雅偉你的上帝」與「吞噬的火」是同位用法，可譯作「雅偉你的上帝像吞噬的火」(「新譯」)。此種認識源自出埃及記三章「荊棘篇」摩西蒙召的典故，亦出現在申命記第一篇講論中(四24)，警戒以色列民不可違反聖約，去拜偶像，在此則是宣告雅偉要刑罰迦南地的居民(另參「摩西之歌」；三十二22)，及先知引用(賽二十九6，三十27、30；耶五14)，均強調雅偉的權能。此外還要注意的三項事情：

1. **雅偉自己主動**：本節三次用到獨立人稱代名詞「他」(*hûʾ*)，強調雅偉自己的作為，可譯作「祂自己要在你前面過去……祂自己要消滅他們，祂自己要在你面前制伏他們」。
2. **以色列民參與**：雅偉要「使你可以趕出他們，速速滅絕他們」，說明以色列民不是袖手旁觀，而是與上帝一起爭戰得勝。雅偉的權能與人的參與，在此達到完美的平衡。
3. **速速與漸漸**：速速消滅迦南地的百姓，就像後來以色列民攻打耶利哥與艾城，完成中央突破(書六20，八章)，戰敗以耶路撒冷為首的五座城，完成南方戰役（書十章），與本節所說相同。但整個征服迦南地，則歷經多年才完成主要戰役（七 22；出二十三 29～30）。

4 至 6 節是本段的重點，指出以色列民不可有錯誤的思想：「你心裏不可說：雅偉領我得這地是因我的義。」（參七 17，八 17「心裏說」）

4 節「義」（*ṣədāqāʰ*）是指內心正直，行為純全，合乎聖約的標準（5 節，六 20），狄凱將之解為對雅偉的忠誠敬虔。❸ 與之相反的就是「惡」（*rišʿāʰ*）。俗語說「成王敗寇」，「以成敗論英雄」。古近東戰爭，勝利者常自以為是正義的一方，失敗者則被歸作邪惡的一方。或是比作法庭判決，勝訴有理，敗訴有罪。然而，以色列民切不可有此種錯謬的自我認知。公義與邪惡，有罪或無罪，絕非以色列民與迦南諸族的對比。相反的，乃是他們與雅偉的對比。迦南人被消滅，固然是因為他們的「惡」，但以色列民得地，也絕非因自己的「義」。摩西從以下三點來說明：

1. **上帝的審判（4～5 節上）**：因為迦南人本身的罪。上帝不僅是以色列人的上帝，衪也是萬國的上帝。把迦南人趕出巴勒斯坦，不是上帝隨意的舉動，而是衪施行公義的審判（參創十五 16「因為亞摩利人的罪惡到現在還沒有滿盈」）。
2. **上帝的應許（5 節下）**：非因你的義或心中的正直。以色列人得地，不是因為司法上被判勝訴，顯為公義，而是因為雅偉向列祖起誓應許的話（見本章 27 節）。
3. **上帝的恩典（6 節）**：相反的，以色列民原本是「硬著頸項的百姓」（「和合」、「和修」、「新漢語」）。他們像不肯負軛、不聽使喚的牲口，「不肯轉頭，拒絕聽話」（參出三十二 9，三十三 3、5，三十四 9），❹ 好像中文的「剛愎自用，冥頑不靈」。「新譯本」作「頑固的民族」。聖經作者常用此語句來責備以色列民（申十 16，三十一 27；王下十七 14；代下三十 8，三十六 13；尼九 16、17、29；賽四十八 4；耶七 26，十七 23，十九 15）。新約司提反也稱以色列百姓是硬著頸項的百姓（徒七 51）。

8.2 回顧最大危機，曾在曠野悖逆(九 7～29)

前段講到勝利不代表正義，摩西雖然預見以色列民即將過約旦、進迦南，在雅偉引導下必定得勝，但仍呼籲百姓不可悖逆。他以歷史來提醒他們原本是硬著頸項，悖逆的百姓。而最大的悖逆就是金牛犢事件，摩西用大量篇幅來談這件事(九 8～21、25～29，十 1～11)。以色列民因造金牛犢、拜偶像，幾乎滅亡。惟靠摩西力挽狂瀾，為民代求，才化解危機。

本段基本上根據出埃及記三十二至三十四章的敘述，不過與申命記一至三章一樣，略作調整，以配合所要傳達的信息。❺ 在此只重點提到：背道毀約(出三十二 1～10)、摩西代求(出三十二 11～14)、怒碎約版(出三十二 19)、毀金牛犢(出三十二 20)，以及約的更新(出三十四章)；而省略以下部分：造金牛犢細節(出三十二 3～6)、與約書亞對答(出三十二 17～18)、亞倫推託之辭(出三十二 21～24)、利未人參與刑罰(出三十二 26～29)、摩西自願代罪受罰(出三十二 32)、百姓悔罪摘除金飾(出三十三 4)、摩西私人帳幕(出三十三 7～11)，摩西懇求雅偉同行(出三十三 12～16)等，但又加上新的解釋與澄清：上山四十晝夜，不吃也不喝(申九 9、18、25，十 10)、稱兩塊「石版」為「約版」(申九 11、15)、為亞倫代求免死(九 20)，雅偉重寫十誡在版上(十 4)等。以此指明以色列民罪孽深重，對比摩西的敬虔代禱。而重點放在毀約與更新，以突顯雅偉赦罪的恩惠。

由於有關金牛犢事件既是擇要記載，又不全按事件發生先後次序，因此引發許多疑問。像尼爾森就以為申命記九章 7 節至十章 11 節是後來插入，有極其複雜的寫作歷史。可是他也承認，經文現存正典形式仍顯示敘述的故事性：約的立定(九 9～11)，約的被毀(九 12～24)，及約的更新(九 25～十 11)。❻

寫作技巧上，雖然本段主要論及金牛犢，但對於牛犢卻盡量模糊以對，不詳加描述。反倒在經文中七次講到第一次賜下的石版(申九 9、10、11、15、17，十 2、3)，又七次講到第二次重鑿的石版(申十 2〔x2〕，3〔x2〕，4，5〔x2〕)，並加上解釋說這是「立約的版」(九 9、11)。以此強調整段的重點是「約的建立、被毀與更新」。

文學上，九章 8 至 29 節，是「交叉平行結構」，又稱作「拱形結構」。首尾講到摩西在山上，且均提到四十晝夜（AA'：8～12、25～29節），其次講到百姓悖逆，惹上帝發怒（BB'：13～14、22～24節），兩次提到山上、牛犢及有火焚燒（CC'：15～17、21節），兩次提到摩西代禱（為百姓及為亞倫，DD'：18、20節），而中心轉捩點（即拱頂）則是摩西內心的表露：他說：「我很害怕」，但雅偉應允他的祈禱（19節）。說明整段重點是摩西的禱告，發揮扭轉乾坤的力量，化解最大的危機。原本以為21節似乎放錯了地方，因為實際應該在摩西為百姓和亞倫代求赦罪之前，但「交叉平行結構」卻反而對此作出更好說明。❼圖示如下：

A　摩西在山上，百姓在山下犯罪（8～12節）
　（四十晝夜）
　B　雅偉對硬著頸項的百姓發怒，要消滅他們（13～14節）
　　C　摩西下山，山上有「火焚燒」，看見金「牛犢」，
　　　怒摔手中石版（15～17節）
　　　D　摩西為百姓代禱（18節）
　　　　X　摩西很害怕，但雅偉應允他祈禱（19節）
　　　D'　摩西為亞倫代禱（20節）
　　C'　摩西用「火焚燒」金「牛犢」，搗成粉末，
　　　撒在山上流下的溪水中（21節）
　B'　百姓在曠野多次悖逆雅偉，惹祂發怒（22～24節）
A'　摩西在山上，為百姓認罪求恩（25～29節）
　（四十晝夜）

分段大綱（九7～29）

一、記得不可忘記（九7～8）

二、摩西領受約版（九9～11）

三、雅偉欲滅以民（九12～14）

四、摩西怒碎約版（九15～17）

其中第五及第七小段未按時間先後次序，而是重點回述補充。

8.2.1 記得不可忘記（九 7～8）

這是本段的標題，引出以下惹上帝發怒的歷史，也是本章的核心，特指金牛犢事件。

7 節，「你要記得，不要忘記」，合併前一章的兩個重要主題（八 2、11、14、18、19）。「自從你出了埃及地的那日，直到你們來到這地方，你們常常悖逆雅偉」。悖逆雅偉不僅是一件一件的罪行，更是一種心理狀態，也是對與雅偉關係的描寫，需要徹底翻轉，從根本解決。正如大衛說：「我是在罪孽裏生的，在我母親懷胎的時候就有了罪」（詩五十一 5）。他不是抱怨母親，也不是討論原罪，而是講自己有生之年，一直在犯罪的狀態中，需要上帝完全的拯救。直到你們來到「這地方」，指伯．毗珥（申三 29），也是以色列民最近悖逆的地方（四 3）。

8 節「在何烈」在句首，是強調用法。特別提到何烈，因為這是以色列人最核心的信仰經歷。但是他們竟然在立約的所在，最應當忠誠守約的地方，就作了最違背聖約的惡事。❽

8.2.2 摩西領受約版（九 9～11）

在此澄清及解釋四件事：

1. **版的性質**（9 節），在出埃及記稱作「石版」，因為是用石頭作成的；它又稱作「法版」或「見證的版」（出三十一 18），以強調版上所寫的誡命。在此加上解釋就是雅偉與你們「立約的版」。

2. **版的權威**（10 節上），因是「上帝用指頭寫成的」（參出三十一 18，三十二 16）。有學者認為上帝的「指頭」是寓意的講法，代表「上帝的同在，創意的權能，參與人間事務」，像出埃及記十災的第三災（出八 19）；耶穌也講到「我若靠著上帝的能力〔直譯：手指〕趕鬼，就是上帝的國臨到你們了」（路十一 20）。❾ 不過也許更好的講法是，這是用擬人化的描述（像上帝的面，上帝的背）。
3. **版的內容**（10 節下），是雅偉在大會的那一天，在山上從火中對你們所說的一切話，就是「十誡」（參出三十四 28：祂把這約的話，就是十誡，寫在版上）。「大會」（*qāhāl*）在申命記用來指以色列民聚集敬拜雅偉（二十三 2～4），在此特指在何烈山的聚集。
4. **版的時間**（11 節），是摩西在山上四十晝夜結束時，雅偉賜給摩西的。換句話說，摩西在山上接受十誡法版的那一天，也同時知道百姓在山下犯罪造金牛犢。

摩西「在山上住了四十晝夜，沒有吃飯，也沒有喝水」（9 節），乃是因他與上帝親密靈交，已然超越了人肉身的需求。對照以色列的長老由摩西帶領上山，看見上帝，他們又吃又喝（出二十四 9～11）。猶太拉比因此把摩西看作像天使一樣，因為他經歷這麼長的時間禁食仍能存活，乃是有上帝的幫助的緣故。❿

8.2.3 雅偉欲滅以民（九 12～14）

本段基本上根據出埃及記三十二章 7 至 10 節，且像該敘述一樣，分為二段，有兩次「雅偉對我說」（九 12、13；參出三十二 7、9）。似乎雅偉第一次講完之後有停頓，可是由於未等到摩西的回應，就由雅偉自己提出解決方案。

12 節「你從埃及領出來的百姓」，別處都說是雅偉自己從埃及領出來的百姓。就像下一節的「這百姓」，都是生疏的講法，雅偉原稱呼以色列民是「我的百姓」（出三 7、10），而下文摩西一再對雅偉說「你的百姓」（26、29 節）。為自己「鑄造偶像」，是較籠統的字眼，下文才交待是鑄成的牛犢（16、21 節）。

14節「你且由著我」，似乎雅偉作事還要摩西准許，至少留給摩西機會代禱。摩西果然不負雅偉的期望，熱切為百姓代求，且得應允。「我要除滅他們，從天下塗去他們的名」，正如以色列人對迦南人和亞瑪力人所作的（七24，二十五19）。「我要使你成為比他們更大更強的國」，在出埃及記三十二章10節用的是上帝給亞伯拉罕的應許，使他的後裔成為「大國」（創十二2），這裏卻採用申命記中用來形容迦南各國的詞彙（七1，九1）。

8.2.4 摩西怒碎約版（九15～17）

15至21節講到摩西的回應。他沒有像出埃及記三十二章那樣詳述下山的細節（包括與約書亞的對話；出三十二15～18），只講到他非話語的行動（轉身下山，見民犯罪，摔碎石版，燒毀牛犢）。至於代禱的內容，就留待以後再說（申九25～29）。

15節「摩西轉身下山」，未像出埃及記三十二章11至14節那樣，記載摩西抓住第一時間為百姓代求，也未提到百姓拜金牛犢歡慶的喧囂（出三十二17～19）。不過在此加上「山上有火燃燒」，連結何烈山立約的景象，也暗示聖潔的上帝對付罪惡（3節）。

在16節，摩西親眼目睹百姓犯罪的光景，確認雅偉對他所說的話。有學者以為「牛犢」或許不是代表雅偉，而是雅偉的基座，看不見的雅偉立在其上。如同至聖所中的基路伯，被視為雅偉的寶座（十1～2；「約櫃」）。史平可（J. M. Sprinkle）則根據出埃及記三十二章4至5節主張牛犢是代表雅偉。⓫ 不過筆者以為這是百姓在埃及時日已久，深受埃及拜金牛犢的影響。故至少犯了十誡第一誡（「不可有別的神」）和第二誡（「不可拜偶像」）。

在米所不達米亞的習俗，把寫有法律文件的泥版打碎，代表該文件失去效力。在此摩西摔碎石版（17節），代表聖約已被毀，關係已破裂。時至今日，撕毀立約的文本，仍然具有相同的意義。

8.2.5 摩西為民代求（九18～20）

摩西為百姓代求，此處只集中在摩西的行動，代禱的內容則留待以後再說明（25～29節）。文學上這三節構成「交叉平行」結構，開頭與結尾講到為百姓及為亞倫代求，中心是表露摩西內心懼怕。圖示如下：

A　摩西為百姓代求（18節）

　X　摩西內心的懼怕（19節）

A'　摩西為亞倫代求（20節）

摩西為百姓代求（18節）。摩西首先澄清，他的代求，不只是為金牛犢事件，而是為了以色列人「所犯的一切罪，做了雅偉眼中看為惡的事」。他「像從前一樣俯伏在雅偉面前」，並第二次講到「四十晝夜，沒有吃飯，也沒有喝水」（參9節）。

摩西內心的懼怕（19節）。摩西沒有講到他發烈怒（出三十二19），也沒有講到他提議為百姓代罪受罰被拒（出三十二32～33），反倒吐露自己內心的懼怕。這是敬虔的懼怕，怕雅偉不肯垂聽。因雅偉大發烈怒，要除滅以色列百姓。「但那一次雅偉又應允了我」，再度說明摩西與雅偉關係密切，交情匪淺（參民十一2，十四13～20，二十一7～9）。⓬

摩西為亞倫代求（20節），摩西澄清亞倫為何沒有死。出埃及記的讀者會問，金牛犢事件，有三千人被殺，可是始作俑者的亞倫為何沒事？摩西在此澄清，就像他為百姓代禱蒙垂聽，他也為亞倫向雅偉禱告。

8.2.6 摩西怒毀牛犢（九21）

本節補充摩西對付犯罪。他把金牛犢用火焚燒，把灰塵丟入山上流下的溪水中，象徵把不潔之物除去（參王下二十三12）。先知也禱告：「你把我們一切的罪投於深海」（彌七19）。這裏沒有提到他叫百姓喝山上流下來的水，像律法規定「叫人喝疑恨之水」（民五11～31），可能因雅偉已經赦免以色列民的罪。

8.2.7 另外悖逆事件（九22～24）

如果單單金牛犢事件還不足以表示以色列民的罪惡的話，摩西又提出另外幾個惹雅偉發怒的事件，說明悖逆乃是以色列民的常態。只提到地名，假設讀者都已熟悉這些典故。

22至23節，首先提到「他備拉」(意思是「焚燒」；民十一1～3)，可能因為本章多次講到「火、焚燒」(3、15、21節)，強調雅偉聖潔如火，燒滅一切罪惡污穢，卑情下品。其次是「瑪撒」(意思是「試探」；出十七1～7)，説明悖逆的性質。第三個是「基博羅·哈他瓦」(意思是「貪慾者的墳墓」；民十一34)，暗示悖逆的結局。值得注意的是，這三處地方均包含成功的代禱。而加低斯·巴尼亞事件，也是由於摩西的代禱而得以化解危機(民十三～十四章；申一19～32)。這都為接下來這一段作好思想預備。

24節「自從我〔摩西〕認識你們的日子以來」，撒瑪利亞五經作「自從他〔雅偉〕認識你們的日子以來」。⑬

8.2.8 摩西代求重點(九25～29)

本段代禱引自出埃及記三十二章11至14節，所提三個理由相同，但次序略異。摩西提到列國會怎樣説雅偉消滅以色列的理由(九28)，則類似民數記十四章13至19節他為百姓的代求。此處未提到雅偉如何回應摩西的代求，與出埃及記三十二至三十四章及民數記十四章不同。但他在此用到一個新字：「代求」(*hitp̱allēl*)，因為他的代求的確產生了功效。

25節，摩西説「因雅偉説要除滅你們，我就在雅偉面前俯伏四十晝夜」。但是接下來26至29節代禱的內容，其實是他起初聽見百姓造金牛犢就立刻向雅偉求情，在此作了補充。

文學上，26至29節是「交叉平行結構」，講到摩西提出三個理由：第一，求上帝注重祂作事的合理性(26節)；第二，求上帝記念祂與列祖所立的約(27節)，以及第三，求上帝注意祂自己的名聲(28節)。最後再重複第一點，説明這是他整個訴求的重點。圖示如下：

A　你的百姓，你的產業，是你用大能救贖，
　　用你強有力的手從埃及領出來的(26節)
　　B　求你記念你的僕人亞伯拉罕、以撒、雅各(正面；27節)
　　B'　免得你領我們出來那地的人説(反面；28節)

A’ 你的百姓，你的產業，是你用大能膀臂領出來的（29 節）

26 節「主雅偉啊！」（*ʾădōnāy* YHWH；三 24），這可能是舊約中人向上帝禱告，所用最親密、最充滿感情的稱呼。特別見於亞伯拉罕（創十五 2、8）及大衞（撒下七 18～22；五次）的禱告。

「求你不要滅絕你的百姓，你的產業」，這是摩西的主要訴求。出埃及記記載金牛犢事件，摩西連續三個懇求：第一次，求上帝勿滅絕（出三十二 11～14）；第二次，求上帝赦罪（出三十二 30～34）；第三次，求上帝同在（出三十三 12～17），且均獲得應允。⓮ 以下是他所提出的理由：

1. **求上帝注重祂作事的合理性**（26 節），摩西用雅偉自己的話，對雅偉說這是「你的百姓，是你的產業……是你……從埃及領出來的」。雅偉既然創始，也要成終。
2. **求上帝記念與列祖所立的約**（27 節），他請雅偉考慮亞伯拉罕、以撒、雅各，因雅偉與他們立永約，應許把迦南地賜給他們。摩西稱呼先祖是雅偉的「僕人」，以突顯他們的忠誠。
3. **求上帝注意祂自己的名聲**（28 節），請上帝考慮埃及人會怎樣議論祂。他們會說「雅偉不能領這百姓進祂所應許之地」（質疑雅偉的權能），「又因恨他們，所以領他們出去，要在曠野殺他們」（誣蔑雅偉的動機）。

摩西最後重複第一個理由，再次求上帝顧念以色列民是雅偉自己的百姓，祂的產業，是祂用大能膀臂領出來的。

8.3 重鑿石版造櫃，遵命前往得地（十 1～11）

申命記十章 1 至 11 節接續前章，繼續講論金牛犢事件，雅偉回應摩西的懇求，帶來「聖約的更新」。

分段大綱(十1～11)

一、新的約版,造櫃存放(十1～5)

二、新的職分,分別事奉(十6～9)

1. 百姓繼續旅程,祭司職分延續(十6～7)
2. 聖別利未支派,專職事奉雅偉(十8～9)

三、新的命令,起來前行(十10～11)

其中第一小段是雅偉給摩西一個人的吩咐,第二小段是雅偉給利未一個支派的吩咐,第三小段則是雅偉給全以色列人的吩咐。

8.3.1 新的約版,造櫃存放(十1～5)

本段主要根據出埃及記三十四章1至4節,但和申命記其他部分一樣屬於講道性質,有些部分強調,另有些部分省略,還有些部分則新加入,是出埃及記所無。本段(1～5節)重點有二:第一,重鑿約版,代表約的更新;第二,造櫃存放,代表約的永恆。1至2節是雅偉吩咐摩西,3至5節是摩西遵命執行,而重點是雅偉也親自在石版上寫下十誡,連結前一次與這一次的石版。

1節「那時」(*bāʿēt hahiwʾ*;另參8節),連結前一段摩西為民代禱(九25～29)。不過這是指金牛犢事件摩西連續三次代禱之後(求上帝不要滅絕,求上帝赦免罪孽,求上帝回來同在;參出三十二11～14、30～32,三十三12～16)。他的代禱蒙上帝應允,雅偉吩咐兩件事,作為更新立約的準備:第一,準備二石版:要與先前一樣;第二,準備一木櫃:好存放二石版。

「你要鑿出兩塊石版」,「版」(*lûḥōt*;複數)在本段出現七次(1、2〔x2〕、3〔x2〕、4、5節),是本段的鑰字。「和先前的一樣」(另參3節),包括質料(兩塊石版,代表不變)、內容(上書十誡,代表立約)、寫者(雅偉自己,代表權威)、受者(摩西上山,代表百姓)、功能(置放櫃中,代表永恆)。「由於先前的石版已被摩西摔碎,象徵聖約已經被毀。現在須另鑿石版,以恢復前約。

又由於此約並非雅偉所毀棄，所以不由雅偉來重鑿石版，而由摩西代表毀約的一方〔以色列民〕重鑿石版。」⑮ 這是聖約的更新，而非另立新約。也給摩押平原新生的一代保證，他們雖也曾偏離主道，但仍可與上帝更新立約，永久有效。

「你也要造一個木櫃」，下文說要把版放在櫃中（2、5 節）。「木櫃」（*ʾărôn ʿēṣ*），即「木箱」，出埃及記更說到櫃的內外都用純金包覆，以反映上帝的榮美。古近東常把重要文件放在櫃中存放，以免受損或遺失。把立約文本存放起來，也是保存證據。⑯

不過由於出埃及記三十四章 1 至 4 節未提到「櫃」，因而引發一個疑問：究竟此處所說「摩西所造的櫃」是否即是會幕中的約櫃？有學者以為在此是摩西自己的櫃，與會幕至聖所的約櫃無關。⑰ 也有人以為是先放在摩西造的櫃中，後來再移至比撒列所造的會幕的約櫃中。但下文 5 節說「現今這版還在那裏」，說明以上二種說法均不合適。批判學者則以為這是反映兩個不同的傳統。但是更大的文本則清楚說明，摩西第一次受命上山領受建造會幕的藍圖，就包括建造約櫃的指示，並要他把「所賜給他的法版放在櫃裏」（出二十五 16）。在此就是指這約櫃，等金牛犢事件結束以後，由比撒列等人完成，放在至聖所中。重造的約版即置入其中，以示神聖。

「約櫃」是會幕中最重要的器具，置於至聖所中。出埃及記有關建造會幕的敘述，以敬拜禮儀為其主題，從西奈山這暫時的聖所轉到會幕這移動的聖所。但一般祭司事奉時不得進入至聖所，大祭司也只有一年一次，在贖罪日才得進入（利十六章）。神學上，至聖所中的約櫃常被視作上帝的腳凳，其上的基路伯也被看作上帝的寶座，雅偉的榮耀在其上彰顯（撒上四 4；撒下六 2 = 代上十三 6；王下十九 15 = 賽三十七 16；耶三 16～17）。約櫃上方的施恩座是雅偉與人相會、啟示的地方（出二十五 22；利十六 2）。這櫃因有十誡的法版置於其中，又稱「法櫃」（出埃及記用了十次）。又因這版代表雅偉與以色列人所立的約（摩西稱為「約版」；申九 9、11），這櫃又稱為「約櫃」（十 8）。符合申命記九至十章「立約、毀約及更新立約的主題」。⑱

2 節「我要把你先前摔碎的版上所寫的字，寫在這版上」（本節是雅偉說，亦參4節摩西的敍述），這裏澄清出埃及記三十四章1、28節，清楚說明是雅偉親自把十誡寫在兩塊石版上，而非摩西。

3節「皂莢木」（*ʿăṣê šiṭṭîm*；「和合」、「新譯」、「新漢語」、「思高」），或作「金合歡木」（「和修」、「環譯」），音譯作「什亭木」，常見於西奈半島。舊約中只用來指建造會幕器具的木料，橘褐色，質堅而輕，可防蟲害。適合作家俱，且易於搬運。LXX譯作 *xulōn asēptōn*（即「不會爛的木頭」）。

4節「他寫」，對比第3節主詞都是「我」（摩西），這裏人稱轉換為「他」，澄清是雅偉親自寫的（雖然沒有提雅偉之名；參2節），再次強調十誡的來源與權威，且與先前所寫的內容一樣。

5節，我轉身下山（參九15），以強調現在開始情況轉變了。

8.3.2 新的職分，分別事奉（十6～9）

本段初看之下似乎與上下文無關，因此許多譯本都把這幾節列入括號中，視為編者所加（「和合」、「和修」），但仔細思想，這正是金牛犢事件的後續發展，說明摩西代禱的功效（「新譯」、「新漢語」）。它又可分為二小段：第一，百姓繼續旅程，祭司職分延續（6～7節）；第二，聖別利未支派，專職事奉雅偉（8～9節）。

8.3.2.1 百姓繼續旅程，祭司職分延續（十6～7）

首先，6節講到以色列人繼續曠野旅程，這原本是九章22至24節的主題，因故耽延，現在因著摩西的代禱，以色列民又可以繼續前往應許之地了。其次，論到亞倫過世及他的兒子以利亞撒接續他的大祭司職分，說明不僅亞倫得以承擔祭司職分四十年，而且代代相傳，這也是摩西代禱的功效（九20）。⑲

本段重複民數記三十三章30至34節，但有些地名則不同。6節提到以色列人從「比羅比尼・亞干」起行，來到「摩西拉」，亞倫死在那裏。按照民數記三十三章31節記載以色列民在曠野行程，是從摩西錄起行，來到比尼・亞干。在此講到「比羅比尼・亞干」（*bəʾērōt bənê-yaʿăqān*；意思是亞干眾子之井〔複數〕)，因為這些井屬於這個以東的宗族(代上一 42；參創世記三十六章 27 節的亞干)，地點不詳。「摩西拉」(*môsērāh*；民三十三 31，複數是摩西錄 *môsērôt*)，地點不詳。

由於民數記記載亞倫死在何珥山，且葬在那裏(民二十 22～29，三十三 38～39)，有學者建議何珥山屬摩西錄山脈，好像尼波山屬於摩押地的亞巴琳山脈(申三十二 49)。⑳

拉熹認為「谷歌大」就是民數記三十三章 32 至 33 節的曷．哈及甲；但是，伊本．以斯拉認為這是兩個不同的地方，他認為「谷歌大」是一個較大的區域，包括撒摩拿、普嫩及阿伯等地(民三十三 41～43)。

7 節所描述的地方，都是以色列民在以旬迦別北部地區安營之地。「約巴他」是有溪水之地，有學者認為是以拉他西南十一里，阿卡巴灣西岸的 *'Ain ṭābah* 及 *eṭ-ṭābah*。這裏水源豐沛，在冬季變成為湖(*ABD* 3:1021)。

重點是亞倫的過世及他兒子以利亞撒接續大祭司的職分，亞倫代表在曠野最終倒斃的那一代，以利亞撒代表新生的一代，要由約書亞帶領進入應許之地。

8.3.2.2 聖別利未支派，專職事奉雅偉(十 8～9)

摩西代禱的功效，更由利未支派得著新的職分來強化，他們的工作有三：第一，扛抬雅偉的約櫃，代表上帝的同在，及上帝與人聯合。平日會幕遷移由哥轄宗族來執行(民四 15)，特別重要時刻則由祭司來扛抬，例如：「過約旦河」(書三 6、17)、「繞耶利哥」(書六 12)。第二，侍立雅偉的面前，事奉雅偉，把人帶到上帝面前敬拜(民三 5～10；代上二十四～二十六章)。第三，奉雅偉的名祝福，把上帝的恩福帶到人羣中(申二十一 5)。五經記載祭司舉手祝福(利九 22)及亞倫大祭司的祝福辭語(民六 22～27)。

利未人像是以色列人獻給雅偉的初熟的果子。原本以色列每家的長子就是祭司，代表全家事奉雅偉(出十三 2)。但因著金牛犢事件，雅偉揀選利未人「代替」以色列各家的長子事奉雅偉(民三 12～13，八 14～19)。本段假定讀者熟悉出埃及記三十二章 25 至 29 節利未人效忠雅偉的故事。申命記一再說利未人沒有產業,而雅偉就是他們的產業(十二12,十四27、29,十八1~2)。

8.3.3 新的命令,起來前行(十10~11)

雅偉的第三個命令是給全以色列民的,要他們進去得應許之地,這是百姓現在面對新形勢的行動。

10節的獨立人稱代名詞「我」置於句首是強調用法,可譯作「至於我」(「新漢語」、「環譯」),表示主題轉換。這裏總結上文摩西的禱告(九18、25),雅偉應允不滅絕百姓,故亦提到摩西「在山上停留了四十晝夜」。

11節「起來,走在百姓前頭,他們要進去佔領那地,就是我向他們先祖發誓要賜給他們的」(「新漢語」)。如同雅偉之前曾吩咐百姓,起來征服約旦河東的亞摩利王西宏和巴珊王噩(二13、24)。但是,摩西自己不能進入應許之地(三23~29)。

8.4 總結與勸勉(十12~十一32)

在文學上,十章12節至十一章32節是一個總結勸勉。十章12至22節是這個總結勸勉的開首段,而十一章1至32節則是這勸勉的內容。十章12至22節以「現在」(*wəʿattāh*)這副詞作開始,說明整段講論達到最高潮,它有如四章1節在第一大段講論中的作用。十一章多次重複前面各章的要點,是承上啟下的一章,一方面摩西對百姓遵守誡命的勸勉在此達到最高潮(五~十一章),另方面也為全書的主體,就是接下來詳細講解律法誡命(十二~二十六章),以及約的祝福詛咒及約的傳承(二十七~三十章),作好思想準備。

摩西三度宣告對百姓的「要求」(1、8、13節),且每個要求之後就有「例證」說明(2~7、9~12、14~17節)。在結論部分,更先重複「示瑪」(18~20節),再重複得地的應許(22~25節),而以約的更新來結束這篇偉大的演講(26~32節)。圖示如下:㉑

要求	例證
1. 愛上帝，遵守祂的誡命（十一 1）	1. 回顧歷史的教訓（十一 2～7）
2. 遵行誡命（十一 8）	2. 對比過去與未來（十一 9～12）
3. 遵行誡命，當愛上帝，事奉祂（十一 13）	3. 前瞻應許的美地（十一 14～17）
結論：「示瑪」、地的應許及約的更新（十一 18～32）	

形式上，本章與四章一樣，雖然從古近東立約的格式來看，內容不夠全面，也不完整，但是對照從五章開始回顧在何烈山「立約」，及全書文學大架構以約的格式來編排，本章的確有立約的各樣要素，並大致按照赫人之「約」的格式來編排，如下所示：

1. 立約宗主（1 節）：雅偉你的上帝
2. 歷史序言（2～7 節）：雅偉的大能作為（出埃及與在曠野）
3. 律例條款（8～25 節）：重複最重要的誡命「示瑪」（六 4～9）
4. 祝福詛咒（26～28 節）：守約蒙福，背約受禍（對應二十八章）
5. 約的更新（29～30 節）：基利心山與以巴路山上的宣告（對應二十七章）

神學上，本章主題是「地」（*ʾereṣ*）。首段回顧歷史，講到「地」裂開口，吞了「大坍、亞比蘭」（6 節）。末段約的更新，鼓勵百姓「進入應許之地，在那地居住」（31 節）。而 10 至 25 節中「地」出現了九次，這些經節本身就成為一個「交叉平行結構」，或稱作「拱形結構」，其中心轉捩點（即拱頂）是 12 節「雅偉的眼目時常看顧之地」。圖示如下：[22]

A　你要進去為業的那「地」（10 節）

　B　本不像你出來的埃及「地」（10 節）

　　C　你要過去得為業的那「地」（11 節上）

　　　D　有山有谷、雨水滋潤之「地」（11 節下）

　　　　X　這是雅偉的眼目時常看顧之「地」（12 節）

　　　D'　祂必按時降秋雨和春雨在你們的「地」上（14 節）

C’ 你們若不信，必在雅偉給你們美「地」上滅亡(17節)

B’ 雅偉向你們列祖起誓應許給他們的「地」(21節)

A’ 雅偉要把你所踏的全「地」給你(25節)

分段大綱(十12~十一32)

一、雅偉的要求(十12~22)

二、回顧歷史的教訓：出埃及與在曠野(十一1~7)

三、對比過去與未來：埃及地與應許地(十一8~12)

四、前瞻應許的美地：秋雨和春雨之福(十一13~17)

1. 正面的應許，按時降雨，五穀豐收，百姓飽足(十一13~15)
2. 負面的警告，天不降雨，地不出產，百姓滅亡(十一16~17)

五、把握今日的機會：「示瑪」和約的更新(十一18~32)

8.4.1 雅偉的要求(十12~22)

摩西講完五章11節至十章11節的長篇論述之後，在此提出一個最重要的問題：「雅偉—你的上帝向你要的是甚麼呢？」(12節上)接下來就是從三個不同角度來回答這個問題。如同上文，其中有不少語句重複。但摩西是在講道，而非寫論文。

1. 三個你要：
   - i. 你要敬畏雅偉，遵行祂一切的道(12節下~13節) 〔外在的行為〕
   - ii. 你要心受割禮，不可再硬著頸項(16節) 〔內心的態度〕
   - iii. 你要敬畏雅偉，且當緊緊跟隨祂(20節) 〔最大的祕訣〕
2. 三個因為(*kî*)：
   - i. 祂之所有，天地都屬雅偉(14節)
   - ii. 祂之所是，超越萬有的神(17節)
   - iii. 祂之所為，大而可畏的事(21節)
3. 三個曾經與現在：

i. 雅偉專愛你的列祖，今日揀選他們的後裔（15 節）

ii. 祂為孤兒寡婦伸冤，你也當愛護寄居者（18～19 節）

iii. 列祖七十人下埃及，現在多如天上的星（22 節）

在 12 至 13 節，摩西像許多優秀講員常用的方式，以一個問題開頭，再提出重要的指引，其形式類似彌迦書六章 8 節。當遵行律法，對人有愛，而語境是與上帝的關係（存謙卑的心與上帝同行）。本段的用語都很熟悉，敬畏雅偉，行在祂的道中，全心愛上帝，敬拜事奉，遵行誡命，必得昌盛。

14 至 15 節把兩個看似截然不同的神學主題連結在一起：「統管萬有的上帝」及「特蒙揀選的國」，就是以色列。這是百姓得拯救脫離埃及，進入應許之地的基礎。這也帶出「揀選」的主題。七章 6 至 11 節曾處理這主題，許多詞彙在此又出現。之後再加上對百姓的勸勉。

「天和天上的天，地和地上所有的」中的「天上的天」（*šəmê haššāmāyim*），是最高級的表達，表示「最高的天」（王上八 27 = 代下六 18；詩一四八 4；尼九 6；*GKC* 133i）。類似「至聖所」的希伯來文「聖中之聖」（*qōdeš haqqŏdāšîm*），雅歌被稱作「歌中之歌」（雅一 1），傳道書宣稱「虛空的虛空」（傳一 2）及下文「萬神之神，萬主之主」（17 節）。㉓ 摩西在此是用「天」和「地」這兩個極端來代表其間所包含的一切（參創世記一章 1 節「起初上帝創造天地」；另參出十九 5；詩二十四 1）。上帝對亞伯拉罕、以撒、雅各的揀選，已經延伸到他們的後代子孫，就是站立在摩押的這一個世代。後來的先知亦引用這片語。

16 節「**你們要心受割禮，不可再硬著頸項**」中的「心要受割禮」（*maltem ʾēt ʿorlat ləbabkem*；「和修」、「新譯」、「新漢語」、「環譯」），直譯「除去你們心的包皮」（「新漢語」附註），或解釋作「將心裏的污穢除掉」「和合」，同樣表達法亦見於三十章 6 節。後來的先知亦引用這片語（賽五十二 1；耶四 4，九 26；結四十四 6～9）及新約保羅的引申（羅二 28～29；西二 11）。這是摩西在申命記初次提到「割禮」，且把肉身的割禮升華到心受割禮，叫人注意內心的遵從與改變。「割禮」是把男性生殖器的包皮除去，舊約中始見於上帝對亞伯拉罕的吩咐，也成為立約的記號（創十七章）。㉔ 有學者正確指出，其實站在摩西面前的這些男丁都未行割禮，要等到他們跟隨約書亞進入應許之地以後，才一起行割禮（書五 4～7）。然而這些人的父祖輩跟隨摩西出埃及，他們的身體上都受過割禮，但是內心卻沒有割禮所代表的信心。相反的，站在摩西面前的這些男丁，雖然他們身體上尚未受割禮，可是摩西指出他們因在巴力．毗珥事件上傾心向上帝，反倒是心受割禮的一羣（申四 4）。

17 至 19 節「萬神之神，萬主之主」，都是最高級的表達（*GKC* 133i），意思是「至高的神」及「至高的王」，後用在詩篇一百三十六篇 2 至 3 節的頌讚中。「萬神之神」（*ʾĕlōhê hāʾĕlōhîm*）不是承認泛神論，而是強調雅偉的超越性，勝過一切神明。雖然其原始用法可能源自多神宗教，但在申命記中則絕非說雅偉是諸神之首（四 35，六 4，三十二 39），而是獨一真神的宣告，無任何神明可以相比較（參但二 47；提前六 15；啟十七 14，十九 16）。「萬主之主」（*ʾădōnê hāʾădōnîm*）類似「萬王之王」，常用於古近東諸王，說他們遠超越其他的君王。亦見以西結書二十六章 7 節，及以斯拉記七章 12 節，巴比倫尼布甲尼撒王及亞達薛西王的自稱。尼西亞信經稱耶穌是「神中之神，光中之光，真神之真神」。

祂是最偉大，最有權能，最可畏的上帝。「至大」（*haggādōl*），古近東常用「大王」稱呼君王或自稱（王下十八 28；拉五 11；詩一三六 17），詩篇將之用於雅偉（詩四十八 2）。「大能」（*haggibbōr*），原本用於戰士，舊約有幾次用來講雅偉，說祂是戰士（出十五 3；詩二十四 8；賽四十二 13）。「可畏」（*hannôrāʾ*），原意是「讓人感到害怕」。「大而可畏」，在七章 21 節已有說明，在此更加擴大，指心中敬畏上帝，藉遵行律法及愛神愛人表現出來。同樣表達亦出現在尼希米記九章 32 節。

若問為何在此講到上帝「不以貌取人，不接受賄賂」？因這原本是對審判官的要求。在古近東像中國古代一樣，行政權與司法權常不分，像士師（原意是「審判官」）亦兼領導的責任。以色列雖設審判官（參出十八 25～26；申十七 9），但君王常是最終審判（像所羅門王：王上三 16～28）。而且，君王的職責就是為弱勢者伸冤，最有名的例子就是《漢模拉比法典》的序言（*ANET*

163～180, 164～165）。亦見於大衛君王的詩篇（詩七十二篇，一四六 7～10）。但在這裏卻是雅偉親自來行公義審判，為人伸冤，因祂是至高的君王，如此也把祂的至高權能與社會關懷連結起來。「不受賄賂」，指不會因獻上金錢就可收買。論及雅偉，當然還可加上其他的獻祭禮物（撒上十五 22；彌六 6～8；耶七 21～23；詩四十 6）。

18 節提到「為孤兒寡婦伸冤，愛護寄居的，賜給他們衣食」，這是申命記中在此首次提到的。「孤兒」（*yātôm*）特指無父無母的全孤。「寡婦」（*ʾalmānāh*）指不僅喪偶，且家中無任何男性來照顧其權益的婦女。古近東法典雖也顧念孤兒及寡婦，但只有聖經把照顧「寄居者」提升到這麼高的地位。㉕

18 至 19 節似乎衡了 15 節「雅偉專愛你們的列祖」，在此祂也顧念外來寄居者（非以色列民），說明 17 節，祂不偏袒任何一方，而是都公平對待。而且把出埃及記二十二章 21 節「不可欺壓」寄居者，更提升到要「愛護」寄居者（參利十九 18「愛人如己」）。以色列民曾在埃及作過寄居者，亦當善待他們中間的外來寄居者。㉖

雅偉一向關懷社會中的弱勢羣體，祂是貧窮人的上帝。他們若向雅偉呼求，祂就回應他們的禱告（出二十二 23～24；詩十 14、18，六十八 5，一四六 9；何十四 3）。雅偉主動尋求公義，為以色列人謀福，以色列民也當如此待社會中有需要的人。這也是申命記一再重複的主題：包括借給貧窮人（申十五 7～11），不可扣留抵押品過夜（二十四 12～13），當按時給貧窮人工資（二十四 14～15），寄居者、孤兒、寡婦都當得著公正對待（一 16～17，二十四 17），且得著第三年的獻十一（十四 28～29），以及分享豐收（十六 11、14，二十四 19～21）。若有誰不公正地對待孤兒、寡婦、寄居者，就要受詛咒，百姓且要同聲回答「阿們」（二十七 19）。

20 節重複了 12 節的命令，且與六章 13 節幾乎相同，只是加上「當緊緊跟隨祂」。動詞「緊緊跟隨」（*dābaq*；「和修」），有譯作「專靠」「和合」、「倚靠」（「新譯」）或「緊緊倚靠」（「新漢語」）。後來摩西常用（十一 22，十三 4，三十 20）。這字代表「忠誠及敬愛」，如同摩押女子路得緊緊跟隨拿俄米（得一 14），猶大百姓緊緊跟隨大衛王（撒下二十 2）。

8.4.2 回顧歷史的教訓：出埃及與在曠野（十一 1～7）

1 節，「你要愛雅偉你的上帝」，取自十章 12 節，在此成為重點。而以單數的「你」代表所有以色列民，又像申六章 5 節。「吩咐」（*mišmeret*），是動詞字根 *šāmar*（「遵守」）的同源語受詞，此表達法在申命記中只出現在此處，指雅偉一般性的命令（參創二十六 5；書二十二 3；王上二 3）。

2 至 7 節回顧歷史的教訓，作為對未來勸勉的基礎。又可分為出埃及（2～4 節）與在曠野（5～6 節）二個段落。二者都是雅偉顯大能神蹟，吞滅敵擋上帝的仇敵。前者是勝過以色列外部的敵人，以海水復合淹沒埃及軍隊。後者是刑罰以色列內部的敵人，地裂開口吞滅呂便支派的大坍、亞比蘭。在申命記中這兩件事都只在這裏提到。一再重複的動詞「對待」（*ʿāśāʰ*；3、4、5、6 節），原意是「行、做」，在本段更可譯作「對付」。

文學上，本段是一個「交叉平行結構」，又稱「拱形結構」，前半段講出埃及經歷，著重時間（「直到今日」，4 節）；後半段講在曠野經歷，著重空間（「直到你們來到這地方」；5 節）。圖示如下：

A　你們的兒女，他們不知道，也沒有見過（2 節）

　B　祂「對待」（*ʿāśāʰ*）埃及王法老和埃及軍隊，
　　海水淹沒他們，消滅了他們（3～4 節）

　　C　直到今日（*ʿad hayyôm hazzeʰ*；4 節）

　　C’　直到這地方（*ʿad hammāqôm hazzeʰ*；5 節）

　B’　祂「對待」（*ʿāśāʰ*）呂便子孫
　　地開了裂口，吞滅了他們（6 節）

A’　惟有你們親眼見過（7 節）

2 節是對比現在站在摩押平原的這一代與他們的兒女，進一步顯示修辭上與五章 1 至 3 節的聯結，那裏是對比在摩押的這一代與他們的父母（參一 34～40）。「管教」（*mûsār*；「和合」、「和修」、「新譯」、「環譯」；另參四 36，八 5，二十一 18，二十二 18），或譯作「教導」（「新漢語」），不全是消極負面的（大坍、亞比蘭事件），也有積極正面的含義（出埃及的拯救）。上帝的作為都有教育的意義，不論恩惠的作為或是審判刑罰。

3 節「他在埃及向埃及王法老和其全地所行的神蹟奇事」，指十災。申命記與出埃及記一樣，稱呼法老是「埃及的王」（對比雅偉是全地的大君王），也不記載法老的名，這符合埃及當時的習俗（但較晚期的經文都記載法老之名，（埃及王示撒，參王上十四 25；埃及王尼哥，代下三十五 20）。㉗

4 節「用紅海的水淹沒他們」中的「紅海」原文是「蘆葦海」（*yam-sûp*），可能指大苦湖，因為蘆葦不能生長在海中。但中譯受 LXX 以來的傳統影響，一般都用「紅海」（「和合」、「和修」、「新譯」、「新漢語」）。㉘ 有關以色列走乾地過大海，雅偉用海水淹沒埃及的追兵，詳見出埃及記十四章敍述及十五章的詩歌，亦見詠史詩（詩七十八 53，一〇六 8～11，一三六 11；另參尼九 11）。「直到今日」意思是四十年過去了，埃及在紅海中淹沒的軍隊、馬匹、戰車，仍無法得著替補，元氣大傷。本節讓聽眾再思他們親眼見過的勝利，仍歷歷在目。

6 節提及「大坍、亞比蘭」事件，亦記載於民數記十六章。他們挑戰摩西的領導權，雅偉使地開了裂口，吞滅了他們及與他們站在一起的活物。本節有兩個問題需要解決：第一，未提到可拉。傳統中例如中世紀猶太拉熹拉比的講法是，摩西如此作以顧到可拉後裔的感覺，他們沒有參與背叛也沒有遭滅亡（民二十六 11；參詩一〇六 17）。而批判學者則認為民數記十六章有二故事來源，第一個是以呂便支派的「大坍、亞比蘭」為首，另一個是以利未支派的可拉為首。在申命記編寫時，這兩個故事來源尚未合併。故此申命記此段只記載大坍、亞比蘭（耶底本 J），而未提可拉（祭底本P）。㉙ 但麥康維認為是因申命記一貫不區分利未祭司，在此也以大坍、亞比蘭代表所有背叛的人。第二，「與他們站在一起的活物」，直譯：「和他們腳邊的一切活物」（「新漢語」），或「以及跟他們在一起所有活著的」（「和合」、「和修」、「新譯」、「環譯」），可以指所有屬於他們的牲口（NIV、RSV），或他們的家眷（伊本以斯拉；NRSV）。但由於「在他們腳邊的」（*bəraḡlêhem*），意思是「跟隨他們的人」（參出十一 8；撒上二十五 27），在此應指跟隨可拉的二百五十人。㉚ 他們不是下到深海中，而是一起下到地的深處。

8.4.3 對比過去與未來:埃及地與應許地(十一 8～12)

本段開始集中講到「地」的主題,這是申命記中最詳盡闡釋有關地的神學,並特別由供水的觀念來談論地。埃及整個農耕系統都要仰賴尼羅河水灌溉,相反的未來的以色列地卻倚靠雅偉按時候從天下降下雨水。要完全信靠上帝的供應,而非人的技能。

8 至 9 節的內容像四章 40 節。以色列民遵守摩西吩咐的一切誡命,「可以進去得你們所要得的那地」(8 節),並在那地上得以長久(9 節)。8 節首次出現「使你們剛強」,後來摩西一再用到:勉勵百姓面對迦南人要剛強(三十一 6),勉勵約書亞要剛強(三十一 7、23;參書一 6、7、9、18,二十三 6)。雅偉無條件賜福給列祖,應許給他們及他們的後裔流奶與蜜之地。但又要求以色列民順服律法,好進入應許之地。如此也平衡了上帝的賜福與人的努力。應許與恩典、遵命與順服在此交織在一起,好像手心與手背,硬幣的兩面。

10 至 12 節指出,可能由於「大坍、亞比蘭」宣稱埃及才是流奶與蜜之地(民十六 13),因此摩西特別對比埃及與應許之地。㉛

10 節指出,埃及很少下雨,惟一的水源就是尼羅河。尼羅河的源頭在依索匹亞的塔納湖(藍尼羅河)及烏干達的維多利亞湖(白尼羅河),二者在蘇丹的喀土穆會合,向北流經埃及注入地中海,全長約 6,700 公里,是全世界最長的河流。在古代,當春天雪融化及下雨,造成尼羅河泛濫,河水流入運河及水塘,再灌溉田地。等到水位下降,水位低於田地,就需要靠勞力把水引入田間。「要用腳澆灌」(「和合」、「和修」、「新譯」、「新漢語」、「環譯」、「思高」),引發許多討論。各種建議包括用腳操控器械,或用腳來開啟或關閉田間水閘,或步行擔水到田間,難以定論。埃及人也曉得他們與別處的人不同灌溉方式,他們稱下雨是天上的尼羅河水降下:

因你(日神)在天上設尼羅(河),
它可降在(外國),波浪降在山上,
就像蔚藍大海,
澆灌他們城中田地。

在 11 節指出，相反的，**應許之地**在地理和氣候方面，與埃及差異很大。迦南地有山有谷，而約旦河在海平面以下 200 至 400 米，無法取約旦河的水來灌溉，純粹要靠天降雨露霜雪來滋潤大地。這也說明以色列要更多倚靠雅偉的供應。

12 節「雅偉你上帝所**眷顧之地**」，動詞「眷顧」(*dāraš*) 一般多譯作「尋找、尋求、探聽、求問、調查、追究」(參四 29，十二 30，十三 14，十七 4、9，十九 18，二十二 2，二十三 6、21)，但在有些地方亦可譯作「眷顧」(伯三 4；詩一四二 4；賽六十二 12；耶三十 14、17)。在此是雅偉主動尋找，為要賜福。

「從歲首至年終」背後有強力批判豐饒之神的思想。古近東神話(特別是兩河流域的巴比倫及迦南地的烏加列)，都有掌管豐饒之神下陰間說法(巴比倫的搭模斯與迦南的巴力)。那時雨季結束，旱季開始，大地落入主管乾旱的神明手中(巴比倫的內加爾與烏加列的模特)。直到搭模斯或巴力復活返回，才又開始降雨，以此說明一年四季循環。但雅偉不像巴力，不論是播種或收成，夏天或是冬天，祂從不離開，從不打盹，晝夜眷顧這地(創八 22；利二十六 3～6、9)。㉜

8.4.4 前瞻應許的美地：秋雨和春雨之福 (十一 13～17)

本段繼續前一段的思想，以上帝賜下秋雨和春雨之福，進一步說明遵命蒙福，違命遭禍。又可分為二小段：第一，正面的應許：按時降雨，五穀豐收，百姓飽足(13～15 節)；第二，負面的警告：天不降雨，地不出產，百姓滅亡(16～17 節)。

8.4.4.1 正面的應許，按時降雨，五穀豐收，百姓飽足 (十一 13～15)

本段先講到蒙福之路，條件是遵守誡命、敬愛真神(約愛委身)、盡心事奉(聖約回應)，結果則是天必按時降雨水，有秋雨及春雨，地產五穀、新酒和新油，六畜興旺，人得飽足。

13 節的功能類似 1、8 節，同樣要求百姓遵守誡命，敬愛雅偉，盡心事奉。「你們若……我就必」，此種條件句在申命記中屢見不鮮，説明接下來賜福的條件。

14 至 15 節先是籠統的講：「我必按時降下雨水」，然後更精確的解釋「就是秋雨和春雨」。「我必按時降下雨水」（「和修」、「新漢語」），摩西的演講卻突然轉為雅偉自己説（用「我」而不是用「祂」），在申命記中多次出現（七 4，十七 3，二十九 5～6）。撒瑪利亞五經、LXX、及其他古譯本改為「他」（「和合」、「新譯」）。

「秋雨」（*yôreh*），直譯「早雨」或「初冬的雨」（「環譯」），約在每年十月至十一月開始間歇降下，使地軟和，適合播種（參耶十四 4），但主要在十二月至次年二月間降下，約佔全年降雨量的百分之七十。「春雨」（*malqôš*），直譯「晚雨」或「晚冬的雨」（「環譯」）則在三月下旬至五月初降下，正是農作物開始成熟時，雨量較小。春雨不降仍有收成，但若降雨則可帶來豐收，為農家所喜（耶五 24；何六 3；珥二 23；亞十 1）。

「五穀、新酒和新油」是迦南地主要農作物（珥二 24），且大致按照收成的時間先後次序。先是五月間收取大麥，接著是收割小麥，等到九月收完葡萄（釀酒）及橄欖（榨油），就完成全年的收成，準備收藏過冬（參得二 23）。

8.4.4.2 負面的警告，天不降雨，地不出產，百姓滅亡（十一 16～17）

接著講到詛咒之路（16～17 節），警戒百姓，切莫心受誘惑，去拜別神（背約罪行）。否則結果必然是天不降雨，地不出產，百姓滅亡（背約詛咒）。

16 節連續出現四個動詞講到悖逆之罪：「心受誘惑，轉去，事奉別神，敬拜他們」，從內心迷惑到付諸行動，公開參與異教的敬拜禮儀。「誘惑」（*yipteh*；「和修」、「新漢語」）或作「迷惑」（「和合」、「新譯」、「呂譯」、「思高」），指「心思愚昧，易受迷惑」（伯五 2，三十一 27；何七 11）。「別神」，特別指迦南人所拜的巴力，當地人以為是掌管風調雨順，使地生五穀、人畜繁衍的神明。

17節指出悖逆的結果，帶來乾旱饑荒，天變成銅，地成為鐵（二十八23；利二十六19）。古近東一向以為天不降雨，農作歉收，人遭饑荒，是極大的災禍詛咒，常出現在條約文本中。埃及也有乾旱，例如：約瑟的故事（創四十一54），埃及人歸因於神明降罰。例如：藍塞二世時有文件說：「我們的主宰特對我們發怒，以致天不降雨給我們。」[33]

巴勒斯坦也曾有饑荒，例如：列祖的故事（創十二，二十，二十六，四十二章），拿俄米和以利米勒的故事（得一1），而舊約最有名的是在亞哈王時代，以利亞先知宣告：三年之久，天不降雨，地將乾旱。即或巴力先知求告他們的神明，也沒有雨水降下。直到以利亞求告雅偉，天才降下透雨（王上十七～十九章）。

8.4.5 把握今日的機會：「示瑪」和約的更新（十一18～32）

摩西的勸勉來到最後也是最莊嚴的階段，其內容有三方面：第一，重複最大的誡命：「示瑪」（18～21節）；第二，複述最大的應許：「得地的範圍」（22～25節）；第三，預告最大的禮儀：「祝福與詛咒」（26～32節）。使本段自然分為三小段。

第一，最大的誡命：「示瑪」（18～21節）

摩西以重複「示瑪」（六6～9）來開始最後的勸勉，只有小部分文字略有不同。特別是原本是單數的「以色列啊，你要聽」（六4），現在改用複數的「你們」，讓所有的以色列民都一同擔負責任。六章7節用較罕用的動詞「殷勤教導」（*wəšinnantām*），在此則改用較常用的「教導」（*limmadtem*；Piel加強形）。

第二，最大的應許：「得地的範圍」（22～25節）

22節用「遵行祂一切的道，緊緊跟隨祂」，來說明「愛雅偉你的上帝」的具體行動。接著摩西在此重複有關征服迦南地的兩個主要應許：

1. 祂要趕出當地比以色列更人多勢眾的迦南人，比他們更大更強的國家（23節，參四38，九1）。動詞「趕出」（*hôrîš*；*Hiphil* 使役形）是指軍事行動，且是雅偉親自來作。
2. 應許之地的範圍（24節）。在此先加上新的要素：「凡你們腳掌所踏之地都必歸於你們」，在當時行走在所得著的土地上，表示宣告產業的合法主權（創十三17；書十四9）。應許之地的範圍，從以色列南部南地（Negev）的曠野到北邊的腓尼基海岸與黎巴嫩山脈間的陸地（即現代的黎巴嫩），從東北邊的幼發拉底河西北部（今日敘利亞北部）到西邊的地中海（三十四2；亞十四8；珥二20）。如此連結申命記卷首（一7；包括黎巴嫩、直到幼發拉底河）及卷尾（三十四1～3）的重要主題，標誌第一大段（一～十一章）到此結束。這是上帝應許給亞伯拉罕（創十五18）及摩西（出二十三31）之地。但顯然不包括約旦河東之地（民三十四章）。以西結先知的異象也以約旦河為應許之地東邊的界限。約書亞記一章4節有這樣記述：「從曠野和這黎巴嫩，直到大河，就是幼發拉底河，赫人的全地，又到大海日落的方向，都作你們的疆土。」這樣的版圖即使在大衛和所羅門的全盛時期也未曾達到過（撒下八1～14；王上四21～24）。

第三，最大的禮儀：「約的更新」，祝福與詛咒（26～32節）

26節，命令語氣的「看」（*rəʾēʰ*），標誌新的段落，主題也轉為「祝福與詛咒」。尤其重要的是，整個視野已從約旦河東的摩押地，轉到約旦河西岸的應許之地。摩西在此大膽宣告，以色列民已經來到曠野旅程的終點，就要進入應許之地了。

文學上，本章26至32節對應二十六章16節至二十八章，加上中間的主體「律法的解說」（十二～二十六章），正好形成「交叉平行結構」，或稱作「拱形結構」，拱頂就是律法的講解。圖示如下：[34]

A　在摩押宣告祝福與詛咒（十一26～28）

　B　基利心山與以巴路山（十一29～30）[35]

　　C　呼籲百姓順服誡命（十一31～32）

X 律法的講解（十二～二十六章）

C’ 呼籲百姓順服誡命（二十六 16～19）

B’ 基利心山與以巴路山（二十七 1～8，11～26）

A’ 在摩押宣告祝福與詛咒（二十八章）

27 至 28 節是蒙祝福或受詛咒，端看以色列民是否遵行雅偉的命令而定。祝福包含得地業、得長久、得平安。而詛咒包含受懲罰、被逐出、遭滅亡。

29 至 30 節論到聖約（更新）的禮儀，時間拉到未來，以色列民進入應許之地以後，他們要在基利心山及以巴路山宣告祝福及詛咒（詳細內容可參二十七 11～13；書八 30～35）。

這兩座山在約旦河西岸，在示劍的「摩利橡樹」那裏（創十二 6，三十五 4〔均稱之為橡樹〕；書二十四 25～26；士九 6）。㊱ 示劍，即今日的納布盧斯（Nablus），南邊是基利心山，北邊是以巴路山。示劍位於二山之間的山谷，在耶路撒冷以北 49 公里，開車則要 63 公里。基利心山海拔 881 米，以巴路山海拔 940 米。二山均比山谷地高出約三百米。

之所以選在這裏，可能因為是亞伯拉罕來到應許之地，初次築壇的地方（創十二 6～7）。也是雅各在應許之地所買的第一筆產業（創三十三 18～20），他也在此為向他顯現的上帝築壇獻祭（創三十五 1～4）。後來百姓多次在此聚集（書二十四 1；士九 1；王上十二 1、25），約瑟骸骨也埋葬於此（書二十四 32）。

在 30 節，摩西惟恐以色列百姓不明白，再次清楚說明地點：第一，「在約旦河那邊」，這是從摩押地的觀點來看；第二，在「日落的方向」，指從吉甲朝西往伯特利的方向；第三，靠近摩利（橡）樹，這是在示劍（創十二 6）。這是最清楚的標誌，說明其與亞伯拉罕的關聯。這裏講到吉甲，就是在耶利哥附近有阿拉伯的吉甲，有迦南人居住。從這裏有朝西的道路通往示劍。

信仰反省

「聖戰」常被視作正義之國征伐邪惡之國，像中國古時講弔民伐罪，天主教講公義之戰，或伊斯蘭的吉哈德。沒錯，迦南居民的確邪惡，也要因此受罰（十二31，十八12；參王上十四24，二十一26；王下十七11等）。但是，以色列本身卻不是正義的。雅偉固然曾為以色列民爭戰，拯救他們脫離埃及奴役。但若他們悖逆行惡，祂卻要向選民宣戰，甚至使用邪惡之國（亞述和巴比倫）來作為刑罰以色列民的杖。這使先知大惑不解，特別是以賽亞與哈巴谷，甚至向神抗議。後來先知告訴百姓，當這些國家完成了他們的使命，他們也要因自己的罪惡受罰（賽十章；哈二章；參申三十二19～22）。上帝的原則未曾改變，任何國家都要因他自己的罪惡受罰，不管是以色列還是別的國家。以除淨罪惡，彰顯上帝的聖潔與榮耀。

溫習及思考問題

1. 摩西為何花這麼大篇幅講述金牛犢事件？原因何在？
2. 金牛犢事件中摩西有何關鍵角色？這給今日信徒有何啟發？
3. 今日教會信徒當怎樣重視歷史？包括聖經中的歷史及一般的歷史和個人的歷史。
4. 金牛犢事件中，始作俑者亞倫為何沒有死？摩西怎麼說？
5. 試比較埃及與應許之地的灌溉方式。
6. 摩西為何在結語中重述「示瑪」?

短註

❶ 布洛克正確指出，摩西在此回顧過去，「爭論演說」成為後世眾先知傳信息常用的格式，以糾正錯誤思想。典型的先知信息格式是：引言，引用當時流行語句，指出錯謬，提出正解。參布洛克：《申命記》卷上，頁272。關於先知書的爭論演說，可參 A. Graffy, *A Prophet Confronts His People: The Disputation Speech in the Prophets* (Analecta biblica

104; Rome: Biblical Institute Press, 1984)；Daniel 1. Block, *The Book of Ezekiel, Chapters* 1 ～ 24 (NICOT; Grand Rapids, MI: Eerdmans, 1997), 329～340。

❷ 參考自 N. Lohfink, "ישר," *TDOT*, 6:371。

❸ 參考狄凱（JPS），頁 97。

❹ 參考自懷斐德（AB），頁 407。

❺ 有關出埃及記中金牛犢事件，詳細討論見賴建國：《出埃及記》卷下，頁 422～505。

❻ 參考自尼爾森（OTL），頁 118～121。

❼ 修改自克里斯田森（WBC 6A），頁 186。

❽ 參考自克里斯田森（WBC 6A），頁 178。

❾ 魯斌引用 Gerald A. Klingbeil, "The *Finger* of God in the Old Testament," *ZAW* 112 (2000): 409 ～ 415。參魯斌，頁 366。

❿ 參自狄凱（JPS），頁 99。

⓫ J. M. Sprinkle, "Law and Narrative in Exodus 19~24," *JETS* 47 (2004): 235～252, esp. 248.

⓬ 參自德萊維（ICC），頁 115。

⓭ 參自麥康維（AOTC），頁 175、177。

⓮ 參自賴建國：《出埃及記》卷下，頁 438～446，457～460，480～484。

⓯ 參自賴建國：《出埃及記》卷下，頁 494。

⓰ 參自狄凱（JPS），頁 104～105。

⓱ 參自布洛克：《申命記》卷上，頁 293。

⓲ 馮拉德和懷斐德（部分根據第 5 節）以為申命記中的約櫃，只是存放約版的箱子。有別於出埃及記講到約櫃放在至聖所中，注重其禮儀敬拜方面的功能。尼爾森認為，申命記

記載約櫃只是一個「除神話化」的櫃子，保存國家的檔案（三十一9、25～26；王上八9）。參考尼爾森（OTL），頁127。這都是故意忽略申命記九至十章是以「約的更新」為主題。優秀的講員每次講論都有一個重點，不會一股腦的把所有的資訊都搬出來。

⑲ 參考伍愛德（TOTC），頁169。但是狄凱認為「亞倫雖然四十年之後才過世，在此提到他的死亡，說明他在造金牛犢的事情上，仍未得著完全的赦免。」此說或許是太苛刻了。參狄凱（JPS），頁105。

⑳ F.-M. Abel, *Géographie de la Palestine*, vol. 1 (Paris: Librairie Lecoffre, 1933), 387；引自魯斌，頁384。

㉑ 修訂自克萊基（NICOT），頁207～208。

㉒ 參自克里斯田森（WBC 6A），頁211。

㉓ 參自謝挺：《雅歌——情牽永約》（明道研經叢書；香港：明道出版社，2016），頁166。

㉔ 割禮在古近東不是用作種族的記號，因為以色列周圍的埃及、以東、亞捫、摩押也都有行割禮。而「未受割禮的」這輕蔑的稱呼只用在非利士人身上（撒上十七26、36）。最近討論可參 Avraham Faust, "The Bible, Archaeology, and the Practice of Circumcision in Israelite and Philistine Societies," *JBL* 134 (2015): 273～290。他認為非利士人只有在以色列王朝成立之前才未受割禮，後來的經文則未再如此稱呼他們。

㉕ 賴建國：《出埃及記》卷下，頁151～161。最近對申命記中「寄居者」（*gēr*）的最詳細研究，參 Mark A. Awabdy, *Immigrants and Innovative Law: Deuteronomy's Theological and Social Vision for the* גר (FAT II, 67; Tübingen: Mohr Siebeck, 2014)。

㉖ 伍愛德（TOTC），頁174。

㉗ 有關埃及的「法老」稱呼，詳細討論見賴建國：《出埃及記》卷上，頁

70～71。

㉘ 有關「蘆葦海」，詳細討論見賴建國：《出埃及記》卷上，頁 18～19。

㉙ 參懷斐德（AB），頁 444；狄凱（JPS），頁；尼爾森（OTL），頁 138。

㉚ 參魯斌，頁 400。

㉛ 參克萊基（NICOT），頁 210。

㉜ 參布洛克：《申命記》卷上，頁 320。

㉝ 參 *ANET* 257；引自魯斌，頁 406。

㉞ 修訂自伍愛德（TOTC），頁 181；類似的文學結構分析，參克萊基（NICOT），頁 212。

㉟ 有關十一章 29 節與二十七章 12 節均提到基利心山，且二者共同形成十二至二十六章律法闡釋之開頭與結尾的框架，最近的討論可參考 Detlef Jericke, "Der Berg Garizim im Deuteronomium," *ZAW* 124 (2012): 213～228。他也注意到二十七章 4 節撒瑪利亞五經（用基利心山）與MT（用以巴路山）之間的差異，反映二個不同信仰羣體之神學差異。

㊱ 勿把這「摩利橡樹」與「幔利橡樹」搞混了，後者也與亞伯拉罕有關，但是在耶路撒冷南邊的希伯崙（創十三 18，十四 13，十八 1）。

第三篇
敬拜禮儀規定
（十二 1～十六 17）

摩西在前面各章已經「回顧歷史」（一～三章），闡釋何烈「頒佈誡命」（五章），對百姓「剴切勸勉」（四章，六～十一章）。現在重頭戲「律例典章」（十二～二十六章）正式開始了，首先是連續五章講到有關敬拜禮儀的規定。❶ 摩西是優秀的牧者和教師，深知信仰羣體首要的事項就是建立敬拜，因為對上帝全然委身，從敬拜開始。這敬拜可以分為六種方式作表達：

1.	雅偉立名居所（十二 1～32）	敬拜的地點
2.	不可敬拜別神（十三 1～18）	敬拜的對象
3.	潔淨與不潔淨（十四 1～21）	敬拜的子民
4.	獻上十分之一（十四 22～29）	敬拜的獻禮
5.	豁免年與釋奴（十五 1～23）	敬拜的精神
6.	每年三次守節（十六 1～17）	敬拜的時間

第九章

建立聖所，勿拜別神（十二1～十三18）

- 敬拜的地點——雅偉立名居所
- 敬拜的對象——不可敬拜別神

這一章提及的，是六種敬拜方式的首兩項，就是：敬拜的地點——雅偉立名居所（十二 1～32），以及敬拜的對象——不可敬拜別神（十三 1～18）。

9.1 敬拜的地點——雅偉立名居所（十二 1～32）

申命記十二章與前一章關係緊密，顯示文脈的連續性，這可從十一章 31 至 32 節與十二章 1 節相同的遣詞用字看出。這三節經文在文學上且形成「交叉平行結構」，又稱作「拱形結構」，兩次講到「雅偉所賜為業之地」（BB'），兩次講到「你們要謹守遵行」（CC'），而中心兩次講到「律例典章」（DD'），更說明其要旨。圖示如下：❷

A　當你們過約旦河（十一 31）

B　進去得雅偉你們的上帝所「賜」（*nōtēn*）你們為業之「地」（*ʾereṣ*）（十一 31）

C　「你們要謹守遵行」（*ûšəmartem laʿăśôt*；十一 32）

D　「一切律例典章」（*ʾēt kol haḥuqqîm wəʾet hammišpāṭîm*；十一 32）

D'「這些律例典章」（*ʾēlleʰ haḥuqqîm wəhammišpāṭîm*；十二 1）

C'「你們要謹守遵行」（*tišmərûn laʿăśôt*；十二 1）

B' 雅偉你列祖的上帝所賜（*nātan*）你為業之地（*ʾereṣ*）（十二 1）

A' 你們活在這地上的日子（十二 1）

主題上，本章與申命記七章有許多相同的地方，論到誡命的積極面——建立正確的敬拜：要在雅偉所揀選的地方，設祂立名的居所，獻上各種祭物，按所吩咐的方式敬拜。以及消極面——除滅迦南人的敬拜，毀壞他們眾神明的地方，除去他們的名，不可按他們的方式去事奉。因此六次重複「在雅偉所選擇的地方」（5、11、14、18、21、26 節），以及跟著這主題的「帶來，吃，歡樂」等字詞。可歸納如下：❸

命令除滅迦南人民與宗教（十二 1～4）	吩咐除滅迦南諸國與宗教（七 1～5）
以色列要在上帝所選擇的地點敬拜祂，以示其聖潔（十二 5～12）	上帝揀選以色列作聖潔的百姓（七 6～11）
聖潔必然得享地的豐盛，自由宰牲吃肉（十二 13～28）	聖潔必然得享地的豐盛（七 12～16）
警告勿落入迦南異教網羅（十二 29～32）	警告勿落入異教網羅（七 17～26）

文學上，本章在遣詞用字層面（verbal level）、敘事次序層面（narration sequence level）及觀念神學層面（concept level）上，前後輝映，形成「交叉平行結構」，又稱「拱形結構」，顯示是一個完整的文學單位。頭尾都講到當遵行律例典章（AA'；1、32 節），當按雅偉所定規的方式敬拜，並禁止行異教禮儀（BB'；2～7、29～31 節）。又提醒百姓不可自行其是，反倒要按雅偉所看為正的去行（CC'；8、28 節），兩次講到要把十一奉獻及獻祭禮物帶到中央聖所（DD'；10～12、23～27 節），兩次區別為獻祭和非獻祭的宰殺動物（EE'；13～16、20～22 節）。而中心轉捩點（即拱頂）則是本章重點：要在雅偉所揀選的地點獻祭及十一奉獻（17～19 節）。圖示如下：❹

A　開始摘要：當謹守遵行的律例典章（1 節）
　B　當除去異教神壇，而在雅偉所揀選之地敬拜（2～7 節）
　　C　不可按各人眼中看為正的去行（8 節）
　　　D　當把祭物和十一奉獻帶到雅偉選擇立名的居所（10～12 節）
　　　　E　區別獻祭與宰殺非獻祭的動物（13～16 節）
　　　　　X　十一奉獻及只可在所揀選的地方獻祭（17～19 節）
　　　　E'　允許在各城中宰殺非獻祭的動物（20～22 節）
　　　D'　當把祭物和十一奉獻帶到雅偉選擇的地方（23～27 節）
　　C'　當照雅偉所看為好為正的事去行（28 節）
　B'　禁行異教禮儀（29～31 節）
A'　結尾摘要：當謹守遵行雅偉所吩咐的一切話（32 節）

本章指示百姓當破除迦南的舊敬拜秩序，以建立敬拜雅偉的新秩序，可分為四段。

分段大綱（十二 1～32）

一、破除舊秩序：當徹底除滅迦南宗教（十二 1～4）
二、建立新秩序：設立雅偉立名的居所（十二 5～12）
三、建立新秩序：區別獻祭與日常肉食（十二 13～28）
四、破除舊秩序：再論勿效法迦南宗教（十二 29～32）

9.1.1 破除舊秩序：當徹底除滅迦南宗教（十二 1～4）

本段和七章 1 至 5 節一樣，吩咐百姓要潔淨這地，除去迦南人一切異教神明的禮儀與地點，也不可按照迦南人的習俗方式來敬拜雅偉。

1 節「這些〔是〕律例典章」（*ʾēlleʰ haḥuqqîm wəhammišpāṭîm*），「環譯」作「以下的規定和律例」，放在開頭（「新漢語」）是本章及接下來直到第二十六章的「標題」。作用似出埃及記一章 1 節「這些是以色列眾子的名字」（*ʾēlleʰ šəmôt bənê yiśrāʾēl*），開始全新的段落（另參創六 9，十 1，二十五 7、12、19）。「你們要謹守遵行」亦出現在本章結尾（32 節），同樣講到律法的權威，一起構成本章的框架（inclusio）。

2 節首先要「徹底毀壞你們將佔領的國家事奉他們眾神明的地方」，方能在原地建立敬拜雅偉的地方。這為後世立下典範。

「地方」（*məqōmôt*；原文是複數名詞），指迦南敬拜獻祭的地方，露天的戶外祭壇以及附屬設施（王上十四 23；賽一 29；耶二 20，十七 2～3；結六 13；何四 13）。❺「高崗」或「山丘」常被用作敬拜神明的所在，登山也會覺得較接近神明（參箴言九章 14 節所用「城中的高處」）。這些神壇用石頭建造，在其上獻食物，澆奠酒及燒香。在舊約中多稱為「丘壇」（*bāmôt*；原文是複數，意思是「山丘上的祭壇」，單數是 *bāmāʰ*），是歷史書卷中正式用語（參撒上九 12，十 5；王上三 2～4，十二 31，十三 32，二十二 43；王下二十三

5），但申命記中似乎刻意避免用到這個字。「在一切的青翠樹下」，有些樹被認為特別神聖，具有神力。迦南人特別崇拜樹。

3節「拆毀他們的祭壇，打碎他們的柱像，用火焚燒他們的亞舍拉」是重複七章5節的命令，在此再加上「並要從那地方除去他們的名」。說明「名號」與「地方」的密切關聯。

「柱像」(*maṣṣēbōt*；原文是複數)，指迦南神廟中象徵男性生殖力的石柱，要與迦南神廟的祭壇一起毀掉（七5；參出二十三24，三十四13）。

「亞舍拉」（*ʾăšêrāʰ*；單數）是迦南神話中的生殖女神，在推羅被視作主神巴力的配偶，在此是複數（*ʾăšērîm*；陽性名詞，但指女神）。多用木柱立在祭壇旁，故可砍倒或用火焚燒。❻

「並要從那地方除去他們的名」，毀滅迦南宗教的外在地方，就是除滅那裏的神明的名號。以色列民進入應許之地，重要的任務就是在此建立新的敬拜秩序。要以雅偉的聖名，取代過往所有眾神明的名號。一旦沒有人再提說他們的名號，他們的名字也就逐漸消逝了。❼

迦南敬拜	雅偉崇拜
許多祭壇（高崗、山丘上）	一個聖所
眾多神明（包括男神女神）	獨一真神
有柱像、石柱、及各種神像	禁止神像
諸神明無崇高道德	聖潔的上帝
有男女祭司	只有男性祭司
敬拜儀式荒淫	敬拜聖潔莊重
無道德要求	有崇高道德要求
要除滅祭壇、神像、及其名號	要作為立雅偉之名的聖所

4節「你們不可像他們那樣事奉雅偉你們的上帝」，雖然敬拜雅偉有些方面與鄰邦異教敬拜他們神明的方式類似（例如：聖所與祭壇、祭司與潔淨、

節期與獻祭、燒香與祈禱、飲食與禁食等），但是根本上乃要按雅偉所定規的方式，而非按異教敬拜的方式。例如：強調不可有任何神像（參四，五，十二章），且敬拜的禮儀要聖潔，好彰顯上帝的聖潔本性（對比拜金牛犢：出三十二章；申九章）。

9.1.2 建立新秩序：設立雅偉立名的居所（十二 5～12）

正如耶利米先知的信息：「拔出、拆毀、毀壞、傾覆」是為了要「建立、栽植」（耶一 10），摩西在前一段（1～4 節）已講到破除迦南的宗教敬拜系統，本段更從積極面建立以色列敬拜雅偉的系統，包括敬拜的「地點」（一個地方）、「目的」（求問雅偉）、「內容」（各種獻祭）與「精神」（歡樂分享）。這些都由雅偉定規，迥異於列邦異教的敬拜。分述如下：

第一，敬拜的「地點」：一個地方

迦南人有許多個敬拜神明的地方，相反的，雅偉卻要從以色列各支派中揀選**一個「地方」**（*hammāqôm*；單數，有定冠詞，5、11、13、14、18、21、26 節，共七次），作為祂立名的所在。摩西未說明上帝要如何揀選及揀選何處，後來在大衛時代才由迦得先知告訴大衛（撒下二十四 18～25；代上二十一 18，二十二 1～2）。人在順服中得著上帝進一步的指示。

在此也宣告**雅偉「揀選」**的主權。從各支派中揀選一個地方（5 節），預指以色列民要過約旦河，進入承受為業之地（10 節）。「揀選」（*bāḥar*），是申命記重要的字，除了雅偉揀選立祂名的居所，更有揀選以色列（四 37，七 6～7，十 15，十四 2）、揀選利未的祭司（十八 5，二十一 5）、未來還要揀選以色列的君王（十七 15）。摩西更呼籲百姓要揀選生命，不要揀選死亡，好在應許之地生活長久（三十 19～20）。

雅偉**「立祂名的所在」**（*lāśûm ʾet šəmô šām*；5 節），直譯「在那裏立祂的名」，表示雅偉在征服之地宣告祂的統治權柄。❽ 11 節進一步說明是「使祂的名停駐在那裏」（*ləšakkēn šəmô šām*；11 節），意即為祂的名在那裏搭建「會幕」

（*miškān*；暫時停駐的「居所」，如同中國古時皇帝出巡駐蹕之所）。「雅偉立名的居所」有以下幾方面意義：

1. 這居所單單屬於雅偉，不歸給任何其他神明。
2. 上帝的同在不是抽象的觀念，申命記多次用到「在上帝面前」更顯示祂具體的臨在（7、12節；另參十四26，十五20，十六11、16，二十六5、10、13，二十七7，三十一11）。祂不只在天上，也臨在地上的聖所中。❾
3. 以色列民敬拜的中心，要從過去的西奈山（暫時的聖所；參出十九章），現在的會幕（移動的聖所；出四十章），轉型為未來的聖殿（固定的聖所；王上八章）。❿

雖然以色列歷史上的敬拜中心（以約櫃及祭壇為代表）曾在不同地方，像示劍（書八30，二十四1、26）、示羅（士二十一19；撒上一3；耶七12）、或其他地方，像基列．耶琳（撒上七2），或挪伯（撒上二十一章）。不過任何時期都只有一個聖所、一個約櫃、一個祭壇（參證壇事件：書二十二章）。⓫重點不在地點，而在雅偉揀選立名的所在。

第二，敬拜的「目的」：尋求雅偉

「尋求」（*dāraš*；「新漢語」、「環譯」），中譯常作「求問」（「和合」、「和修」、「新譯」），是聖經常用語，包括：

1. 尋求雅偉的居所（5節）。
2. 尋求雅偉自己及祂的指示（創二十五22；出十八15；王上二十二8；王下三11，八8，二十二13、18；代上十五13，二十一30；代下十八7，三十四21；詩二十四6；賽八19；耶三十七7；結二十1、3）。
3. 尋求雅偉的話語（王上二十二5＝代下十八4；王下一16）。

第三，敬拜的「內容」：各種獻祭

雅偉「立名的居所」，是進到上帝面前的道路，而獻上禮物則是進到上帝面前的經歷。敬拜者不可空手朝見上帝，當帶禮物來獻給雅偉。禮物分為兩個一組，共三組：燔祭與祭物，十一奉獻與手中的舉祭，還願祭與甘心祭，再加上獻頭生的牲畜，一共列出七種（6 節，參 11 節）。⓬ 這些都是自願獻給上帝的禮物，表明與雅偉正常立約的關係（參利未記一～三章）。而沒有列出被迫獻的祭物，即贖罪祭與贖愆祭，為要修補因罪而破裂的關係（參利四～五章）。這七種代表全部的獻禮，且在以後各章中陸續詳細討論其中一些獻禮與獻祭，像獻十一（申十四 22～29），獻頭生牲畜（十五 19～23），及獻初熟土產（二十六 1～11）。

第四，敬拜的「精神」：歡樂分享

百姓要因雅偉賜福而歡欣快樂（7 節；參利二十三 40，守住棚節「在雅偉面前**歡樂**七天」），不僅包括敬拜者，且要擴及他的兒女、僕婢、城中的利未人（12 節），他們要一同在雅偉面前吃喝（參出二十四 11；從以色列的領袖擴及一般百姓）。以後還講到把一年收成的十分之一，分享給城中的寄居者和孤兒、寡婦（十四 29），說明敬拜的團契與分享原則。

在此提供了**敬拜的神學**，包括少數變全體，領袖變全民，工作變享福，勞碌變歡樂。敬拜是朝聖的旅程（來到上帝面前），全家的參與（像以利加拿全家到示羅；撒上一章），及歡樂的分享（像大衛迎接約櫃、獻燔祭與平安祭之後，分給每一個以色列人祭肉和餅；撒下六 18～19）。

9 至 10 節「因為你們現在還沒有到雅偉你們的上帝賜給你的安息和產業」，顯示以色列民正處在一個轉型期。未來要面對的有：第一，渡過約旦河；第二，得著應許地；第三，勝敵享安靖；第四，心靈有安息。這在大衛時期，得著初步的應驗（參撒下七 1，八章）。

舊約及新約中的聖所

1.	伊甸園	第一個聖所
2.	列祖築壇	家族的聖所
3.	西奈山	暫時的聖所
4.	會幕 （山上指示的樣式）	移動的聖所 （天上的聖所）
5.	所羅門聖殿	固定的聖所
6.	第二個聖殿	重建的聖所
7.	以西結	靈化的聖所
8.	耶穌	降世的聖所
9.	教會	聖靈的居所
10.	聖城新耶路撒冷	永恆的聖所

9.1.3 建立新秩序：區別獻祭與日常肉食（十二 13～28）

前一段（1～12 節）的人稱都是用「你們」，本段（13～28 節）則全都用「你」。除了人稱改變之外，內容也與前一段大異其趣，轉為針對以色列內部，說明在新敬拜秩序中，有關獻祭與日常肉食的區別。其中 13 至 19 節只是行事準繩、原則規定，20 至 28 節則更加上澄清解釋、應許祝福。摩西深黯教育的原理，反覆說明重要的事。

文學上，13 至 19 節形成「交叉平行結構」，又稱「拱形結構」，中心轉捩點（即拱頂）是禁止吃血（而且是用「你們」；16 節），說明本段重點。圖示如下：⑬

A　你要謹慎，免得（*hiššāmer ləkā pen-*）（13 節）

　B　惟獨（*kî ʾim*）在雅偉從你的一個支派中所選擇的地方獻燔祭（14 節）

　　C　你在各城裏可以宰牲吃肉（15 節）

　　　X　只是血，**你們不可吃**（16 節）

　　C’不可在你城裏吃祭物（17 節）

B’ 只是（*kî ʾim*）必須在雅偉你的上帝⋯⋯所選擇的地方吃（18 節）

A’ 你要謹慎，免得（*hiššāmer ləkā pen-*）（19 節）

以色列民在曠野時期，由於環境限制，日常肉食機會不多，否則也不會抱怨沒有肉吃（出十六 3；民十一 4）。而且，那時他們都圍繞會幕安營，不論獻祭或日常肉食所需，都在會幕或附近進行宰殺。但進入應許之地以後，分配地業給各支派，大多數人的住處遠離聖所。而生活環境也較前優裕，日常肉食需求增加。雖然有關獻祭禮儀並未改變，但是眾所關心的日常肉食，則必須加以清楚規範。特別在以下三方面：

第一，吃肉地點

吃肉的地點不限於聖所範圍，而是可就近在各人所居住的城中（15 節）。⓮ 尤其若蒙上帝賜福，疆土擴張，所住的地方離雅偉選擇立祂名的地方太遠，仍可隨心所欲宰牲吃肉（20～21 節）。這是全新的規定，也是最大的改變。至於多遠叫作太遠？則由各人自己決定。昆蘭的《聖殿卷軸》（*Temple Scroll*）說是三天的路程。

第二，吃肉種類

吃肉種類不限獻祭的祭牲（牛羊），也可包括其他潔淨的動物，例如：羚羊和鹿（15、22 節）。所畜養的牛羊，不必都拿來獻祭。而且牛羊即或有瑕疵，不可用來獻祭，仍可食用。這不是放寬規定，而是澄清原有規定。原本利未記十七章 2 至 9 節是規定獻燔祭或祭物，要帶到會幕門口祭司那裏，而不是反對吃牛羊以外的動物，例如：打獵捕殺的羚羊和鹿等野生動物，否則利未記十一章規定分辨「潔淨與不潔淨的，可吃和不可吃的動物」（利十一 47）就沒有意義了。⓯

第三，吃肉的人

吃肉的人不限宗教禮儀上「潔淨或不潔淨的人」，意思是所有的人均可吃。

不像祭司亞倫的後裔，若不潔淨就不可吃聖物，而任何外人也不得吃聖物（利二十二4～16）。本段所講的是日常肉食，與敬拜禮儀無關，任何人都可以隨意吃。

本章雖然三次講到百姓可以「隨心所欲」在各城裏宰牲吃肉（15、20、21節），但也絕非毫無限制，有些規定仍要遵守，包括：

1. **獻上燔祭**，又稱焚獻祭，或作全牲祭，要連肉帶血，全都獻在雅偉的壇上，用火焚燒。
2. **獻上祭物**，包括五穀、新酒和新油的十分之一，頭生的牛羊，平安祭（不論為還願、感恩或甘心獻的），都要帶到雅偉面前，在祂所選擇立為祂名的聖所，不可在各城裏吃（17～18、26節）。說明歸屬於上帝的和賞賜給人的，不可混淆。
3. **不可吃血**，包括不可連肉帶血一起吃（23節）。16節，「只是血，你們不可吃」，是誡命式的律法，或稱絕對式的律法（apodictic law），類似十誡。「只是血」放在句首，是強調用法（「新譯」、「新漢語」）。「血」是單數，指流在身體中的血，代表生命。這比獻祭的意義更深，因為動物的生命在其中（利十七10～14；參創九4～6；撒上十四31～35；徒十五20）。祭牲的血要倒在祭壇上，非獻祭之動物的血則要倒在地上，如同倒水一樣（撒上七6；撒下二十三16），包括所畜養的牛羊及羚羊與鹿等野生動物（16、23節）。因此雖然不是用於禮儀獻祭，但也絕非完全世俗化，與上帝無關。因為不可吃血，要把血流盡（16節），且加上說：要照著我所吩咐你的（21節）。這都與獻祭禮儀要求相同。⓰ 在上帝立名的居所中，有祭司來監督。但在其他地方，各人必須堅定，遵守雅偉眼中看為正的事（25節）。生命來自於上帝，當回歸賜生命的上帝。

9.1.4 破除舊秩序：再論勿效法迦南宗教（十二29～32）

本段再次提醒百姓，不可敬拜別神。從前以色列人曾受埃及經驗影響，學埃及人的樣，造金牛犢（出三十二章）。未來他們仍會受試探隨從迦南人，學他們的樣，去拜多神。

29 節**講到時間**，是在以色列進入應許之地以後。迦南諸族之所以被雅偉趕出、剪除，就是因為他們的異教崇拜（參 2～4 節）。

30 節**講到危險**，以色列民若拜這些神明，也照樣會被趕出去。這也是警告百姓，無人在上帝面前有免責權。在對付罪的方面，上帝對以色列民和對迦南人一樣。以色列民不論被動地受引誘隨從他們，或是主動地去求問他們的神明（這乃是下一章的主題），均為雅偉所嚴嚴禁止。

31 節**講到主因**，因為他們做了雅偉所憎恨、所厭惡的一切事。「雅偉所憎恨之事」（*tôʿăbat* YHWH），多與異教有關，且是極端不道德的事。在申命記中首見於七章 26 節，在此特別講到獻兒女為祭，用火焚燒（參利十八 21，二十 2～5），這乃是謀殺與拜假神。後來以色列有亞哈斯（代下二十八 3），瑪拿西（王下二十一 6）等獻嬰為祭。結果以色列民遭刑罰，被逐離這地（王下十七 17～18）。

32 節**講到權威**，摩西告誡百姓，對於他所吩咐的事，不可加添，也不可刪減。這是他在講論中第二次鄭重提到此事（參四 2）。他對於自己的講論，具有強烈的正典意識。

9.2 敬拜的對象——不可敬拜別神（十三 1～18）

十二章已講到要破除迦南的舊敬拜，以建立敬拜雅偉的新秩序。結尾時更警告，勿受引誘去敬拜別神，亦勿詢問別國的人如何敬拜他們的神明（十二 29～32）。這成為十三章的主題，警戒百姓勿受引誘，背叛雅偉，去拜別神。⑰

本章講到三種引誘者，包括宗教領袖、至親密友以及城中匪徒，且都是來自內部（「在你中間」；5、11、13 節）。第一種情況是公開引誘，第二種情況是私下勾引，第三種更鼓動一整個城鎮離道背叛。他們說：「我們去隨從別的、不認識的神吧！」（2、6、13 節）此種背叛是逐步發展，不斷擴大，從宗教領袖到至親密友，從個人至整個城市，從私下引誘至公然背道。而刑罰也從「必須處死」，進而由至親好友先下手丟石頭，直至發動聖戰，剿滅全城。可說是舊約經文中對付罪惡最嚴厲的一章。本章不只是牧者的警戒勸勉，也是律法指引。文學上，本章是申命記中最段落分明的一章，且都是講到防備背道的引誘。可分為三段。

每一段都分成三個部分：如果句（用第三人稱）、結果句（用第二人稱）、及動機子句。三個段落都是用申命記典型的案例法（case law）形式：「若……你……」。如果句（均以 *kî* 來開始；1～2、6～7、12～13 節）都是修辭的語句。而結果句，首先是「你不可聽從……」（3、8 節），然後才是採取法律行動。不論是先知之言的神蹟證明，至親好友的親密友愛，或是人親土親的同鄉情誼，都不能阻礙除滅這些宗教背叛。嚴刑峻罰乃是因犯罪的性質，以免動搖國本，違反聖約。

分段大綱（十三 1～18）

一、防備宗教領袖的引誘（十三 1～5）
二、防備至親密友的引誘（十三 6～11）
三、防備民中匪徒的引誘（十三 12～18）

9.2.1 防備宗教領袖的引誘（十三 1～5）

首先講到來自以色列宗教領袖的引誘。他們有神言的權柄、神奇的夢境、神蹟的印證，理當受眾人的信賴與愛戴，卻明目張膽地引誘人背離雅偉，去事奉別神。

1 節「先知」（*nābî'*），意思是上帝的代表，是祂在地上的「發言人」（spokesperson；出七 1，希臘文是 *prophētēs*）。五經中雅偉稱亞伯拉罕是先知（創二十 7），祂也揀選摩西作先知，應許賜他口才（原文直譯是「與他的口同在」），指教他當說的話（出四 12）。亞蘭文譯本他爾根在此譯作「假先知」，但舊約希伯來文其實沒有「假先知」這個稱呼，要由其品格及信息的內容來判斷。申命記十八章還會進一步討論如何分辨真假先知。新約預言有「假基督」（*pseudochristoi*；複數）和「假先知」（*pseudoprophētai*；複數）將要起來（太二十四 24；可十三 22），他們也會行大神蹟、大奇事，迷惑人心。

「做夢的」（*ḥōlēm ḥălôm*），句法上是動詞分詞（作名詞用）加上同源語受詞。這不是一般人所謂「日有所思，夜有所夢」（詩一二六 1），而是上帝藉異夢給人啟示，指示將來，包括給以色列人和外邦人（創二十八 10～22，三十七 19，四十一章；士七 15；王上三 5～15＝代下一 6～12；太一 20，二 12，二十七 19）。古近東各國都有人作異夢、得信息、卜吉凶。聖經原則上都從正面看待夢和作夢的人，視他們為先知的另類稱呼，而解夢也是出於上帝（創四十 8；民十二 6；但二章；珥二 28＝徒二 17）。但是也警告那些托言作夢卻傳假信息的人（耶二十三 25～28；結十三 3～9；亞十 2；猶 8 節）。

「神蹟奇事」可能指有預言及應驗的那種，以證明其神力，如同摩西自己在埃及，以及歷代先知多有神蹟奇事隨著，證明所傳的道（像以利亞、以賽亞、以西結）。

2 節「我們去隨從其他的神明」，其定義是「你素來所不認識的別神」（十一 27～28；「和合」），7 節更進一步指以色列四圍列國所拜的神明，包括迦南人、埃及人及兩河流域的眾神明（七 5，十二 2～3；參書二十四 2、15）。

3 節「你不可聽那先知或是那做夢之人的話」，說明聽者本身也有慎思明辨的責任（參林前十四 29）。動詞「聽」（*šāmaᶜ*），在此有「聽從」之意（3、10 節）。

4 節出現連續六個動詞子句，每個子句的受詞或受詞片語均在句首，是強調用法。直譯：「雅偉你們的上帝，你們當跟隨；祂，你們當敬畏；祂的誡命，你們當謹守；祂的話，你們當聽從；祂，你們當事奉；祂，你們當緊緊跟隨。」（「新漢語」）本節內容與十章 12 至 13 節相同，但次序相反，把雅偉放在所有子句的最前面。

5 節「但那先知或那作夢的」放在句首是強調用法。引誘百姓背離雅偉，去拜別神，是以色列中最嚴重的罪，犯罪者必須「處死」（出二十二 20；申十七 5；彼後二 1）。後來巴力的先知果然被處死（王上十八 40）。

「因為他出言悖逆雅偉你們的上帝」（*kî dibber sārāʰ ᶜal* YHWH *ʾĕlōhêkem*），說明此種行為乃是背叛。⑱ 後來雅偉責備假先知尼希蘭人示瑪雅，「因為他向雅偉說了叛逆的話」（*kî sārāʰ dibber ᶜal* YHWH；耶二十九

32）。同樣的話亦責備假先知哈拿尼雅（耶二十八16），責備並呼籲背道的以色列民棄絕偶像，悔改歸向雅偉（賽一5，三十一6）。

「你就把惡從你中間除掉」是申命記特有的用法共十一次（十三5，十七7、12，十九13、19，二十一9、21，二十二21、22、24，二十四7；參士二十13〔「從以色列中除掉這惡」指基比亞的匪徒〕），首見於本節，指除去一切的惡或流無辜之人的血的罪，且多指處死（除了十九19）。動詞 *bāʿar*（「焚燒、吞滅」），在此是其加強式 *Piel*（*biʿēr*），意思是「除滅」。新約使徒保羅引用本節，且觀念相同：「要從你們中間把那邪惡的人趕出去」（林前五13）。

先知和作夢的人是宗教領袖，且神蹟奇事證明其權威。但一個人可能因為不當動機或目的，濫用其權威地位，或用屬靈口號來掩飾其惡行。有神蹟奇事，不必然就是出於真神，反而可能更加引誘人離棄雅偉。先知若本己心說預言，或是奉別神之名傳信息（耶二8，二十三13），由於他們也會作夢，行神蹟奇事，使人更難以分辨真偽。但是若他們明目張膽地教人去拜別的神明，則必是假先知無疑。此等先知當被處死（十八20；耶二十八15～17）。這是雅偉在考驗祂的子民，是否盡心盡性盡力愛雅偉他們的上帝。這也是赫人之約的精意所在，試驗人的忠誠與否。⓳

9.2.2 防備至親密友的引誘（十三6～11）

其次講到來自至親密友的引誘，引誘者包括：同胞兄弟，懷中愛妻，及生死之交。事實上各種引誘都一直在，但來自親友，私下的勸誘，最令人痛苦，易產生動搖。本段針對家中男性家長，當負起全家的信仰責任。

6節「你的同胞兄弟」（*ʾāḥîkā ben ʾimmekā*；名詞同位用法，直譯「你的兄弟，就是你母親的兒子」），LXX及撒瑪利亞五經作「你父親的兒子或你母親的兒子」（較長的讀法），則包括同父異母及同母異父的兄弟（參利十八9），有些譯本支持MT較短的讀法。「或你的兒子，或你的女兒」說明血濃於水。

「或是你懷中的妻子」意即「最親愛的妻子」（二十八54；彌七5），像所羅門王的異邦妃嬪（王上十一1～8；尼十三26）、亞哈的王后耶洗別（王上十六31），以及以斯拉、尼希米時代，被擄歸回百姓的異教妻子（拉九2，十

2、10；尼十三 27）。聖經不反對異族通婚（像約瑟與亞西納，摩西與西坡拉，撒門與喇合，波阿斯與路得），但反對異信通婚，因為了解婚姻對於信仰的影響最為深遠。在外再堅持，難敵枕邊語。

「如同自己性命的朋友」，像大衛與約拿單（撒上十八 1、3），二人意氣相投，情義相挺。以上這些親密關係，都讓人對雅偉的忠誠受到最大的考驗。

「暗中」（*bassēter*），又譯作「在隱密處」（參二十七 15、24，二十八 57；撒下十二 12；伯十三 10，三十一 27；詩一〇一 5；箴二十一 14；賽四十五 19，四十八 16；耶四十 15），用在人的方面，多指見不得人的事。先知或作夢的人是公開宣講，這些人卻是私下引誘。

本節再加上「你和你的先祖所不認識的別的眾神明」。這些異教神明不僅現在不為以色列人所認識，過去也不為他們的祖先所知道。

7 節與前一節從時間、歷史來回顧，本節從空間、地理來考量，從本地的神明擴及四圍列國的神明。包括近處的埃及與迦南，及遠處的兩河流域等地，均是敬拜各種神明的地方。

8 節連續五個禁令平衡了 6 節五種親密關係。「不可包庇他」（*lō᾽ təkasse*^{h} *ʿālāyw*；「新漢語」），或作「不可遮蔽他」「和合」，「不可袒護他」（「和修」、「思高」）。動詞 *ḵasā*^{h} 原意是「遮蔽，隱藏」，因為是暗中引誘，且要顧到親情友誼，可能自然的反應就是遮掩，想要大事化小，小事化無。

9 節「你必要把他處死」（*kî hārōg tahargennû*），是強調用法。動詞 *hārōg* 意思是「殺」。LXX 可能誤讀作動詞字根 *ngd* 的 *Hiphil* 字形，而譯作 *anggellōn anaggeleis peri autou*（「你必要舉報他」），解釋前一節，作為法律上必要的過程。[20] 但由於接下來就講到「你要先下手」，可能還是 MT 的讀法較合適。當然這不是像非尼哈對付心利和哥斯比那種處理現行犯的方式（民二十五章），而要經過慎密的調查與審判。

10 節提及「用石頭丟他使他死亡」，聖經多次記載用石頭把人處死，且常在城門外進行（十七 5，二十二 24；利二十四 14；民十五 35～36；王上二十一 13；約八 5；徒七 58～60）。丟石頭處死，可能以此表達整個社會大眾的忿怒反應（出十七 4；民十四 10；撒上三十 6；王上十二 18）。同時丟石頭是信仰羣體表達未曾參與這些罪行，且要除去這些罪行可能造成整個羣體的危害。

只要有引誘，無需實際造成背道，就構成犯罪，當受嚴厲對付。若背逆是在暗中進行謀劃，就不可能找到二個見證人。作為惟一的見證人，他要首先拿石頭丟犯罪之人，其他人再跟進（參十七7）。「因他要使你背離雅偉你的上帝」，這是嚴刑峻罰的原因（參6節）。

11節表示刑罰要公開進行，使「全以色列聽見而害怕，不敢再行這惡事了」，申命記中四次出現在死罪的條文中，以嚇阻犯罪（十三11，十七13，十九20，二十一21）。金牛犢事件，利未人與上帝一起對付罪惡，用刀殺他們的弟兄，可作為此種大義滅親的例證註解（出三十二25～29）。

9.2.3 防備民中匪徒的引誘（十三12～18）

第三種情況最為嚴重，因為一整座城鎮背離雅偉。引誘來自城中的匪徒，可能由於強調地方文化，鄉土感情深厚。再加上本土意識高漲，甚至以暴力脅迫，很難拒絕。本段與前兩段差別在於：

1. 整座城的人都受引誘去拜偶像。第一及第二段都是針對個人的「你」，而第三段更擴及「你們」（13節），指所有人都受波及。
2. 必須先加以調查，因為出於謠傳，而前二種情況都罪證確鑿。
3. 要以聖戰手段來對付這罪惡之城。

12節「若你聽見在你一座城中」，反映本段始於謠傳（參十七4），因此必須深入調查。「你」在本段中可代表整個國家，政府當局必須出面處理。

13節「無賴之徒」（*bənê bəliyyaʿal*；「和修」），原意不詳，LXX本節譯作*paranomoi*（「不法之子」），中譯另作「壞人」（「思高」、「環譯」）、「匪類」（「和合」）、「匪徒」（「新譯」），都很傳神。死海古卷和新約都用作專詞「比列」，與撒但同義（林後六15）。他們要顛覆城中居民的信仰，去拜別神。這些人是激進分子，民粹主義。打著改革開明的旗號，強迫人聽從。

14節「你要調查」（*wədāraštā*）、「你要探聽」（*wəḥāqartā*）、「你要細心詢問」

(*wəšāʾaltā hêṭēb*)，連續三個動詞，一層比一層更仔細深入，表示慎密調查，務期勿枉勿縱。「可憎的事」(*tôʿēḇāʰ*)，指那些使上帝極端厭惡的事(參 7.2.4.2「警告〔七 21～26〕」七章 26 節的註釋，頁 160)，在此特指受引誘去拜別的神明，呼應前一章結尾的的警告(十二 31)。

15 節不再像前兩段用死刑，而是用聖戰的語言。背道的城鎮，要像迦南諸國一樣，被除滅盡淨，連人帶牲口全都要被殺滅(撒上十五 3)。前面講到以色列民要向迦南人宣告聖戰(申七 2，參二十 17)，但同樣原則也適用於以色列人本身，像亞干全家(書七 24～25)，以除盡罪惡。

16 節提及，所有戰利品都要堆積焚燒，整座城鎮都要成為「燔祭」(*kālîl*)焚獻給雅偉，成為廢墟，不得重建。

17 節「當滅之物」(*ḥērem*；申命記中另只出現在七章 2 節)，意指除滅城中所有的人。在此處更包括除滅其所有牲畜，都要用刀殺盡。在此以色列中背道的城鎮成為雅偉對付的目標。惟有如此方能使雅偉轉意不發烈怒，卻恩待憐憫以色列民。

信仰反省

這章經文有三點事情值得思考的：

第一，要堅固信仰，首要建立正確的敬拜，這包含信仰生活的大破與大立，還要防患於未然，以免遭到腐化破壞。

第二，對雅偉忠誠優先於所有人情考量。甚至向背逆之親友丟出第一塊石頭，向背逆之城宣告聖戰，除去當滅之物(*ḥērem*)。這是上帝對人的試驗。因為這些行為是邪惡的，天地不容(5、11、14 節)。

第三，神蹟有其限制，信徒也當明辨，以免受假先知迷惑，同流合污。基督宗教與其他宗教之區別，不在神蹟奇事，而在於受恩因信稱義。

溫習及思考問題

1. 摩西講到以色列民進入應許之地，首要之務就是建立敬拜。這對今日牧會的人有何啟發？
2. 甚麼是「敬拜」？作為牧者/傳道者，你要如何建立教會的敬拜？當如何設計敬拜的內容及次序？如何使會眾明白敬拜的意義及當有的回應？
3. 敬拜上帝的地點由上帝指定，敬拜上帝的時間、方式(包括獻禮)也遵照上帝的指示。這對今日的信徒有何影響？
4. 對現代讀者而言，要殺害背道者，太過殘酷無情，亦有違大多數現代社會之法律。教會當如何處理離道背教的人？

短註

❶ 參賴建國：《五經導論》，頁414。

❷ 類似但較簡略的文學結構觀察，可參考伍愛德(TOTC)，頁184；他是跟隨 G. Seitz, *Redaktionsgeschichtliche Studien zum Deuteronomium* (BWANT 93; Stuttgart: Kohlhammer, 1971), 40。

❸ 參 J. G. McConville, *Law and Theology in Deuteronomy* (JSOTSup 33; Sheffield: JSOT Press, 1984), 60.

❹ 修訂自克里斯田森(WBC 6A)，頁234。類似結構分析，見魯斌，頁420。

❺ 有關地方的解釋，斯塔格(Jeffrey Stackert)正確指出，申命記只有在本節用到複數的「地方」，指迦南敬拜眾神明的場所，以對比雅偉所要揀選的「一個地方」(單數)，作為立祂名的居所。參 Jeffrey Stackert, "Why Does Deuteronomy Legislate Cities of Refuge? Asylum in the Covenant Collection (Exodus 21:12～14) and Deuteronomy (19:1～13)," *JBL* 125 (2006): 44。

❻ 有關「亞舍拉」及相關問題，可參 P. D. Miller, *The Religion of Ancient Israel* (Louisville, KY: Westminster John Knox, 2000), 29～40。最近白

宋金（Sung Jin Park）主張，*ʾăšêrāʰ*（陰性單數）指木柱；*ʾăšērôt*（陰性複數），強調與巴力對應的女神，而 *ʾăšērîm*（陽性複數）則指丘壇偶像，與祭壇連在一起出現，最常用在宗教改革的經文中，它當完全毀滅（出三十四 13；申七 5，十二 3；代下三十一 1，三十四 3 以下）。參 Sung Jin Park, "The Cultic Identity of Asherah in Deuteronomistic Ideology of Israel," *ZAW* 123 (2011): 553～564。

❼ 參尼爾森（OTL），頁 157。

❽ Sandra L. Richter, "Placing the Name, Pushing the Paradigm: A Decade with the Deuteronomistic Name Theology," in *Deuteronomy in the Pentateuch, Hexateuch, and the Deuteronomistic History, ed. Konrad Schmid and Raymond F. Person, Jr* (Forschungen zum Alten Testament 2. Reihe 56; Tübingen: Mohr Siebeck, 2012), 64～78。

❾ Roberto Ouro, "Divine Presence Theology versus Name Theology in Deuteronomy," *Andrews University Seminary Studies* 52 (2014): 5～29, esp. 22.

❿ 尼爾森提醒讀者小心誤解「聖名神學」（Name Theology），以為只是上帝的名號立在那裏，而上帝自己並不臨格在聖所中。「聖名神學」一般主張以色列有關「上帝的同在」經過三個發展階段。第一階段是上帝以擬人化、具象的方式臨格（J、E 底本）。第二階段是用半抽象的方式表達（申命記與申命記式歷史）。第三階段則是完全抽象、超越的觀念（P 底本）。參尼爾森（OTL），頁 152。二十世紀中葉開始，聖名神學的主要倡導者是馮拉德（G. von Rad），參 G. von Rad, *Studies in Deuteronomy* (trans. D. Stalker; SBT 1/9; London: SCM, 1953), 37～44；另參 R. E. Clements, "Deuteronomy and the Jerusalem Cult Traditions," *VT* 15 (1965): 300 ～ 312; Moshe Weinfeld, "Deuteronomy, Book of", *ABD* 2:175-78，以及最近的魯斌，頁 427～428。但注意威爾森的強力批判，他注意到申命記非常強調雅偉臨格在地上。上文所提到的理

克特和奧勞（Roberto Ouro）也都反對「聖名神學」。參 Ian Wilson, *Out of the Midst of Fire: Divine Presence in Deuteronomy* (SBLDS 151; Atlanta: Scholars Press, 1995)。

⓫ 至於公元前五世紀埃及南部伊利芬丁猶太社羣建立「雅偉聖殿」，且似乎得著耶路撒冷當局的認可，則又是另外一回事了。

⓬ 參伍愛德（TOTC），頁 189。

⓭ 參尼爾森（OTL），頁 154。

⓮ 「城」（*šaʿar*；十二 12、15）在舊約聖經中出現三百七十五次，多可譯作「城門」，指有城牆的城鎮的入口，及城門附近的廣場。但在申命記中出現二十七次，則均用來指以色列民在迦南所居住的城鎮，是雅偉在約中賜給他們居住的所在。在語意學上，是以小部分來代表整體。至於另一個字在舊約中初用作「城」的希伯來文（*ʿîr*），在申命記中則可用來指以色列人所居住的城，亦可用於非以色列人所居住的城。有關「城」（*šaʿar*）最近的精彩討論詳見 Daniel A. Frese, "A Land of Gates: Covenant Communities in the Book of Deuteronomy," *VT* 65 (2015): 33～52, 特別在頁 47 寫到：「不僅是以色列人的城鎮，更是雅偉賜給以色列的迦南地中聖約的城。住在其中乃是特權，亦當有守約的良好行為。」

⓯ 自古以來許多人爭論利未記十七章與申命記十二章是否矛盾。以實瑪利拉比（Rabbi Ishmael）認為利未記十七章禁止宰殺任何牲畜，除非帶到中央聖所，故申命記十二章開放從前所禁止的，讓以色列百姓得以在聖所以外的地方宰殺牲畜作食物。但阿基巴拉比則認為：妥拉從未禁止非禮儀性的宰殺，利未記十七章純是要求人，凡是獻祭必須到聖所那裏宰殺祭牲。大部分解經家都贊成阿基巴拉比的講法（筆者也同意）。參克里斯田森（WBC 6A），頁 259。

⓰ 米格朗（J. Milgrom）正確指出此處准許宰殺仍需按照獻祭的方式來處理。參 J. Milgrom, *Leviticus 1～16* (AB; NY: Doubleday), 714～718。

⑰ 有關申命記十三章的詳細分析，可參 P.-E. Dion, "Deuteronomy 13: The Suppression of Alien Religious Practices in Israel during the Late Monarchical Era," in *Law and Ideology in Monarchic Israel*, ed. B. Halpern and D. Hobson (JSOTSup 124; Sheffield: Sheffield Academic Press, 1991), 147～216。

⑱ 狄凱主張，5 節乃是雅偉的先知，卻勸百姓也去拜別神，使以色列不再是單單敬拜雅偉，而是同時敬拜雅偉和其他眾神明（像亞哈和瑪拿西）。從獨一神信仰改變成敬拜多神。此說亦有可能，但同樣要受譴責（像以利亞挑戰以色列百姓；王上十八 21）。狄凱（JPS），頁 131。

⑲ 參伍愛德（TOTC），頁 195。

⑳ 韋弗斯認為 LXX 如此的讀法與十七章 2 至 7 節相符合。參 John W. Wevers, *Notes on the Greek Text of Deuteronomy* (SBLSCSS 39; Atlanta, GA: Scholars Press, 1995), 232。懷斐德也支持 LXX 的讀法，因為在條約中，任何人聽到有陰謀背叛都要舉報。

第十章
日常生活與敬拜雅偉（十四 1～十五 23）

- 敬拜的子民——潔淨與不潔淨
- 敬拜的獻禮——獻上十分之一
- 敬拜的精神——豁免年與釋奴

這章所討論的敬拜方式，包括三項：敬拜的子民——潔淨與不潔淨（十四1～21）；敬拜的獻禮——獻上十分之一（十四22～29）；敬拜的精神——豁免年與釋奴（十五1～23）。

從十二章開始，摩西講到信仰的大破與大立，不但拒絕迦南敬拜神明的地方（十二2～4），敬拜的方式（十二30～31），也不可受引誘去事奉他們的神明（十三章）。本章更指示以色列民，他們是雅偉的百姓，應當過著與鄰國不同的生活。這一章分為兩段：日常生活：生命禮俗與食物戒律（十四1～21）；敬拜雅偉：十一奉獻與歡樂分享（十四22～十五23）。

表面上看這兩段是以「吃」這個主題相關聯，但更深層的思想是兩段都關係到以色列民的「聖潔」，與十二及十三章主題及觀念相同。而這三章都用到同一個字「可憎之物」（*tôʿăbat*；十二31，十三14，十四3），說明彼此緊密連結。

本章回答從十二章產生的一個問題，就是除了家畜牛羊及野生動物羚羊及鹿之外，百姓還可以吃甚麼呢？「吃」這個動詞更連結十二章、十四至十五章（十四23、26、29，十五20、22、23），使十二章至十四章在文學上形成「交叉平行結構」，又稱作「拱形結構」。頭尾都是講到聖所敬拜、在雅偉面前吃（AA’），中間講到日常生活、在自己城中吃（BB’），中心轉捩點（即拱頂）則是單單敬拜雅偉、不可拜別神（X）。圖示如下：

A　聖所敬拜，在雅偉面前吃（十二5～14）

　B　日常生活，在你城中吃（十二15～28）

　　X　當尊崇雅偉，不可拜別神（十三1～18）

　B’　日常生活，在你城中吃（十四1～21）

A’　聖所敬拜，在雅偉面前吃（十四22～29）

10.1 敬拜的子民——潔淨與不潔淨（十四1～21）

一個民族的生命禮俗與食物戒律，往往顯示其文化特色，透露其世界觀與價值觀等深層理念。生命禮俗包括如何看待生命與死亡，探索生命的根源與歸宿，連結今生與來世，短暫與永恆。而食物的種類與烹調方式，更牽涉生存與發展、人類與自然、生態與環保等議題。以色列民作為上帝的兒女、聖潔的國民，當然應該在這兩方面顯示他們與周圍國家的區別。

本段在文學上是「交叉平行結構」，又稱「拱形結構」，說明其整體性。開頭與結尾都講到禁止異教禮俗，就是用刀劃身及用奶煮山羊羔（1、21節），兩次講到「你們是雅偉聖潔的子民」（2、21節），以及禁止吃「可憎之物」與「自然死亡的動物」（3、21節），中心轉捩點（即拱頂）則是有關日常肉食的規定（4～20節），圖示如下：❶

A　禁令：不可用刀劃身、額頭光禿（1節下）
　B　因為（*kî*）你們是雅偉聖潔的子民（2節）
　　C　禁令：不可吃可憎之物（3節）
　　　X　潔淨肉食的規定（4～20節）
　　C'　禁令：不可吃自然死的（21節上）
　B'　因為（*kî*）你們是雅偉聖潔的子民（21節中）
A'　禁令：不可用山羊羔母的奶煮山羊羔（21節下）

分段大綱（十四1～21）

一、生命禮俗：不可用刀割劃身體（十四1～2）
二、食物的戒律（十四3～21中）
三、生命禮俗：「不可用山羊羔母的奶煮山羊羔」（十四21下）

10.1.1 生命禮俗：不可用刀割劃身體（十四1～2）

1至2節首先宣告以色列民特殊的身分，他們是「雅偉的兒子」（複數）、「聖潔的百姓」（單數）、「蒙揀選的國民」（單數）、「珍寶的子民」（單數）。「珍寶」（*səgullā*^{h}）是單數。後三者（2節）引自七章6節，強調揀選的主題，但「雅偉的兒子」（1節）則為這節新加上，引自出埃及記四章22節（「兒子」是單數），說明全以色列與雅偉的聖約關係，是這一切身分的基礎。這寶貴身分不是他們努力贏得的，而是雅偉賜予的，應當仔細呵護，勿使損傷。古近東大君王條約亦強調藩屬國的兒子身分。

「不可為死人割劃自己，也不可使額上光禿」，「額上」(*bên ʿênêkem*)原文是在你們「兩眼之間」(六 8)。用刀割劃身體及使額頭光 ，可能表達喪親之痛，然而古近東自割自刺及使額頭光禿，均與異教崇拜有關(王上十八 28；賽十五 2，二十二 12；耶十六 6，四十一 5，四十七 5；結七 18；摩八 10)。烏加列文獻有亞拿特割劃身體，以哀悼巴力之死(*ANET* 139；*COS* 1:268)。聖經的原則是，為死者哀悼是合宜的，但不可以因此割損自己的身體，因為人是按照上帝的形像所造的。更不得採用異教的禮俗，甚或為了死者而參與異教的神祕儀式。利未記律法禁止祭司作這些事(利二十一 5)，現在也同樣禁止一般人如此行，因他們是聖潔的國民、特選的珍寶(利十九 27～28)。❷

10.1.2 食物的戒律(十四 3～21 中)

這段經文的內容是關乎食物的戒律。五經中有關食物的戒律，可另參出埃及記二十二章 31 節、利未記十一章、十九章 26 節。申命記十四章 3 至 21 節把這些戒律綜合在一起討論。

3 節「凡可憎的物，你都不可吃」是本段的標題，在利未記沒有相關的經文。在此是把禁止食用的動物，與拜偶像及不道德的行為相題並論，因為會危害以色列的聖潔。以下先列出原則，再詳列清單。

第一，創造的分類

十四章 3 至 20 節有關食物的戒律，在次序上與利未記十一章 2 至 23 相同，分為四類：

1. 地上走獸(利十一 2～8；申十四 4～8)；
2. 水中游魚(利十一 9～12；申十四 9～10)；
3. 天空飛鳥(利十一 13～19；申十四 11～18)；
4. 飛的昆蟲(利十一 20～23；申十四 19～20)。

這種分法也類似創世記一章，按其習性分為地上、水中及空中三大類(創一 28），顯示尊重創造的次序。地上走獸及天空飛鳥講得較詳細，水中游魚及昆蟲則只有原則性的規定；地上走獸可食的都是草食性、反芻的、偶蹄類，且都是頭上有角(摩西未提)；包括家畜(「牛、綿羊、山羊」)，及野生動物(「鹿、羚、麅子、野山羊、瞪羚、羚羊、山綿羊」)。4 節的「山羊」（*ʿizzîm*）原文是母山羊，5 節的「山綿羊」（*zemer*）原文亦有山羊的意思，是一個陽性名詞，因此這兩個名詞是指涉不同性別的羊。飛鳥只列出不可食用的鳥類，採負面表列（11～20 節；與利未記十一章 13 至 19 節相同）。❸

第二，區別的標準

要如何區別潔淨的與不潔淨的，可食的與不可食的，理由不詳。對於那些不可食用的動物，學者提出以下幾種解釋：

1. 宗教的（與迦南異教崇拜有關）；
2. 美學的（味道難聞或難以下嚥）；
3. 衛生的（會造成疾病）；
4. 社會學的（外形或動作屬非典型）；
5. 教誨的（帶來不好的行為）。

但可能最好還是採用社會人類學的解釋，所有典型的才算為禮儀上潔淨（像偶蹄類、反芻的草食性動物）。凡是界線模糊、易於混淆的，則屬禮儀上不潔淨（像蝙蝠外形像鼠卻會飛，昆蟲有翅卻會跳）。凡是肉食性動物（不論飛禽或走獸，獵食或吃腐肉），無可避免會吃到血及腐肉，均屬不潔，因為都與死亡有關，而死亡被視作最大的不潔。水中的魚，典型的都有鰭有鱗，凡無鰭無鱗的則屬不潔，則當避免。❹

「豬」（*ḥăzîr*）是用單獨一節來討論（8 節），特別引人注意。尤其連死豬都不可碰觸，以免不潔，說明有禮儀方面的考量，反映利未記的色彩（利十一 7、24～39）。「豬」可能因為屬於雜食類，而且古近東的迦南、巴比倫、埃及和赫人，都用豬（血）來獻祭，為雅偉所憎惡（參賽六十五 3～5，六十六 3～4、17）。❺

飲食習慣可用來區分種族或職業類別，以及宗教信仰（參創四十三32〔埃及人〕；耶三十五5～7〔利甲族〕；徒十9～16〔彼得見異象〕；加二12〔磯法與外邦人吃飯〕）。對於現代讀者而言，這些規定可能顯得沒有章法，但至終仍要承認，這是雅偉以大君王身分頒發的律例，要以色列民遵行，過一個分別為聖的生活。

第三，平民的戒律

本章與利未記十一章關係密切，都是論到可供食用的與不可食用的動物。但有三點的不同：

1. **避免術語**：本章避免採用利未記中冷僻的祭司術語，像「可憎的」（*šeqeṣ*；利七21，十一10、11、12），而用較通俗的詞彙。禮儀上「不潔的」（*ṭāmēʾ*；申十四7、8、10、19），不可食用，禮儀上「潔淨的」（*ṭāhôr*；11、20節）則可食用。
2. **積極正面**：十四章的重點是允許，而非禁止。例如：利未記十一章13至19節只講到「不可吃且可憎的鳥類」，申命記則兩次講到「凡潔淨的鳥，你們都可以吃」（十四11、20）。❻ 利未記十一章較尖銳地拒斥不潔淨的食物，八次講到「凡可憎的（*šeqeṣ*），你都不可吃」。而在申命記十四章則改用較溫和的字眼：「你不可吃」（十四10）及「對你是不潔淨的」（十四19；對照利十一20）。把食物的戒律轉化為道德的勸勉。
3. **簡明易懂**：本章所有指示或禁令，都是先有指令，再有清單，較同樣主題的利未記十一章更加簡明易懂，便於遵行。難怪德萊維稱本章是平民的聖潔律法。

第四，聖別的身分

經文把潔淨與不潔的食物戒律，關聯到以色列是「上帝聖潔的子民」（2、21節）。藉禁止異教禮俗與飲食戒律，使以色列民過著分別為聖的生活，尤其論到不可食用的動物，申命記十四章多次講到這「對你們是不潔淨的」（7、8、10、19節），而論到自然死亡的動物，以色列民自己不可食用（21節；可能是因為非經屠宰，放血不完全；參十二16），卻可以「給城裏寄居的」（多是民中的窮人）、「或賣給外人吃」（多是外來作生意的）。說明這些仍可作食物，只是對以色列民不潔，以此區分以色列民與外邦人。如此看來，本章飲食戒律是專門針對舊約時代的以色列民，而非普世性、永久性。

對於以色列民而言，食物的戒律至少有以下幾方面意義：第一，限制自由，尊崇上帝權威；第二，生命倫理，限制口腹慾望，尊重動物的生命。第三，聖別身分，增進族羣團結。❼ 把吃的主題和聖潔相連，以此闡釋第三誡「尊崇上帝的名」。首先，聖潔的律法已越過外框的生命與死亡的律法（十四1、21），及中間的潔淨與不潔的食物的規定（3～21節上）。這與利未記二十一章5至6節的關切相同，尤其與本段類似的是，利未記二十一章6節也同樣講到祭司不可剃頭及不可割劃自己的身體，以免褻瀆「上帝的名」。

利未記二十章24至26節講到分別潔與不潔，可追溯到創世記一章「分別」的觀念（分開光與暗，分開空氣以上的水和空氣以下的水，分開陸地與海洋，而各種動物又都各從其類）。利未記也以此為基礎，分別聖與俗，並區別上帝的選民與萬邦列國。自此以後，猶太傳統把食物分為兩類，「可食」（Kashar；來自希伯來文 *kāšar*；表示「合適、合宜」），意思是「適合〔食用〕」（*HALOT* 503），以及「不可食」（Terefah；源自出埃及記二十二章31節的 *ṭərēpā*^{h}），原意是被野獸「撕裂」，不可拿來吃。

其實最早在伊甸園，上帝給人蔬果作食物（創一29，二16）。洪水之後，雅偉賜福挪亞和他的後代：「一切活著的動物〔*kol remeś*〕都可作你們的食物」，只是不可吃血（創九3～4），但給以色列人的飲食戒律，則與衣著的規定（申二十二11～12）目的相同，是要教導他們過分別為聖的生活，成為雅偉聖潔的子民。雅偉與以色列民立約，在聖約中彼此深度委身，甘願為守約的緣故受約束，放棄部分自由。

因此公元前八世紀何西阿先知警告以色列民，因他們悖逆，必被逐離應許之地，被擄外邦，「吃不潔淨的食物」（何九3）。被擄期間以西結先知自稱「沒有吃過自然死的動物，或被野獸撕裂的，不潔淨的肉也未曾入我的口」（結四14）。以西結書四十四章31節重複申命記十四章21節的規定給被擄外邦的祭司。另外最著名的故事，就是但以理和三友即使在巴比倫宮廷中，仍不肯吃不潔淨的食物，他們執著遵守申命記十四章的食物戒律（但一 8）。

新約耶穌來臨標誌著有關食物的戒律來到新的階段，舊的規定廢去，基本上回到創世記九章 3 節的規定。首先是耶穌自己說「從外面進去的不能玷污人，惟有從裏面出來的才玷污人。」福音書作者註明：「這是說，各樣的食物都是潔淨的」（可七 15、19）。彼得見異象，得指示「上帝所潔淨的，你不可當作污俗的」（徒十 10～16）。保羅更宣稱：「凡物本來沒有不潔淨的，除非人以為不潔淨的，在他就不潔淨了。」（羅十四 14；提前四 4～5）。這些有關食物的新觀念，再加上耶路撒冷大會的決議（徒十五章），撤去猶太人與外邦人之間隔斷的牆，不再有種族、性別、年齡、身分、地位及食物戒律與割禮等區別，全都在基督裏合而為一，同屬一個身體（弗二章；加二 11～14；西二 16）。然而這不是說基督徒在吃的方面可以漫無節制，反倒使徒鄭重提醒：「你們或吃或喝，無論作甚麼，都要為榮耀上帝而行。」（林前十 33）

10.1.3 生命禮俗：「不可用山羊羔母的奶煮山羊羔」（十四 21 下）

21 節下「不可用山羊羔母的奶煮山羊羔」，❽ 此禁令在五經一共出現三次（另參出二十三 19，三十四 26）。歷來引發許多爭論，學者主要說法包括：

1. 分食規定；
2. 迷信禁忌；
3. 人道關懷；
4. 宗教禁令；
5. 世俗禁令；
6. 古代習俗；
7. 異教崇拜。❾

猶太人把本節奉為食物戒律，不可在同一餐吃肉又吃乳類製品。例如：早餐吃乳類製品及魚類，午餐及晚餐吃肉類，而且早餐的餐具不可與午餐或晚餐的餐具混用。⑩ 可是對照以色列的先祖亞伯拉罕用「乳酪和奶，以及預備好了的牛犢」來招待天使（創十八8），此種說法並無聖經支持。再參照烏加列文獻UT52所提到的迦南習俗，再對照五經中本禁令的上下文均是禁止迦南的異教習俗，本節最適宜解作禁止異教崇拜的儀式。如此，本節呼應本章第1節，都是論及生命與死亡的主題，且避免異教禮俗。

「可食」

以色列人把申命記十四章21節解作「可食」（Kosher；意思是「合適」）的規定，不混食肉類與奶類製品，餐具也分兩類。以色列有百餘家麥當勞，賣漢堡就不賣冰淇淋，也不賣起司堡。有幾家把紅黃的麥當勞標誌，改為藍色底色，專賣猶太人習慣的食物。逾越節期間專賣馬鈴薯漢堡，以符合使用無酵餅的規定。大型超市不賣海鮮與豬肉，因為少有人買或怕遭抵制。基督徒則無此限制。

10.2 敬拜的獻禮——獻上十分之一（十四22～29）

從本段開始，一直到十六章17節都與時間有關，闡釋十誡第四誡：「當守安息日」，而且都是針對每一家的家長來說話。

這使十四章22至十五章23節成為一個完整的段落，且以時間為節奏：每年、每三年、每七年（十四22、28，十五1、9、12、20）。其中第一段與最後一段都是用「每年」（*šānā*[h] *šānā*[h]；直譯「年年」，參十四22，十五20），文學上形成「交叉平行結構」，說明本大段的整體性，圖示如下：⑪

A　每年獻十一與頭生牲畜（十四22～27）

　B　每三年獻十一（十四28～29）

　B'　每七年行豁免（十五1～18）

A'　每年獻頭生頭生牲畜（十五19～23）

其中每三年獻十一及每七年行豁免（包括免除債務及釋放奴隸），是向窮人施恩。而每年獻十一及獻頭生，是感謝雅偉，敬拜者與家人在雅偉面前一同歡慶用餐，並邀利未人作嘉賓，同享主恩。至於每年的節期（逾越節與除酵節，七七節及住棚節），則留待十六章來討論。

分段大綱（十四 22～29）

一、每年獻十一與獻頭生（十四 22～27）

二、每三年獻十一（十四 28～29）

10.2.1 每年獻十一與獻頭生（十四 22～27）

十二章 17 節已經提到獻十一，在此則詳細講述施行細則。在以色列，獻十一有古老的傳統，亞伯拉罕獻十一給麥基洗德（創十四 20）、雅各承諾獻十一給雅偉（創二十八 22）。雖然出埃及記「約書」沒有特別講到獻十一，可是出埃及記二十二章 29 節提到要獻上地的部分出產。利未記宣告獻十一的性質，乃是「歸雅偉為聖的」（利二十七 30～33），而民數記相關律法則針對利未人，百姓獻上的十一是他們的賞賜，而利未人也當獻十一給祭司（民十八 21～32）。只有在申命記清楚說明百姓當如何獻十一。⑫

第一，獻十一的內容（22 節）

獻十一僅限於地裏的出產，包括五穀、新酒和新油（代下三十一 5，又加上別的作物），取十分之一獻上，另加上牛羣羊羣中頭生的（23 節）。這是指進入應許之地，以色列人有了耕種收成以後。「五穀」（*dāgān*），主要指大麥及小麥，「新酒」（*tîrôš*）指新榨的葡萄汁或新釀的葡萄酒（何九 2），而「新的油」（*yiṣhār*）是新榨的橄欖油。這三種是迦南地傳統農產豐收的代表（七 13，十一 14，十八 4；詩一〇五 15；何二 8、22），且按時間順序，先在五月開鐮收割大麥，接著收小麥、葡萄，直到九月收取橄欖，結束一年的收成。

第二，獻十一的時間（22 節）

「每年」其實在每七年的循環中，只限第一、二、四、五年，而第三及第六年是每三年的獻十一，土地的出產留給民中有需要的人。第七年則土地休耕，故沒有獻十一。時間應在該年住棚節之後，大約陽曆的十月間，地裏所有收成結束。而獻頭生的牛羊，則也可能在一年三大節期進行。

第三，獻十一的地點（23節）

經文強調「要在雅偉－你上帝面前，就是祂揀選作為祂立名的居所」。這是把獻十一和敬拜與求問、節期與獻祭相連結（十二5）。

第四，獻十一的方式（23節）

「吃」所獻十一的五穀、新酒和新油，以及牛羣羊羣中頭生的。神學上，其意義猶如獻祭者在雅偉面前吃所獻的平安祭，是立約的表示（出二十四9～11）。不過問題是，怎能在這麼短的時間裏吃掉全家一個月的糧食呢？參照希西家時代的做法，應該只有一小部分被吃掉，而絕大部分收存在聖所的倉庫中，用來支持聖所日常運作（代下三十一12）。⑬

第五，獻十一的目的（23節）

教導以色列民天天學習敬畏雅偉，因為豐收不在於灌溉或先進的農技，而在於雅偉降雨賜福（十一10～15）。

第六，獻十一的變通（24～25節）

申命記律法充滿對百姓的體諒，在此即是明顯的例證。摩西預見以色列民進入應許之地以後，十二支派分住自己地業，有些人住所離上帝所揀選的居所較遠，來獻十一不便。因此律法准許百姓可以把獻十一的穀物或頭生的牛羊換成銀子，帶到聖所那裏。「銀子」（*kesep*）是正確的譯法，因為在巴勒斯坦，要到公元前五世紀才有錢幣。25節將銀子包起來，拿在手中，只限於帶到聖所，換成五穀、新酒、新油之用。

第七，獻十一的精神（26～27 節）

獻十一者可用銀子買牛羊或買清酒烈酒，與家人及受邀的利未人在雅偉面前吃喝快樂。聖經從未禁止喝酒，節慶飲酒更增加歡樂。「烈酒」（*yayin*；「和修」、「新譯」）或譯作「濃酒」（「和合」、「新漢語」），是用葡萄釀造的酒精飲料。而其他用蜜棗、無花果、石榴或大麥等釀造，類似啤酒等低酒精含量的發酵飲料，則統稱作「清酒」（*šēkār*；七 13，十一 14，十二 17，十八 4，二十八 51，三十三 28）。

本段開始是來敬拜，定期在雅偉面前獻上十一，表達感恩，建立上帝與人之間垂直的關係。結尾更像節慶，奉獻者全家以及受邀的利未人，一起歡樂分享，建立信仰羣體成員之間水平的關係。

10.2.2 每三年獻十一（十四 28～29）

本段的社會背景乃是農業社會，但有些社會邊緣人沒有土地及土地的出產。以七年作為循環，把第三年及第六年的獻十一，留給社會中最窮乏、最有需要的人，作用類似食物銀行，或是地方的慈惠箱，專門給當地有需要的人。

1. **三年獻十一的時間：每三年末一年**（28 節）。「每三年的最後一年」（*miqṣē*^{h} *šālōš šānîm*），直譯「三年的末尾」。可能和前一段每年獻十一相同，在住棚節的時候。
2. **三年獻十一的內容：當年收成十一**（28 節）。指「那一年」（*baššānā*^{h} *ha-hiwʾ*）所有收成的十一，而非額外的十一。把原歸獻給上帝的，供應給社會中的窮乏人，因此並未增加奉獻者的負擔。其實上帝原來並不缺乏，正如上帝賜人工作得糊口的力量，祂也賜給那些有特別需要的人，使他們沒有匱乏。許多教會今日兩種捐獻，一種是十一奉獻，一種是慈惠捐獻。前者包括月例奉獻，及其他為聖工的奉獻。後者雖是給人，但也是因為獻給上帝。
3. **三年獻十一的地點：本地的城門口**（28 節）。「積存在你的〔眾〕城中」（*biš*^{c}*āre*^{y}*kā*；「和合」、「和修」、「新譯」、「新漢語」），直譯作「在你的眾城門口」（參六 9，十一 20，十二 12、15、17、21，十八 6，二十一

19，二十二15，二十三16；結四十八31）。

4. **三年獻十一的對象：本地的窮苦人**（29節）。除了前一段提到給利未人（因他們沒有產業；27節），還加上「城裏的寄居者，以及孤兒、寡婦」。這三種族羣常一起出現在申命記律法中，叫人關注他們的福祉，要他們與以色列人一起分享上帝的恩惠，因他們是社會中最窮困的弱勢族羣（十18，十四29，二十四19、20、21，二十六12、13）。古近東文獻也關注「孤兒與寡婦」，但只有舊約律法也同時關注寄居者（參出二十二22；亞七10）。⓮

5. **三年獻十一的目的：為得神的賜福**（29節）。雅偉應許賜福是動機也是保證（24、29節）。蒙福也是連結十四章22節至十六章17節年曆與獻祭的關鍵主題（十四29，十五4、6、10、14、18，十六10、15）。百姓在其間順服敬畏，帶來信仰社羣的喜樂、團結歸屬，一同享受上帝所賜豐富的供應。

10.3 敬拜的精神——豁免年與釋奴（十五1～23）

申命記十五章是有關第四誡「當守安息日」的最佳詮釋，清楚說明顧念貧寒的人道關懷。全章可分為二段（1～18、19～23節），其中第一段又可分為二小段：豁免債務（1～11節）；釋放奴僕（12～18節）。

分段大綱（十五1～23）

一、每七年豁免（十五1～18）
　1. 豁免債務（十五1～11）
　2. 釋放奴僕（十五12～18）
二、每年獻頭生（十五19～23）

10.3.1 每七年豁免（十五1～18）

申命記講到顧念貧寒，有兩類律法，一類是針對社會中的邊緣弱勢族羣，像前一章提到的孤兒、寡婦與外來寄居者。他們屬於社經地位的底層，無力生產自救，必須依靠長期慈善救濟，例如：每三年的獻十一，與眾人一同參與歡樂的節期敬拜，及揀拾麥穗等（十四 28～29，十六 11、14，二十四 19～21）；另一類則是針對社會上暫時遭逢不幸的人，他們原是小農或打零工者，但因故欠債，甚或賣身為奴，但非永久貧窮，只要給予適當機會就可脫離窮困，自力更生（另參二十四 10～15）。本段的律法就是要幫助這些窮人成為經濟獨立，有生產力的貢獻者。

10.3.1.1 豁免債務（十五 1～11）

摩西講解律法，本段以豁免債務來闡釋第四誡「守安息」的精神。以色列民出埃及、入迦南，是在空間上得自由，每週守安息日是在時間上得自由。而每七年豁免債務，則是讓人人得著經濟的自由，下一段釋放奴僕，更讓人得著人身的自由（12～18 節）。本段可分為三小段：豁免的宣告（1～3 節）；豁免的理想（4～6 節）；豁免的勸勉（7～11 節）。由此再次顯示摩西是偉大的講員，比較像牧者與教師，而非單單律法的頒佈者。在此他運用優秀講道的三要素：宣告經文：甚麼是豁免（What）? 解釋經文：為何要豁免（Why）? 及應用經文：如何去豁免（How）?

第一，豁免的宣告（1～3 節）

1 節「每逢七年末一年，你要施行豁免」。對象上，這個「你」是指每家的家長，也是把所有以色列人看作一個整體。

時間上，有兩種主要講法：第一，第七年年尾，亞蘭文他爾根把 *qēṣ* 譯作「結尾」（年底），即邁曼尼德斯所謂：「第七年最後一天的日落」。⓯ 第二，但更多學者以為應當譯作一段時間，即在第七年一開始就實施豁免債務，亦即在第六年結束時（「和合」、「和修」、「新譯」、「新漢語」、「環譯」；參十四 28「每三年的末一年」）。⓰ 希伯來奴隸是服事滿六年就得釋放（12 節；耶三十四 14），支持第二種講法。此律法要公開宣告，說明是全國同步實施，一體適用，與下一段釋放奴僕是個別計算時間不同。

「豁免」(*šəmiṭṭāʰ*),原用在安息年,讓土地「休耕」(*tišməṭennāʰ*),但關心土地是為關心人,因此顧念窮人,讓他們可取用這年土地上自長的(出二十三10~11)。利未記二十五章先講安息年土地休耕(1~7節),其次講到要在禧年免除債務,人得著自由,地歸還原主,以此突顯社會關懷的主題(10~11節)。申命記本段沒有提到土地休耕,只講到免除債務。為解決貧窮,單單安息年收取田間自然生長的農作物,以及田間拾穗,頂多只能治標。若要治本,則必須解決造成貧窮的最大因素,就是欠債。⓱ 在此基礎上,尼希米記提及把土地休耕與豁免債務二者相提並論,以充分照顧窮人(尼十31)。而耶穌更進一步宣告雅偉的禧年,貧窮者的福音,除去一切重擔,這才是最大的安息(路四18)。

2至3節提及債主要完全豁免所借給鄰舍的。學者爭論這到底是豁免全部債務,抑或只暫停當年討債?克萊基及德里慈與凱爾以為是暫停付款,而非完全免除,因為第七年土地休耕,一般人暫時無力償還貸款,否則易使人因債務成為奴隸。好像遇到乾旱、水澇、颱風、地震等災禍損失,政府宣告該年減免賦稅。但多數學者以為是指完全免除債務(例如:尼爾森)。米示拿(Šeb. 10:1)及斐羅(*Virt*. 122)也都如此主張。⓲

文學上,2至3節是「交叉平行結構」,又稱「拱形結構」,聚焦在當順服雅偉的命令:⓳

A 所有債主當豁免

B (*ʾăšer*)所借給鄰舍的

C 不可向鄰舍和弟兄追討

X 因為雅偉的豁免已經宣告了

C' 若借給外邦人可以追討

B' (*ʾăšer*)無論借給弟兄甚麼

A' 你要鬆手豁免了

「鄰舍和弟兄」(*ʾet rēʿēhû wəʾet ʾāḥîw*)直譯「他的鄰舍和他的弟兄」。舊約中「弟兄」(*ʾāḥ*)常不限於血緣的兄弟,在此與「鄰舍」用作同義詞,均指以

色列民。「弟兄」在本章出現七次(2、3、7〔x2〕、9、11、12節),把所有以色列人當作一個整體。⓴

「雅偉的豁免」(*šəmiṭṭāʰ la* YHWH),文法上最接近的是安息年宣告「雅偉的安息」(*šabbāt la* YHWH;利二十五2、4),說明二者的關聯。古巴比倫亞米撒杜卡(Ammisaduqa;在位約為公元前1582～1562年)的敕令宣告豁免,他自己首先豁免臣僕(參太十八23～27)。但在此則是講到「雅偉的豁免」,是把榮耀歸給雅偉(參出十二11;原文是 *pesaḥ hûʾ la* YHWH,意思是「這是雅偉的逾越」)。㉑

另外,此處沒有提,但是二十三章19至20節說明禁止以色列人向同胞收取利息。此種無息貸款(不論是糧食或銀錢)是針對因為戰爭、饑荒、家人生病、過世等造成的貧窮(王下四1),或是其他非人力所能抗拒的情況(出二十二25;利二十五35～37),而不適用於商業貸款。

3節提及外國人仍應還債,例如:外商在以色列民的城中作生意,因為他們不受豁免年的限制,仍可還債。巴比倫亞米撒杜卡宣告豁免,也僅限於住在巴比倫的阿卡德人及亞摩利人。

第二,豁免的理想(4～6節)

前面已宣告豁免的內容,接著講到推動百姓遵行的動機:因著豁免帶來的福祉,國中必無窮人,國際地位必要提升。文學上,4至6節是「交叉平行結構」,又稱作「拱形結構」。首尾講到理想(國內沒有窮人,國際地位提升),中間是理據(雅偉必賜福),而中心轉捩點(拱頂)是條件(遵從律法)。圖示如下:

A　理想一:國內必沒有窮人(4節上)

　B　理據一:因為(*kî*)雅偉必大大賜福給你(4節下)

　　X　條件:只要(*raq*)留心聽從,謹守遵行(5節)

　B'　理據二:因為(*kî*)雅偉必照所應許的賜福給你(6節上)

A'　理想二:國際地位必提升(6節下)

你必借給許多國家,卻不需要去借貸;

你要管轄許多國家,它們卻不能管轄你。

6節提及雅偉的賜福更從個人的層面，提升到國家的層面。以色列不會欠外國的債，相反的他們可借錢給別國。你們必借錢給別國，卻不用向別國借錢。你們要管轄別國，別國卻不能管轄你們。盼望以色列可以國富民強，只借給別人，而無須向別人借貸。

第三，豁免的勸勉（7～11節）

這段經文針對百姓可能有的疑慮，摩西提出遵行的指引。又可分為三小段：第一，當善待窮人，伸開雙手（7～8節）；第二，當內心謹慎，去除惡念（9節）；第三，當慷慨解囊，必得賜福（10～11節）。

本段在文學上是「交叉平行結構」，又稱作「拱形結構」，中心轉捩點是「雅偉回應人的哀告」（9節）。圖示如下：㉒

A　在這地上你弟兄中若有窮人……總要向他鬆開手（7～8節）

B　不可心裏起「惡念」（「惡念」〔*dābār*〕；9節）

C　你便**惡眼**看你窮乏的弟兄（9節）

D　甚麼都不給他（9節）

X　以致他因你求告雅偉，罪便歸於你了（9節下）

D'　你總要給他（10節）

C'　給他的時候不可**惡心**（10節）

B'　在你手裏所辦的「事上」（「事上」〔*dābār*〕；10節）

A'　總要向你地上困苦窮乏的弟兄鬆開手（11節）

當善待窮人，伸開雙手（7～8節）。申命記非常關注民中的弱勢羣體，包括孤兒、寡婦、寄居者，但是有關「窮人」（*ʾebyôn*）的字眼只出現在這裏（4、7、9、11節）及二十四章14節。這個字是指家無恆產，需靠他人賙濟過活的人，而且這些貧窮人不是別人，他是「你貧窮的弟兄」，是與你同屬一個信仰羣體的人。7節握緊拳頭不願借錢，對比8節鬆開手借錢給人。這不是讓借錢給別人的人，獲取勝過債務人的權力，而是社福制度幫助貧困的國人。

當內心謹慎，去除惡念（9節）。這是從公眾的律例層面，轉化為個人內心動機，因為徒法不足以自行，還得人有強烈的動機，如同雅偉回應人的哀告。本段強調用你的弟兄、你的城、你的地（7、9、11 節），以強化社羣團結，而非造成疏遠。

當慷慨解囊，必得賜福（10～11 節）。摩西在此講到施行豁免的三個要件：

1. **要注重心態**，連肢體語言亦包括在內。本段特別提到手（2、3、7、8、〔10 節雖然也有*yād*，但不計在內〕11 節）、眼（9、18 節）、心（7、9、10 節）。態度與行動固然要緊，內心更加要緊，連忽略，袖手旁觀都不恰當。
2. **要主動愛顧**，視民中的窮人為弟兄和鄰舍，因彼此血濃於水的「關係」，有情義及顧念。不可充滿敵意，冷漠不理；反倒應當主動愛顧，關切在乎，像好撒瑪利亞人（路十 25～37）。
3. **要心甘情願，樂善好施**。張開雙手，厚贈予人，男女適用。不可貪婪猶豫，心不甘情不願。而每七年一次的定期豁免，除去人世間一切捆綁的重擔鎖鍊。給予人公平再起的機會，亦給債主行善的機會。

10.3.1.2 釋放奴僕（十五 12～18）

豁免不僅適用於債務，也適用於因債賣身為奴的人。㉓ 本段是完善「約書」中釋奴的條例（出二十一 2～6），特別在以下幾方面顯示超越出埃及記的律法：

1. 觀點轉移：出埃及記是從奴隸主的觀點，申命記則是從為奴弟兄的觀點。
2. 男女平權：出埃及記中男僕和婢女的待遇不同，婢女所受限制較多。但在申命記，為奴的希伯來男人和希伯來婦女一樣，都在第七年得自由。他們都被稱作「你的弟兄」。
3. 奴隸主的責任：出埃及記允許奴僕離開，申命記更著重奴隸主要主動「打發」（*šālaḥ*；12、13〔x2〕、18 節）奴隸或婢女離開。
4. 慷慨贈與：出埃及記未提到，但在申命記則強調奴隸不是淨身出戶，而是讓他們開啟有尊嚴的新生活。㉔

本段釋奴規定又可分為以下幾小段：第一，釋奴的命令（12 節）；第二，釋奴的慷慨（13～14節）；第三，釋奴的理由（15節）；第四，釋奴的例外（16～17節）；第五，釋奴的勸勉（18節）。

第一，釋奴的命令（12節）

本段律法從一開頭就用「希伯來男人或希伯來女人」，以賦予他們作為以色列的「弟兄」的平等地位。「希伯來男人或希伯來女人」（*hāʿibrî ʾô hāʿibriyyāʰ*），是獨特的用法（另參耶三十四9；與此處情境相同）。通常以色列人不會自稱希伯來人，只有外國人如此稱呼他們，或是他們對外國人自稱是希伯來人（創三十九14、17，四十15；撒上四6，十四21）。此稱呼有別於阿卡德文的「哈皮魯人」（apiru / *ʿapiru*），指社會中下層的邊緣人，反而代表民族身分（創十四13；拿一9）。

「被賣給你」（*yimmākēr ləkā*），希伯來文是 *Niphal* 字幹，可以是被動式（被賣為奴，指欠債者的家人），也可以是反身式（賣身為奴，指欠債者自己）。但都是原本是自由人，因債被迫成為奴隸，滿六年之後，可以選擇是否要繼續留在主人家，只有在這種情況才終身為奴。

本段律法頭尾都是「服事你六年」（12、18節），並以「第七年」與前一段律法連結（12節），內容上從第七年豁免債務轉移到個別奴隸僕服事主人六年後，第七年得釋放，以徹底解決因欠債所造成的最大困境，就是賣身為奴。時間上是每個奴隸個別計算，與前一段全國同步實施豁免債務不同。耶利米書三十四章8至14節是大規模釋奴，但申命記律法並未規定要在同時間大規模釋奴。《漢模拉比法典》117條規定，一個公民的妻子、兒女因欠債賣身為奴，服事滿三年可以自由離去（*ANET* 170～171；*COS* 2:335）。

第二，釋奴的慷慨（13～14節）

摩西從負面（不可讓他空手而去）及正面（要慷慨贈與）兩方面來闡釋，目的是打破貧窮循環，防止再度奴役。故不僅提供立即的需要（包括食物及酒），也包括可長期提供飲食（奶類）及衣料（羊毛）的牲畜（羊羣），亦即開始畜養新的羊羣。這些都象徵未來以色列進入應許之地，雅偉的賜福。

13 節，「空手而去」(*rêqām*)，副詞亦用於創世記三十一章 42 節（雅各服事拉班）、出埃及記三章 21 節（以色列脫離埃及奴役）、路得記一章 21 節（拿俄米回伯利恆）、三章 17 節（波阿斯善待路得）、撒母耳記上六章 3 節（非利士人送回約櫃）。在十六章，摩西亦提醒百姓「不可空手朝見雅偉」（十六 16）。

14 節「你應當慷慨地送給他」(*haʿănêq taʿănîq lô*；「和修」，「新漢語」)，或譯作「厚厚地酬報他」（「思高」）、「多多地給他」（「和合」、「新譯」），來自實名詞 *ʿănāq*，意思是「花環」或「項鍊」，閃耀奪目，代表榮耀或炫耀（參詩七十三 6）。可能是記念以色列出埃及，他們帶著埃及人贈送的金銀珠寶出埃及（出三 21，十二 35～36）。㉕

第三，釋奴的理由（15 節）

以色列民蒙雅偉救贖，脫離埃及為奴之家，成為他們善待為奴同胞的最堅強理由。這也是「約書」把釋放奴隸列為首要律法的原因。

第四，釋奴的例外（16～17 節）

原本應該所有奴隸都得釋放，但若個人自願留下則屬例外。原因是「他愛你和你的家」，強調他與主人家的關係。不像出埃及記還講到奴隸因愛自己的妻子兒女，不願自由出去（出二十一 5）。

17 節描述此例外的儀式，從因債為奴轉為終身為奴的身分。在出埃及記是到聖所門口（到上帝那裏），本節則是在家主的門口，表示永久屬於主人家。穿耳洞象徵聽從，或是戴耳環表示終身為奴。類似牲口，身上有主人家的記號。在此也賦予婢女與男僕有相等的權利，可以自主選擇留下或離去。她不必依附於男僕的身分之下。㉖

第五，釋奴的勸勉（18 節）

奴隸主釋奴的時候不可感到為難，因為奴隸的服事，已相當於雇工的工價多了一倍。而且他們如此遵行，必得雅偉賜福他們一切所做的。這一節在出埃及記二十一章 2 至 6 節沒有，是摩西的勸勉。問題在何謂「一倍」? 它是指：

1. 雇工三年的工價，莫蘭引據蘇美利比伊施他爾法典（*Laws of Lipit-Ishtar* LI 14），奴隸服事主人的年數相當於他欠債的一倍。《漢模拉比法典》117 條規定欠債為奴者，服事主人滿三年就得釋放（*ANET* 160, 170～171；*COS* 2:335）。
2. 有些學者以為「一倍」（*mišne^{h}*）在此是指等價關係，如同以賽亞書四十章 2 節及耶利米書十六章 18 節講到以色列因罪受到相等的刑罰。㉗

10.3.2 每年獻頭生（十五 19～23）

十五章 19 至 23 節獻頭生對應十四章 22 至 29 節的獻十一。正如農夫獻地裏收成的十一，牧民則獻頭生的公牛羊（參創四 2～4）。二者意義相同，都是承認雅偉是全地的主宰，賜福的源頭。而後者更有救恩的根源，如雅偉的宣告：「所有頭生的公羊或公牛都是我的」（出三十四 19，參出十三 2、12；利二十七 26；民十八 15），及「約書」（出二十二 29～30）。文學上，本段標誌從申命記十四章 22 節開始的規定到此告一段落。

信仰反省

從信仰角度看，有三點值得思考的：

第一，獻十一充分展現敬畏上帝與愛人，敬虔愛上帝必有感恩奉獻。而分享上帝恩、照顧窮乏，絕非可有可無，而是真誠敬拜中不可或缺的具體內容。㉘

第二，自古以來助貧扶貧就是基督教會的明訓。加爾文就論到教會的財產當分給窮人：「教會之所以有金子，不是為了保存起來，而是要花在有需要之人的身上。難道我們有需要保存那對我們毫無幫助的東西嗎？還是我們無知到未曾聽過亞述人從主的聖殿奪走多少金銀（王下十八 15～16）？難道祭司在無計可施之下將之熔化（為了幫助窮人）不是比褻瀆上帝的仇敵將之奪走更好嗎？⋯⋯領聖餐不需要金器皿，且那無法用金子買來的恩典，也無須藉金子取悅上帝。聖餐真實的裝飾就是買贖被擄掠之人。」他在結論時引用安波羅修的話：「教會所有的財產是要用來幫助窮人」以及「監督所擁有的一切都屬於窮人」。㉙

第三，敬拜上帝是朝聖的旅程，全家的參與，衷心的感恩，歡樂的節慶，人道的關顧，慷慨的分享。

溫習及思考問題

1. 以色列民有關食物的禁令，對於今日基督徒還適用嗎？為甚麼？試思想使徒行傳十章彼得見異象。
2. 今日基督徒如何獻十一？這是律法給基督徒的規定嗎？
3. 每三年獻十一，是另外的獻十一，還是原本獻十一中分別出來？
4. 每三年獻十一，要主動留給民中的窮苦人，今日教會及個人當如何來遵行？是僅限於給教會中的窮苦信徒，還是包括教會外的一般民眾？為甚麼？
5. 今日基督徒及社會，當如何來遵行豁免年的律法？例如：破產法，或是立法限制債務的追討年限。或是有些富裕國家免除貧窮國家的債務。
6. 比較申命記與出埃及記對釋放奴僕的異同，其主要精神為何？今日基督徒當如何遵行此律法規定？

短註

❶ 修訂自尼爾森（OTL），頁 177。

❷ 對照利未記二十一章 16 至 23 節，以色列的祭司必需身體完全沒有瑕疵。聖經常以身體完全代表靈性完全，並要求完全的身體（獻祭的人員）、完全的祭牲（獻祭的動物；利二十二 17～25），完全的祭壇（獻祭的地點；出二十 25）。新約保羅警戒信徒不可玷污自己的身體，因為我們的身體乃是聖靈的殿（林前六 19）。見賴建國：《出埃及記》卷下，頁 98～99。

❸ 本章有些動物名稱可確定：包括牛、綿羊、山羊、鹿、羚、紅鹿（4～5 節），駱駝、兔子、豬（7～8 節），烏鴉，鷹、鸛、蝙蝠（12～18 節）等，但其他的動物則不那麼明確。有些學者仔細推敲（像魯斌），另有些學者則以為不必勉強翻譯（像麥康維），因為那些動物名稱很少出現在希伯來文聖經，缺乏足夠資訊以確定究竟是何物種。後期希伯來文的用法有些有幫助，有些則否。參狄凱（JPS），頁 135。

❹ 賴建國：《五經導論》，頁 282～285。

❺ 有關古近東獻豬為祭的習俗，請參看 F. Stendebach, "Das Schweineopfer im alten Orient," *BZ* 18 (1974): 263～271；U. Hubner, "Schweine, Schweineknochen und ein Speiseverbot im alten Israel," *VT* 39 (1989): 225～236。

❻ 舊約中可吃的鳥類，包括鵪鶉、鴿子、斑鳩、及「肥禽」（*barbūrîm*；王上四 23）。後者，歷代不同的猶太學者解作「雞、鴨、鵝或火雞」等。今日猶太人仍吃這些家禽類，以及麻雀、鷓鴣等。見狄凱（JPS），頁 139。

❼ 狄凱（JPS），頁 138。

❽ 最近的研究可參 Stefan Schorch, "A Young Goat in Its Mother's Milk"? Understanding an Ancient Prohibition," *VT* 60 (2010): 116～130，他建議本句的意思是「不可煮

還在吃奶的山羊羔〔意即尚未斷奶〕」（"You Shall not Boil a Young Goat Which Is at Its Mother's Milk"）。

❾ 請參見賴建國：《出埃及記》卷下，頁195～197。近年反對此說最力的是尼爾森（OTL），頁182。他贊成人道的講法。

❿ 肖爾其（Stefan Schorch）指出，其實在猶太教此種食物戒律及其與聖經的關聯也是在歷史中逐漸發展出來的。參 Stefan Schorch, "'A Young Goat in Its Mother's Milk'? Understanding An Ancient Prohibition", *VT* 60 (2010): 117。另參 R. Heckl, "*Ḥeleb* oder *ḥālāb*? Ein möglicher Einfluß der frühjüdischen Halacha auf die Vokalisation des MT in Ex 23,19b; Ex 34,26b; Dtn 14,21b," *Zeitschrift für Althebräistik* 14 (2002): 144～158。

⓫ 修訂自魯斌，頁480。

⓬ 由於「約書」沒有提到獻十一，許多學者以為申命記是最早講到這律法的經文。其他相關經文包括利未記二十七章30至33節及民數記十八章21至32節均被列在祭底本（P），因此批判學者（像威爾浩生）一般以為晚於申命記，屬被擄期間作品。但近年有學者跟隨猶太學者考夫曼，認為這些經文早於申命記或至少與申命記同時代。相關整理，見魯斌，頁481。

⓭ Adam Warner Day, "Eating before the Lord: A Theology of Food According to Deuteronomy," *JETS* 57 (2014): 85～97.

⓮ 見賴建國：《出埃及記》卷下，頁159。

⓯ 狄凱（JPS），頁370，註8。

⓰ 魯斌，頁486；德萊維（ICC）。

⓱ D. L. Baker, *Tight Fists or Open Hands: Wealth and Poverty in Old Testament Law* (Grand Rapids, MI: Eerdmans, 2009), 223～232.

⓲ 見魯斌，頁487。

⑲ 修訂自尼爾森(OTL),頁194。

⑳ 德萊維(ICC);魯斌,頁488;麥康維(AOTC),頁258。

㉑ *ANET* 526~528.

㉒ 修訂自尼爾森(OTL),頁196。

㉓ 近年有關本段律法最詳盡的研究,可參考蔡玉玲的著作:Daisy Yulin Tsai, *Human Rights in Deuteronomy with Special Focus on Slave Laws* (BZAW 464; Berlin and Boston: de Gruyter, 2014)。過去學者困惑與本段同是關於奴僕得自由的律法(申二十三15~16「保護逃奴」),為何不放在一起討論?蔡玉玲在該書(頁31~34)則建議可用申命記十四章22節至二十六章15節在文學上的「交叉平行結構」(又作「拱形結構」)來解釋,而申命記十二章1節至十四章21節則是此大段律法的序言。圖示如下:

A 獻十一(十四22~29)
  B 藉節期:保護社會弱勢的律法(十五1~十六17)
    C 設立官員的制度(十六18~十八22)
      X 保障生命(十九1~二十一9)
    C' 保護家庭與性倫理的制度(二十一10~二十三15)
  B' 保護社會弱勢的律法(二十三16~二十五19)
A' 獻十一(二十六1~15)

㉔ 史笳(Jean-Louis Ska)也注意到申命記十五章律法只處理服務期限及獲得自由的條件,而省略了出埃及記二十一章1至11節中有關男女奴隸婚姻的條款,反倒更強調其神學意義,例如:三次提到「雅偉」(十五14、15、18),其中兩次提到雅偉「賜福」(14、18節),又把釋奴律法與出埃及經驗連起來,因為雅偉曾救贖以色列民脱離埃及奴役,他們也當照樣釋奴,並且不得讓他們空手而去。參史笳著,宋蘭友譯:《閱讀五書導論》,頁58。

㉕ 蔡玉玲更以此正確指出此「釋奴律法」的人道關懷。參 Tsai, *Human Rights in Deuteronomy with Special Focus on Slave Laws*, 51。

㉖ 有關本節詳細討論參 V. Hurowitz, "'His Master Shall Pierce His Ear with an Awl' (Exodus 21:6): Making Slaves in the Bible in Light of Akkadian Sources," *American Academy for Jewish Research* 58 (1992): 47～77。

㉗ 參 Matitiahu Tsevat, "The Hebrew Slave According to Deuteronomy 15:12～18: His Lot and the Value of His Work, with Special Attention to the Meaning of משנה," *JBL* 113 (1994): 587～595；魯斌，頁 498。

㉘ 凱勒（Timothy Keller）牧師主張以福音為中心的社會正義，並在書中提供了教會及個人三種不同層次的「行義」思考方向：第一，救濟（直接給魚吃）；第二，發展（輔導人如何釣魚）；第三，社會改良（改善自然環境，讓大家都有魚吃）。特別是第三點，參與公聽，表達公民意見，關心立法的推動或制度的改善，最終達成「糾正性的正義」。一般教會不易直接參與這個層次的行義，但是教會至少可以教導、啟發、支持會友中的專業人士，讓他們可以進入政、經、社會領域，發揮影響力。參提姆．凱勒（Timothy Keller）著，李晉、馬麗譯：《慷慨的正義》（上海：三聯書店，2015）。

㉙ 約翰．加爾文著，錢曜誠等譯：《基督教要義》（北京：三聯書店，2010），4.4.8。

第十一章

當守的三個節期（十六 1 ～ 17）

- 逾越節與除酵節
- 七七節
- 住棚節
- 結論與摘要

第十四章開始，連續三章論到有關時間的律法，包括每年獻十一與獻頭生，每七年豁免與釋奴（十四 22～十五 23）。十六章更進一步論到每年當守的三大節期：逾越節與除酵節、七七節（又稱作初熟節、收割節或五旬節）及住棚節（又稱作收藏節）。文學上，十四章 22 至 29 節對應十六章 1 至 17 節的禮儀律法，中間夾著十五章豁免與釋奴的倫理規定，成為「交叉平行結構」，以此完成對第四誡守安息日的闡釋。

上帝頒佈律法，從來不是一次過就賜下一部完整的法典（像《漢模拉比法典》是由日神沙瑪士頒給巴比倫國王漢模拉比），而是先頒佈總綱，再講施行細節。由簡單至複雜，由原則至例外。並按照人的接受程度，多次重複，不同角度，考慮周詳，切合實際。既符合教學的原理，也顧及人性的需求。尤其外部不斷有新挑戰，內部又有新思維，律法必須與時俱進，因時因地制宜。而且闡明頒佈的過程，以及制訂的理念，好作為遵循的理據，治國的張本。❶ 以色列每年三大節期的律法，就是最明顯的例子。

有關以色列節期的規定，首先在出埃及記十二章，講述逾越節及除酵節的設立。出埃及記二十三章 10 至 19 節及三十四章 18 至 24 節簡略提到當守的三大節期，及安息日與安息年。利未記二十三及二十五章詳細說明「百姓」當如何守節（特別是當守聖會、獻上燔祭與素祭，以及不可作工）。民數記二十八至二十九章，則聚焦在節慶期間「祭司」每日當獻的祭物（包括獻牛羊與素祭）。申命記則在此基礎上，進一步闡明以色列民守節的精神，就是當在雅偉面前歡樂敬拜，與人共享。雖然申命記十六章較前兩章更多律法的性質，但摩西在本段仍然不改牧者本色，對百姓諄諄教誨。十六章 1 至 17 節可分為四段：第一，逾越節與除酵節（1～8 節）；第二，七七節（9～12 節）；第三，住棚節（13～15 節）；第四，結論與摘要（16～17 節）。

11.1 逾越節與除酵節（十六 1～8）

逾越節與除酵節是以色列第一個節期，也是最重要的節期，在本章所佔篇幅最長。然而摩西在此只是作一個摘要及勸勉，須與五經其他相關經文一起來看（參出十二章；利二十三 5～8；民二十八 16～25）。

過去學者對此節期的爭論，集中在以下幾方面：第一，節期的來歷：究竟是一個主要節慶中兩個構成部分，還是二個原本獨立的節期後來合併為一個節期？第二，守節的地點：在各人家中還是全國集中一個地方？第三，獻祭的祭牲：僅限山羊、綿羊還是加上獻牛為祭？

第一，節期的來歷

自十九世紀末威爾浩生以降，包括德萊維、馮拉德、狄凱等學者，多從以色列宗教發展史來探討，認為逾越節與除酵節原本是二個獨立的節期，到申命記（即所謂約西亞宗教改革）才合併為一個節期。他們主張逾越節源自游牧民族的春天祭禮，而除酵節源自迦南的農業節期，甚至有學者主張除酵節原屬北國以色列，而逾越節源自南國猶大。因為出埃及記只提到除酵節，卻未提到逾越節（出二十三 15，三十四 18）。利未記及民數記都講正月十四日守逾越節，十五日守除酵節，卻未提二者之間的關聯（利二十三 5～6；民二十八 16～17）❷ 但是麥康維正確指出，其實我們根本無法追溯迦南農業節期的來源，而且即或在公認最早的經文，也是把除酵節用來記念以色列民出埃及（出二十三 15），且與約西亞的宗教改革無關。其實早在出埃及記三十四章 24 節解釋出埃及記二十三章 18 節，就已經視逾越節和無酵節是一個節期的二個構成部分了。❸

第二，守節的地點

出埃及記十二章記載逾越節與除酵節的設立，是在各人家中舉行，但之後的守逾越節，則集中到一個地方慶祝，即雅偉的聖所所在地，重點在雅偉指定的地方。以色列人在埃及原無自己的聖所，出埃及記十二章所描述的也只適用於那一次，在各人家中宰殺羊羔，吃無酵餅，就要準備出埃及了。可是以色列民到達西奈山，與雅偉立約，領受「約書」，在出埃及記二十三章 15 節說「不可空手朝見上帝」，17 節又說「所有男丁要一年三次朝見主雅偉」；利未記二十三章 4 至 8 節和民數記二十八章 6 至 25 節講到守逾越節和除酵節，都規定當有「聖會」（*miqrāʾ-qōdeš*），這都為後來集中在雅偉所揀選的地方（即「聖所」）守節作了思想準備。照樣申命記十六章8節用「嚴肅會」（*ʿăṣeret*），也是集中到一個地方的聚會，把守逾越節列入朝聖的節期。以色列民出埃及以後，與雅偉立約，成為一個國家，是屬上帝的大家庭。慶祝逾越節不單是各家庭的事，更是全國的大事，自當**在雅偉所揀選的地方來舉行**。

公元70年聖殿被毀，以色列民被迫離開聖地，才又改回各人家中舉行。

第三，獻祭的祭牲

出埃及記十二章3至6節只說守逾越節要從羊羣中選祭牲、山羊或綿羊均可。申命記十六章2節則加上獻牛為祭，這是摩西根據利未記和民數記相關律法作進一步擴展解釋。首先，這不單指逾越節祭牲，也包括其後無酵節要獻的祭牲（參民二十八16～25）。其次，利未記二十三章8節只簡略提到要將火祭獻給雅偉七日，而民數記二十八章19至24節則清楚說明這火祭包括每日獻的公牛犢。第三，這也預指以色列進入應許之地以後，要從以綿羊或山羊代表的游牧社會，轉型為包括牛與羊所代表的農牧社會（參申三十二13～14）。

本段關心態度及記憶，超過禮儀細節。以色列民要在每年此日記念出埃及（1、3、6節），而且特別講到「夜間」（1、6節），這是申命記獨有的講法，也建立守逾越節的時間架構：傍晚日落時獻祭（6節），當夜吃完祭牲的肉（4節），次日早晨回到帳棚（7節）。

出埃及是歷史事件，逾越節是節慶禮儀，從記念救恩的歷史，轉化為朝聖的旅程。從代贖的羔羊，轉化為感恩的平安祭。原本各家的長子就是家中的祭司，現在由亞倫家的祭司來代替。家庭的感恩，也提升為全國的敬拜。十六章1至8節又可分為三小段：第一，守逾越節的命令（1節）；第二，守逾越節的指引（2～7節）；第三，守除酵節的命令（8節）。守節的最主要理由就是記念出埃及（1、3、6節），慶賀以色列民重獲自由。

分段大綱（十六1～8）

一、守逾越節的命令（十六1）
二、守逾越節的指引（十六2～7）
三、守除酵節的命令（十六8）

11.1.1 守逾越節的命令（十六1）

「你要守亞筆月」（1節），意即遵守這個月十四日的逾越節及十五日開始的除酵節。開頭的動詞「守」（*šāmôr*；是不定詞獨立形〔infinitive absolute〕作命令式用）與申命記十誡第四誡「你要守安息日」相同（五12）。「月」（*ḥōdeš*）是指月份，而非讀作「月朔」（參出十九1）。❹「亞筆」（*ʾābîb*）原意是「麥穗」（出九31；利二14），因為在這個月麥穗抽芽。「亞筆月」約在陽曆三、四月間，正是以色列民出埃及的月份，故又定為正月（出十二2），**晚期採用巴比倫名稱「尼散月」**（尼二1；斯三7）。此子句很精簡，假定聽者及讀者皆已熟知有關逾越節的典故，無需提到日期，只提月份即已足夠，五經其他書卷中均清楚說明守節的細節（出十二6、18；利二十三5；民九3、5、9～14，二十八16；書五10；代下三十五1；拉六19；結四十五21）。

另一種年曆是以住棚節的以他念月（七月）初一為新年，即現在猶太人的「新年」（Rosh Hashannah，直譯「年頭」），約在陽曆九、十月間。

「逾越節」（*pesaḥ*）源自動詞「越過」（*pāsaḥ*），這也是逾越節名稱的由來（出十二12、23、27）。❺「夜間」（1、6節），雖然以色列民是在白天出離埃及，但是雅偉是在夜間擊殺埃及人長子，以色列人也是在夜間守逾越節，故用「夜間」記念這事件的重點。亞蘭文他爾根安可羅斯（Targum Onqelos）譯作：「雅偉你的上帝領你出埃及，在夜間為你們行神蹟」。無論如何，逾越節神蹟的確是在夜間發生，以色列民也在晚上慶祝逾越節。

11.1.2 守逾越節的指引（十六2～7）

首先講到地點，要在「雅偉所揀選作為祂名居所的地方」守逾越節，說明這是朝聖的節期。此表達法在本段出現三次，是強調的用法（2、6、7節；另參11、15、16節），也顯示申命記的特色（參十二5）。

文學上，3至4節是「交叉平行結構」，或稱作「拱形結構」。首尾都是逾越節，內框是除酵節，而中心轉捩點（即拱頂）是記念出埃及蒙拯救，是為本段的主要信息。❻

A　逾越節（3節上甲）

　B　除酵節（3節上乙）

　　X　記念出埃及（3節下）

　B'　除酵節（4節上）

A'　逾越節（4節下）

本段有三個「要」：

1. 「要」獻逾越節的祭（2節），說明逾越節的性質，是獻感恩的平安祭。「獻祭」（*zāḇaḥ*）指宰殺祭牲，通常包括敬拜者在雅偉面前吃喝，在此指吃逾越節晚餐。「逾越節獻祭」是出埃及記的用語（出十二27，三十四25），而其他經文用較中性的宰殺逾越節羊羔（出十二6、21）。❼
2. 「要」吃無酵餅七日（3節），「無酵餅」（*maṣṣôt*）又稱作「困苦餅」（*leḥem ʿōnî*），說明無酵餅一方面象徵以色列民匆促離開埃及，另方面也是記念在埃及的困苦歲月。「匆忙」（*ḥippāzôn*），不僅指行動「匆忙」，更有內心「焦慮」之意。❽對比現在可以安心自在來朝聖守節，不可同日而語。
3. 「要」把肉烤來吃（7節），完成逾越節的獻祭。

除了三個「要」，本段亦有三個「不可」：

1. 守逾越節的方式：所有祭肉不可和有酵的東西一起吃（3節），以記念「匆忙」出離埃及，來不及讓麵糰發酵（出十二14～20、39）。
2. 守逾越節的時間：祭肉一點也不可留到早晨（4節），這是比照平安祭給祭司的規定「為感謝而獻的平安祭的肉，要在當天吃，一點不可留到早晨」（利七15）。

3. 守逾越節的地點：不可在自己的城中獻逾越節的祭（5節），再度強調這是朝聖的節期，要在雅偉所揀選立祂名居所的地方（即「聖所」）獻祭，與眾民一同吃喝祭物，享受約中團契。

此外，以色列「全境內七天之內都不可有酵」（4節），不只適用於來朝聖守節，連全國各地各人的家中也要如此。因此守節的精神影響所有以色列人。

7節你要「烤」（「和合」、「和修」）也有譯作「煮」（「新譯」、「新漢語」），問題是出埃及記十二章9節用同樣動詞（*bāšal*）來說「不可用水煮」。面對明顯矛盾，學者一般的解決方法是看申命記在此採用動詞 *bāšal* 的一般意義「烹煮」（包括煮、烤、烘、煎等方式）。歷代志記述約西亞的逾越節，則加以澄清「他們用火「烤」〔*bāšal*，*Piel*〕）逾越節的羔羊，至於其他的聖物，他們用盆、用鍋、用釜「煮了」（*bāšal*，*Piel*；代下三十五13；「和合」、「和修」、「新譯」）。

「帳棚」是指以色列民前來朝聖時暫住的居所（參何十二9）。他們仍在聖所的地方，等過完除酵節，參加完嚴肅會才啟程回家（8節），且出埃及記二十三章15節說要在雅偉面前吃無酵餅。

11.1.3 守除酵節的命令（十六8）

除酵節第七日有聚會，可視作「閉會禮」。這是整個逾越節期的第八天（利二十三36；民二十八25），與節期的第一天一樣有聖會（民二十八18），這一天甚麼工都不可作。用六天加一天來表達七天節慶，是刻意用第七日要遵守安息日的規定。這些聖會都在雅偉所揀選立祂名的聖所舉行。

11.2 七七節（十六9～12）

「七七節」是以色列第二個朝聖的節期，主要為歡慶農作收成，在每年的五月及六月間舉行。守逾越節主要理由是記念出埃及事件，而守「七七節」更前瞻應許地之福。申命記根據出埃及記二十三章16節及三十四章22節，把原本的「收割節」（*ḥag haqqāṣîr*）重新命名為「七七節」（*ḥag šābūᶜôt*；十六10）。民數記以其獻初熟穀物，又稱為「初熟節」（*habbikkûrîm*；民二十八

26）。利未記稱是逾越節之後五十天（利二十三16），故LXX稱作「五旬節」（*pentēkostē*；參徒二1）。猶太人也以此日來記念雅偉在西奈山與他們立約，頒佈十誡。❾後來聖靈降臨，新約的教會也在這一天正式成立（徒二章）。本段雖然較前一段單純也較簡短，仍可分為三小段。

分段大綱（十六9～12）

一、七七節的時間（十六9）
二、七七節的精神（十六10～12上）
三、七七節的勸勉（十六12下）

11.2.1 七七節的時間（十六9）

七七節的時間強調從收割日開始計算七個七日。按利未記的算法，七七節由逾越節和除酵節的最後一天（有嚴肅會）算起，到收割期結束。收割期就是在二個節期之間。五十天可能是開始收割大麥到收完小麥期間（利二十三15～16）。

公元前十世紀基色年曆（Gezer calendar）記載迦南地每年農業活動。按該年曆，收割大麥約一個月，接著收割小麥也是一個月。故粗略算來，七週相當於從收取大麥到收完小麥。❿

11.2.2 七七節的精神（十六10～12上）

共有三個吩咐：首先，這是朝聖的節慶（10節），利未記二十三章15至21節及民數記二十八章26至31節著重在獻祭，而申命記本段則強調精神，百姓按照收成，甘心樂意的獻上。其次，這是歡樂的節慶（11節）。以色列民不僅與家人僕婢一同前來朝聖，還要與民中社經弱勢的利未人、寄居者和孤兒寡婦，一同歡樂分享。如此把守節期與十四章獻十一及十五章豁免與釋奴的規定加以連結。第三，這是紀念的節慶（12節上），按申命記一貫的特色，紀念他們脫離埃及的奴役（參3節，四20，五6，六12、21，七8，八14，十三10，

十五 15）。⓫

11.2.3 七七節的勸勉（十六 12 下）

勉勵百姓要謹守遵行這些律例，要到申命記二十六章才真正實現。以上這些規定，都不是像利未記或民數記那樣給祭司利未人的技術層面，而是給一般人遵行的指引與勉勵，屬教牧層面。

11.3 住棚節（十六 13～15）

「住棚節」（*ḥag hassukkōt*）是以色列第三個也是最後一個朝聖節期，約在每年九、十月間舉行。這時麥子早已收割打穀（從四月到五、六月），葡萄已榨汁作酒（從六、七月開始收成），蜜棗、無花果與橄欖也已採收，就農業而言是一年收成結束，也是最歡樂的節期。守住棚節（13～15 節），也一樣分為三小段。

分段大綱（十六 13～15）

一、守住棚節的時間（十六 13）

二、守住棚節的精意（十六 14～15 上）

三、守住棚節的勸勉（十六 15 下）

11.3.1 守住棚節的時間（十六 13）

申命記沒有講到守住棚節的日期，只說「你收藏了禾場和壓酒池的出產以後，就要守住棚節七日。」出埃及記說是年底守收藏節，是按一般農民年曆來計算（出二十三 16，三十四 22）。利未記二十三章 34 節及民數記二十九章 12 節確定日期在七月的十五日起守住棚節七日（利二十三 39；結四十五 25），即在五旬節之後四個月。七月又稱「以他念月」（*yeraḥ hāʾētānîm*；王上八 2），晚期受巴比倫影響稱作「提斯利月」（*tišre*），源自阿卡德文 *tašrītu*，意思是「開始」，約在陽曆九、十月間。第一日及第八日都要有聚會，甚麼工都不可作。

「住棚節」(*ḥag hassukkōt*)，申命記用詞精簡，單單用「棚」(*sukkōt*；複數，它的單數詞是 *sukkā^h^*)就已足夠代表所有意義。「棚」是指他們在節慶期間住在臨時搭的棚子裏，以紀念以色列人出埃及在曠野的時候住在帳棚裏(利二十三 42～43)。

11.3.2 守住棚節的精意(十六 14～15 上)

與前一段「七七節」一樣，摩西未談論細節，而只注重守節的精神。相較於利未記強調過去，記念出埃及，守節期是藉回憶救恩歷史，以建立選民身分認同。申命記更強調未來，以色列民要在應許之地樂享豐收。家庭成員要在雅偉面前吃喝快樂，並邀在社會經濟上弱勢的利未人、寄居者、及孤兒、寡婦一同歡欣享用，並以此連結申命記十四章與十五章。

11.3.3 守住棚節的勸勉(十六 15 下)

守住棚節的勸勉，你就非常的歡樂。住棚節又稱作「這節期」(王上八 2、65＝代下五 3，七 8)。士師記二十一章 19 至 23 節記述住棚節是在示羅聖所舉行的。新約的約翰福音記述耶穌參與慶祝住棚節，宣告生命活水信息(約七 1～10)。

講解住棚節，可注意以下幾要點：

1. 感恩的節期：來到聖地歡慶豐收　　(經濟)〔感恩、謝恩、求恩〕
2. 救恩的節期：搭棚紀念曠野經歷　　(歷史回顧)
3. 歡樂的節期：上帝面前歡樂七天　　(信心經歷)

除以上所提三點外，在節期內更當有以下四樣要記念的事情：

1. 分享上帝恩典：紀念國中窮苦人(申十六 14)；
2. 汲水之禮：感念上帝曠野供應(賽十二 3)；
3. 盼望將來：彌賽亞澆灌聖靈(約七 37)；
4. 敬拜的節期：每年有聖會嚴肅會(宣讀傳道書)，每逢豁免年更要宣讀律法(五經)。

11.4 結論與摘要（十六 16～17）

本段基本上採用出埃及記二十三章 15、17 節，以及三十四章 20、23 節的用語。所有男人都要一年三次來到雅偉面前，申命記十六章又加上「不可空手朝見」祂（16 節下；參十五 13），要從雅偉所賜你的福分中取一部分來獻給祂。出埃及記二十三章 17 節與三十四章 23 節用「主—雅偉」（*hāʾādōn* YHWH），而本段則用「雅偉你的上帝」（YHWH *ʾĕlōheʸkā*），前者強調雅偉統治的主權，後者更強調雅偉與百姓立約的關係。⓬

只有男丁被要求參與，可能孕婦及乳養小孩的婦女有諸多不便。但是 11 節及 14 節也說明有許多婦女及兒童參與朝聖節慶（參撒上一章；路二 41～52）。

信仰反省

這章經文提及三件事是值得思考的：

第一，敬拜的要素。敬拜的要素特別藉著遵守節期，朝聖旅程顯示出來，包括朝見上帝，頌讚尊榮；認罪悔改，紀念救恩。領受信息，堅定信心；獻上禮物，事奉委身；團契分享，快樂歡欣。

第二，節期的盼望。保羅論到舊約的節期、月朔、安息日，全都是影兒，實體卻是耶穌基督（西二 16～17）。現在，耶穌基督已經來了，成全了舊約所有節期的預表，就好像立了屬靈單行道的標誌，教我們不要走回頭路。

第三，新約的節期。今日基督徒，以主日取代安息日，以聖餐受難節及復活節取代逾越節，以聖靈降臨節取代初熟節，以聖誕節取代住棚節。

溫習及思考問題

1. 逾越節與無酵餅節有何關係？其來歷如何？要如何遵守？
2. 甚麼是七七節？又有何別的名稱？在這節期要做甚麼？
3. 為何要守住棚節？以色列民在這節期要做甚麼？
4. 以色列民遵守這些節期，有何特殊意義？
5. 今日基督徒要遵守這些節期嗎？為甚麼？

短註

❶ 參賴建國：《五經導論》，頁 32。

❷ 學者主要論點摘要及討論，詳見賴建國：《出埃及記》卷上，頁 330～333。最近有學者研究申命記十六章 1 至 16 節，根據節期的歷史關聯，十六章 3 節上的位置，可讀性的標準，主張有關「逾越節」不屬於古代的節期，而是後來在約西亞時代才新創的規定，並將此新創律法加入無酵餅節的規定當中。見 Volker Wagner, " Das Pesach ist ' Zwischeneingekommen ' (Dtn 16,1~8), " *Biblica* 91 (2010): 481 ～ 498。另有學者主張「以色列民不是帶著無酵餅離開埃及，出埃及不是在逾越節晚上發生。逾越節原本與無酵節無關，而是完全不同的宗教事件。」見 Nina L. Collins, " Did the Israelites Leave Egypt with Unleavened Bread? The Historical Significance of the Israelite' Food, " *Biblical Theology Bulletin* 46 (2016): 3～11。

❸ 參麥康維（AOTC），頁 270。

❹ 參 B. M. Levinson, *Deuteronomy and the Hermeneutics of Legal Innovation* (New York: Oxford University Press, 1997), 68, n.51；麥康維（AOTC），頁 272。

❺ 有些學者（例如：魯斌及布洛克）根據以賽亞書三十一章 5 節以為該動詞應譯作「保護」。但 LXX「保護」及「越過」兩種譯法都有，而從出埃及記上下文看，仍宜譯作「越過」。詳細討論參賴建國：《出埃及記》卷上，頁 348。

❻ 修訂自尼爾森（OTL），頁 206。

❼ 朗文（Tremper Longman III）的著作《雅偉是戰士》主張以色列在聖戰前都有獻祭。雖然在該書沒有提到「設立逾越節的獻祭，接著就是出埃及、過大海，殺滅埃及追兵的聖戰」，但確可作為該書論點的佐證。以上為筆者與朗文的私人對話。參 Tremper Longman III and Daniel G. Reid. *God Is a Warrior* (Grand Rapids, MI: Zondervan Publishers

House, 1995)。

❽ 克萊基(NICOT),頁 243,註 8。

❾ 詳細討論可參賴建國:《出埃及記》卷上,頁 5。

❿ Oded Borowski, *Agriculture in Iron Age Israel* (Winona Lake, IN: Eisenbrauns, 1987), 36, 38.
基色年曆(共七行)
第一行:兩個月收取(橄欖)/兩個月
第二行:播種(穀子)/兩個月播種(豆類及蔬菜)
第三行:一個月割草(作牧草)
第四行:一個月收割大麥
第五行:一個月收割(小麥)及(穀子)
第六行:兩個月收取葡萄
第七行:一個月收藏夏果

⓫ 布洛克:《申命記》卷上,頁 441。

⓬ 布洛克:《申命記》卷上,頁 444。